Collection folio junior

dirigée par
Jean-Olivier Héron
et Pierre Marchand

Titre original :
Down Among the Dead Men

Dave Morris

Le Pirate des Sept Mers

Destins/1

Traduit de l'anglais
par Yannick Surcouf

Illustrations de Leo Hartas

Gallimard

Sommaire

Feuille d'aventure

COMPÉTENCES (Choisissez-en quatre)

survie	le tir
protection magique	sortilège

POINTS DE VIE

Total de départ 10

8

ÉQUIPEMENT (maximum 8)

un pistolet
une bag. ma.
une am. mag.
10 ration de
p. g. de porte
un crucifix

NOTES ET MOTS DE PASSE

repousse

ARGENT

10 doublons d'or

Règles du jeu

Il vous suffit de feuilleter ce livre pour vous apercevoir que le texte est découpé en paragraphes numérotés. Si vous lisiez ces paragraphes dans leur ordre numérique, votre aventure n'aurait aucun sens. Un Livre dont vous êtes le Héros ne se lit pas comme un livre habituel, page par page, mais en suivant un parcours numéroté, de paragraphe en paragraphe, à partir du paragraphe numéro **1.**
A la fin d'un paragraphe, vous lirez « rendez-vous » (suivi d'un numéro) : vous devez poursuivre votre lecture au paragraphe qui porte ce numéro.
Par ailleurs, quand on vous signale que votre aventure est terminée, c'est synonyme de mort ou d'emprisonnement mettant brutalement fin au périple de votre héros... Mais rien ne vous empêche de jouer une nouvelle partie et de recommencer votre quête.

Portrait du Héros

Ce livre est un jeu : vous ne vous contenterez pas de le lire, vous y participerez. Muni d'un crayon et d'une gomme, vous allez vous glisser dans la peau d'un héros de légende pour prendre les décisions dont son destin dépendra. Pour ce faire, deux possibilités s'offrent à vous :
– Créer votre héros. Si vous optez pour cette première solution, poursuivez la lecture des règles du

jeu. Vous prendrez ainsi connaissance des informations dont vous disposez au départ de votre quête et dont vous devrez prendre note sur la *Feuille d'Aventure,* page 8.

– Adopter un des héros préétablis de la liste que vous trouverez pages 15-16. Avant d'achever la lecture des règles du jeu, vous inscrirez sur la *Feuille d'Aventure* les renseignements concernant ce personnage.

Quel que soit votre choix, votre héros sera toujours caractérisé par son total de POINTS DE VIE, ses compétences, l'équipement qu'il transporte, l'argent qu'il possède et les mots de passe que vous découvrirez pendant sa quête.

Attention : le hasard n'intervient jamais dans la vie de votre héros. Le déroulement de l'aventure dépend de vos choix et d'eux seulement : pas le moindre lancer de dé pour choisir à votre place !

Points de Vie

Au départ de l'aventure, votre héros est un homme en pleine forme. Mais prenez garde ! La quête que vous allez entreprendre en sa compagnie est périlleuse et vous aurez, n'en doutez pas, maints obstacles à surmonter et de nombreux ennemis à combattre. S'il est blessé (vous en serez informé au cours de votre lecture), votre héros perdra des POINTS DE VIE et il périra si son total de POINTS DE VIE tombe à zéro. En revanche, s'il trouve un moyen de soigner ses blessures (là encore, le texte vous en avertira), votre héros récupérera des POINTS DE VIE, à condition de ne jamais dépasser le total dont il dispose au départ de l'aventure. Ce total est de 10 points si vous avez choisi de créer votre héros.

Compétences

Les compétences de votre héros – vous devez en sélectionner quatre si vous le créez – influeront sur vos choix au cours de l'aventure et, de ce fait, sur vos chances d'accomplir des actes dont dépendra son destin.

Agilité : cette compétence exprime l'aptitude à exécuter des actions exigeant de la souplesse, de la rapidité et de la vivacité. Parmi ces actions peut figurer le fait de réaliser une prouesse acrobatique, de se hisser le long d'un mur, de franchir un obstacle d'un bond, etc.

Astuce : la vivacité d'esprit de votre héros lui permettra de se sortir de situations embarrassantes ou périlleuses, ce qui est parfois bien utile !

Combat à mains nues : coups de poing, coups de pied, clefs d'étranglement. Doté de cette compétence, le corps de votre héros sera une arme redoutable.

Connaissance de la mythologie : en faisant appel à cette compétence, votre héros tirera profit de sa connaissance des légendes, ce qui lui donne le moyen de lutter contre les créatures surnaturelles. Il saura par exemple qu'il faut utiliser de l'ail pour éloigner les vampires, ou des balles d'argent pour tuer les loups-garous.

Escrime : s'il possède cette compétence, votre héros sera une fine lame. Bretteur efficace, il aimera se battre à l'épée et il sera doué d'une disposition innée pour le maniement de cette arme qui ne le quitte jamais.

Loi des rues : cette compétence enrichira les connaissances de votre héros en ce qui concerne les us et coutumes des hommes qui, par choix ou par nécessité, survivent dans la jungle des villes.

Navigation : votre héros sera un marin accompli, n'ignorant rien de la vie en haute mer. Il sera capable de manier toutes sortes d'embarcations, depuis le petit canot à rames jusqu'au trois-mâts.

Protection magique : cette compétence confère des pouvoirs magiques dans la mesure où elle permet de bénéficier de défenses contre le danger. Au cours du jeu, la concrétisation la plus subtile de cette protection surnaturelle permettra à votre héros de compter sur une chance exceptionnelle. Il faut avoir une amulette magique pour la mettre en œuvre.

Roublardise : doué de cette compétence, votre héros saura faire preuve de toutes les qualités du voleur à la tire, ce qui lui permettra de forcer une serrure, se faufiler dans l'ombre sans être vu, dérober quelque chose ou disparaître à la vitesse de l'éclair.

Sortilèges : cette compétence reflète l'aptitude de votre héros à mener une action ou à exercer une influence magique. Son bâton magique lui permettra de créer des illusions, contrôler les éléments, invoquer les forces surnaturelles.

Survie : s'il est en mesure d'employer cette compétence, votre héros possède des connaissances qui amélioreront considérablement ses chances de survie dans une nature hostile.

Tir : grâce à cette compétence votre héros sera un expert dans le maniement des armes à feu et il sera capable d'atteindre de petites cibles avec une incroyable précision. Il doit, bien sûr, posséder une arme à feu.

Au cours du jeu, certains paragraphes permettront à votre héros d'employer une de ces compétences. Si vous avez à choisir entre plusieurs compétences, sélectionnez celle qui vous semble convenir le mieux à la situation dans laquelle se trouve votre héros. Attention : sauf en certaines circonstances précisées dans le texte, votre héros ne peut pas changer de compétences ni en avoir plus de quatre, mais il peut en perdre l'usage...

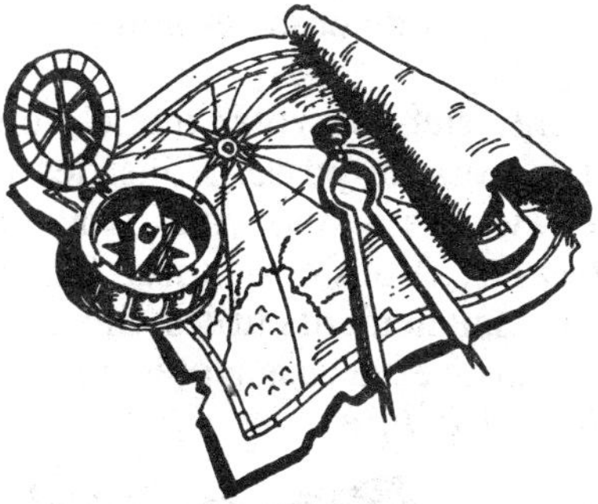

Équipement et argent

Au cours de sa quête, chaque fois que votre héros trouvera un objet, inscrivez-le sur la *Feuille d'Aventure* sur la liste de votre équipement. Votre héros pourra transporter un maximum de huit objets. Si, à n'importe quel moment du jeu, vous souhaitez abandonner un objet, il vous suffira de le supprimer de la *Feuille d'Aventure.* L'équipement avec lequel votre héros se met en quête dépend de ses compétences. Sur la *Feuille d'Aventure*, inscrivez un pistolet si votre héros a choisi le Tir, une amulette magique s'il bénéficie de la Protection magique, un bâton magique s'il a la compétence du lancer de Sortilèges et une épée au cas où il serait doué pour l'Escrime.

D'autre part, si vous créez votre héros, il possède 10 doublons d'or au départ de l'aventure et, bien sûr, 10 POINTS DE VIE.

Mots de passe et notes

A des moments clefs de votre quête, vous pourrez recueillir des mots de passe. Vous devrez inscrire chaque mot de passe que vous trouverez sur la *Feuille d'Aventure.* Vous obtiendrez également dans le texte des renseignements utiles. Si vous souhaitez les consigner, utilisez la case Notes qui figure au bas de la *Feuille d'Aventure.*

Héros préétablis

L'Aventurier
Vous avez exploré des châteaux hantés, des cités abandonnées, d'obscurs souterrains et des forêts profondes dans votre quête incessante de gloire et de richesse. A présent, vous tentez votre chance sur le vaste océan.
POINTS DE VIE : 10
Compétences : Connaissance de la mythologie, Escrime, Navigation et Roublardise
Équipement : une épée
Argent : 10 doublons d'or

Le Flibustier
Vous êtes un pirate habile et rusé, loyal envers vos compagnons mais impitoyable pour celui qui se dresse sur votre route.
POINTS DE VIE : 10
Compétences : Astuce, Escrime, Navigation et Tir
Équipement : un pistolet et une épée
Argent : 12 doublons d'or

Le Gitan
Vous avez fui les persécutions dont votre peuple fait l'objet et vous êtes parti pour le Nouveau Monde pour y chercher gloire et fortune.
POINTS DE VIE : 11
Compétences : Combat à mains nues, Connaissance de la mythologie, Protection et Roublardise
Équipement : une amulette magique
Argent : 10 doublons d'or

Le Loup de mer
Vous avez grandi à bord d'un bateau et votre éducation s'est faite dans les tavernes des ports et dans

l'exploration des îles désertes. Les Sept Mers n'ont pas de secrets pour vous.
POINTS DE VIE : 11
Compétences : Agilité, Loi des rues, Navigation et Survie
Équipement : aucun
Argent : 15 doublons d'or

Le Matamore
Grâce à vos manières élégantes et à votre bel esprit, vous êtes la coqueluche des salons et vous faites l'admiration de tous vos amis. Quant à vos ennemis, ils ont tout lieu de vous craindre.
POINTS DE VIE : 10
Compétences : Agilité, Astuce, Escrime et Loi des rues
Équipement : une épée
Argent : 10 doublons d'or

Le Paria
Un voile de mystère plane sur vos origines. Chassé de la terre qui vous a vu naître, vous parcourez le vaste monde en quête de réponses.
POINTS DE VIE : 10
Compétences : Agilité, Astuce, Sortilèges et Survie
Équipement : un bâton magique
Argent : 10 doublons d'or

Le Sorcier
En dépit de votre apparence fluette de lettré tout entier dévolu à l'étude, vous êtes peut-être le pire adversaire qu'un pirate puisse rencontrer un jour.
POINTS DE VIE : 10
Compétences : Loi des rues, Protection magique, Sortilèges et Tir
Équipement : un pistolet, une amulette et un bâton magiques
Argent : 10 doublons d'or

Prologue

– Les pirates !

Le cri du capitaine se perd dans le fracas du canon roulant sur les vagues. Un tir de boulets s'envole dans un nuage de fumée et atteint votre navire de plein fouet ! Le grand mât, sectionné, s'abat dans un enchevêtrement de cordages et la vergue s'écroule, écrasant une dizaine de marins ! Une nuée de grappins s'accroche au bastingage. Les pirates s'apprêtent à l'abordage et leur sinistre navire se range à côté du vôtre. Le vaisseau roule ses voiles noires tel un oiseau de mauvais augure repliant ses ailes, et la gargouille ricanante placée à la proue passe lentement à hauteur de votre pont. La *Belle Dame* s'écrit en lettres écarlates sur les flancs du vaisseau pirate, mais il ne s'agit en l'occurrence que d'une créature hideuse transportant sur son dos une troupe de monstres sanguinaires. Le marin à vos côtés se signe et déclare d'une voix blanche :

– C'est le bateau d'Hazgard !

– Qui est-ce ? criez-vous pour couvrir le tumulte de la canonnade.

Le marin se tourne vers vous, interloqué, avant de se rappeler qu'il s'agit de votre première traversée vers le Nouveau Monde.
– Hazgard est un monstre de la pire espèce, répond-il, l'air sombre.
A cet instant, les deux navires accostent et les pirates, sabre entre les dents, se laissent tomber des vergues pour investir le pont en hurlant comme des damnés. Aussitôt, ils s'ouvrent un passage sanglant à travers la foule des marins, leurs sabres tranchant têtes et membres avec une régularité de faux au jour de la moisson. Le capitaine et ses lieutenants rassemblés autour de la barre sont rapidement massacrés. Un vent de folie souffle sur le pont et vous comprenez à leur rictus meurtrier que les pirates ne feront pas de quartier. La haine vous submerge et vous serrez les dents dans un grognement de rage. Si l'heure de votre mort est arrivée, plusieurs de ces gueux vous accompagneront dans ce dernier voyage. Deux pirates s'élancent à la charge. Vous esquivez le coup du premier et, empoignant son bras, vous dirigez son sabre pour embrocher son compère. D'un geste convulsif, avant de mourir, le pirate fouette l'air de son coutelas et tranche la gorge de celui qui vient de l'éventrer.
– Bravo ! deux d'un coup !
Vous vous tournez et, pour la première fois, vous posez les yeux sur Hazgard. Il se tient sur le bastingage, une main sur les haubans, un énorme pistolet dans l'autre, et exhorte d'un rire démoniaque ses chiens de mer à se livrer au pillage. Sa silhouette massive, toute de noir vêtue, lui donne l'air d'un gigantesque corbeau. Une barbe noire et graisseuse tombe sur son poitrail comme un paquet d'algues. Une monstrueuse cicatrice lui barre le visage et une

lueur insane brille dans son œil unique, l'autre étant masqué par un bandeau de cuir. Lentement, le chef des pirates lève son pistolet dans votre direction et son regard de cyclope vous cloue sur place.
– Alors mon gars, lance-t-il en découvrant une rangée de dents jaunies. Je vais devoir te tuer une fois encore...
« Une fois encore ? » Votre étonnement ne dure que quelques secondes : une détonation retentit et le monde devient noir. Vous vous redressez en sursaut, ruisselant de sueur.
– Toujours le même rêve, hein ? dit une voix.
Vous regardez alentour et vous reprenez peu à peu contact avec la réalité. Les brumes du sommeil se dissipent et vous percevez à nouveau les grincements sinistres de la coque et le clapotis lancinant des vagues. Vous vous trouvez dans les soutes de la *Belle Dame.* Tout autour de vous, s'élèvent les ronflements des marins prenant un peu de repos entre deux corvées. A la lueur d'une lampe à huile, le vieux Marshy, le charpentier du bord, sculpte un morceau de bois, assis sur un rouleau de cordes. Il lève un œil vers vous et secoue la tête d'un air dégoûté.
– Cela remonte à deux ans, grommelle-t-il. Je ne comprends pas pourquoi tu t'obstines à faire ce rêve.
– Un rêve ? Un cauchemar, veux-tu dire !
A ces mots, vous épongez d'un revers de main la sueur qui coule sur votre front et vous effleurez la cicatrice à l'endroit où la balle d'Hazgard vous a touché. Quelques centimètres plus à droite et votre cervelle aurait tapissé le pont. Encore heureux que le pirate se soit octroyé ce jour là une bouteille de rhum en guise de petit déjeuner. La balle n'a fait

que vous entailler le cuir chevelu, laissant une cicatrice sur votre crâne et un surplus de haine au fond de votre cœur. La douleur s'est éloignée et ces deux années passées à bord vous reviennent en mémoire. Vous étiez en piteux état lorsque les pirates vous hissèrent à bord de la *Belle Dame.* Hazgard vous avait déclaré inapte au service et comme il ne pourrait réclamer aucune rançon pour vous, vous alliez finir en pâture aux requins comme la plupart des blessés après la bataille. Le vieux Marshy prit sur lui de vous soigner et partagea ses rations avec vous. Vous vous rappelez ces longues semaines passées entre la vie et la mort, délirant de fièvre, et quelques images vous reviennent à l'esprit comme dans un miroir brisé. Vous revoyez la face inquiète du vieux Marshy penché sur vous et vous forçant à avaler quelques gorgées d'eau ou un peu de gruau. Les cris des marins grimpant aux gréements sonnent à vos oreilles ainsi que leurs chants avinés montant vers les étoiles les soirs de victoire. Et, plus que tout, vous revoyez la face haïe d'Hazgard, suprême incarnation du mal, tandis qu'il arpentait le pont en attendant votre mort. Mais vous avez survécu grâce aux soins attentifs du vieux Marshy et vous avez repris des forces. La mort toutefois aurait peut-être été préférable à l'enfer que vous alliez connaître comme simple marin à bord du pire vaisseau croisant en mer Carabe. Hazgard est un fou sanguinaire qui fait régner la terreur sur son équipage, distribuant les coups au gré de sa fantaisie. Il semble se repaître du malheur des autres. La souffrance est son épice et la mort son plat favori. Plus d'une fois, vous avez assisté à la flagellation d'un de vos compagnons pour une faute minime et vous aussi, vous avez dû subir le fouet à ne plus

pouvoir bouger pendant de longs jours, sous les quolibets d'Hazgard et de ses sbires.
« Tout le monde sur le pont ! » Cet ordre aboyé vous arrache brusquement à vos pensées et vous secouez vos compagnons de chambrée avant de filer par les coursives pour remonter sur le pont inondé de soleil. Hazgard se tient sur le château arrière. Porbuck, le second, une brute au faciès de bœuf, vous pousse aussitôt en grognant :
– Toi, grimpe dans les haubans !
Vous vous exécutez et, en prenant de la hauteur, vous apercevez par bâbord avant un petit brick vers lequel la *Belle Dame* fait route. Le navire pirate a tôt fait de le rejoindre et vous remarquez à présent une gigantesque croix dressée sur le pont. Le bateau ne possède aucun canon. C'est de la pure folie, si l'on en croit l'adage : « Quand tu prends la mer, fais ta prière et remplis bien la poudrière. » Vous comprenez mieux la raison de cette absence d'armement à la vue des passagers : ce sont des moines !
La voix tonnante d'Hazgard roule par-dessus les flots comme un grondement de tonnerre.
– Faites halte ou je vous envoie par le fond ! Sortez vos richesses et vous aurez peut-être la vie sauve !
– Nous ne possédons rien ! clame un moine en retour. Nous sommes les Frères de la Charité. Nous allons porter la parole du Seigneur auprès des païens du Nouveau Monde.
Hazgard esquisse un sourire de mauvais augure et réplique :
– Pourquoi ne pas évangéliser le fond des mers, raille-t-il. Je ne connais rien de plus sauvage...
Il se penche sur la balustrade et interpelle le canonnier.
– Maître Borograve, lâchez une bordée et envoyez-

moi ces soutanes par quarante brasses de fond, que le ciel n'entende plus leurs paroles mielleuses !
Les moines savent qu'ils ne pourront distancer la *Belle Dame* et, tandis qu'une rangée de canons sort des flancs du navire, ils entament un cantique. Leur chant empreint de sérénité s'envole, porté par la brise et vous ne pouvez vous empêcher de revoir les vertes vallées de votre pays natal. La plupart des marins interrompent leur besogne, émus par la mélancolique beauté du cantique. Vous remarquez même un ou deux pirates qui ne peuvent masquer leur embarras.
– Paré à faire feu ! hurle Hazgard, électrisé par la perspective du carnage.
– Non !
Un cri retentit et un maillet de charpentier survole le pont pour atteindre Hazgard en pleine tête. Le bruit vous fait tressaillir, mais il en faudrait davantage pour ébranler un tel monstre. Le pirate vacille sous le choc et rattrape le maillet avant qu'il ne touche le sol. Il se retourne alors, livide de rage. Le filet de sang coulant le long de sa tempe le rend plus effrayant encore. Son œil luisant parcourt l'assemblée.
– Maître Marsh ! Ce maillet est à vous, me semble-t-il ?
Le vieux Marshy tremble de peur et bredouille, toute velléité de révolte l'ayant abandonné.
– Je ne... cap'taine. Ce sont des hommes de Dieu ! Je ne pensais pas...
Hazgard essuie le sang qui coule sur sa joue et le porte lentement à ses lèvres. Il fait signe à deux de ses sbires qui s'emparent de Marshy et le traînent sans ménagement jusqu'au château arrière.
– Posez sa tête sur le bastingage, les gars, dit Haz-

gard d'une voix doucereuse, tout en jouant avec le maillet. Vous avez raison, maître Marsh, vous ne pensez pas. A quoi sert une tête quand il n'y a rien dedans...

Vous saisissez avec horreur les intentions du pirate et vous descendez vivement de votre poste. Trop tard, hélas ! Le maillet s'abat avec fracas et un bruit d'amphore brisée résonne sur le pont silencieux. Tous les hommes d'équipage détournent la tête, à la limite de la nausée, tandis que les pirates ricanent et approuvent le geste de leur capitaine. Le corps sans vie du vieux Marshy est jeté par-dessus bord.

– Maudit sois-tu, Hazgard ! jurez-vous entre vos dents, en posant pied sur le pont. Je jure de te faire payer cher pour ce crime.

– Tu n'es pas le seul à vouloir sa perte, chuchote une voix dans votre dos. Mais reste calme si tu ne veux pas subir le même sort.

Vous vous retournez vers trois matelots – Grimez, Hoakley et Blutz – enrôlés de force, comme vous, après l'abordage de leur navire.

– Nous avons un plan, murmure Grimez. Si nous restons à bord, nos jours seront comptés. Nous sommes de quart ce soir. Nous comptons nous enfuir à bord de la chaloupe, avec un peu de matériel et tenter de rallier Port Leshand.

– Quatre cents milles en haute mer sur une simple chaloupe ! Vous courez à votre perte !

– Mieux vaut périr dans l'océan que sur ce navire de malheur, réplique Oakley. Écoute, tout le monde connaît ta réputation et l'on sait que tu es digne de confiance. Sans toi, nous n'avons aucune chance de réussir. Sois des nôtres.

Vous vous retournez vers la silhouette massive qui arpente le pont du château arrière, frappant au hasard avec le maillet encore maculé du sang de votre compagnon. Hazgard enrage ; les moines ont profité de l'intervention du vieux Marshy pour prendre la fuite. Un jour viendra où vous lui ferez payer tous ses crimes, mais ce jour n'est pas encore venu. Vous vous tournez vers les trois matelots et vous hochez brièvement la tête.

– Comptez sur moi, dites-vous.

Rendez-vous au **1**.

1

Cette expédition en haute mer n'aura de chances de réussir que si vous vous procurez du matériel. Pour cela, vous devez vous introduire dans le quartier des officiers. Le risque est grand mais vous ne pouvez l'éviter. Tandis que vos compagnons montent la garde, craignant à tout instant d'être découverts, vous vous faufilez dans l'entrepont. Les coursives sont plongées dans l'obscurité et la seule lueur provient de la porte entrebâillée de la cabine d'Hazgard. Vous avancez à pas feutrés dans la pénombre quand une voix aux accents fortement avinés s'élève.

– Dites-moi, mes agneaux quel est le plus rapide chemin vers la fortune ?

– La flibuste, cap'taine, répond un des pirates.

– Certes, grommelle Hazgard, mais quel est l'acte de piraterie le plus rentable, je vous le demande ? L'enlèvement et la rançon ! Voilà ce qui rapporte gros ! Je ne connais pas de cargaison plus chère ni plus facile à transporter que l'humain, je vous le dis... A condition de bien choisir sa proie. Ha ! bande de corniauds, vous ne connaissez rien à rien ! Savez-vous combien Toliver Crimp a ramassé l'été dernier en échange du neveu du vice-roi ? Mille doublons d'or !

Des exclamations émerveillées retentissent dans la cabine.

– C'est une goutte d'eau dans la mer en comparaison de ce que je compte récupérer. Je demanderai une rançon de roi... ou de reine, pour être précis, quand j'aurai pris livraison du butin le plus précieux de tous... La jeune reine Titiana de Glorianne, mes chéris, qui doit bientôt visiter ses colonies !

Vous étiez sur le point de vous éloigner, trop heureux que les pirates soient occupés, mais les propos d'Hazgard vous clouent sur place. Parle-t-il sérieusement ? L'enlèvement d'une reine n'est pas une mince affaire. Tout le monde sait que Titiana est protégée par le seigneur Calidor, l'amiral de la flotte, dont la réputation de stratège a fait le tour des Sept Mers. Quant à l'approcher par la ruse, il faudrait pour cela déjouer la surveillance constante du sorcier Mirabilis, son conseiller personnel qui ne la quitte jamais d'une semelle. Le complot que projette Hazgard est de la pure folie, mais pour l'avoir trop souvent éprouvé vous-même, vous savez que si le pirate est une brute sanguinaire, capable de tout pour se procurer de l'or, il n'a en revanche rien d'un fou téméraire. Son projet doit donc avoir de sérieuses chances de réussir. Vous portez votre attention sur la cabine du timonier ; aucune lumière ne filtre de la pièce. Il doit encore se trouver avec les autres pirates. La voie est libre. Vous allez pouvoir vous procurer ce dont vous avez besoin. Il faut faire vite : vos compagnons restés sur le pont doivent mourir d'inquiétude. Les pirates pourraient les découvrir à tout moment et vos chances de fuir seraient alors perdues à tout jamais. Mais Hazgard continue à élaborer son plan et, en dépit de tous les dangers, vous ne pouvez vous empêcher de dresser l'oreille. Il faut agir, maintenant. Si vous décidez :

D'écouter le pirate Rendez-vous au **20**
D'aller dans la timonerie Rendez-vous au **39**
De remonter sur le pont Rendez-vous au **172**

2

La route que vous avez choisie est balayée en permanence par de violents orages. Ballottés sur une mer en furie, les paquets de mer qui déferlent sur votre chaloupe vous obligent à écoper sans relâche. Du matin au soir, le ciel maussade a des teintes de granit et les rares apparitions du soleil vous rappellent à quel point vous êtes frigorifiés. Les éclairs déchirant le ciel illuminent vos faces blafardes d'un éclat cadavérique et, pour comble de malheur, une pluie glaciale cingle vos membres engourdis. Si vous possédez la compétence de Survie, rendez-vous au **421**. Sinon, rendez-vous au **222**.

3

Vous tentez vaillamment de briser le cercle des indigènes qui vous entourent, mais deux guerriers vous saisissent par les bras tandis qu'un troisième vous assène un vigoureux coup de massue sur le crâne. Aussitôt, le monde devient blanc et vous vous évanouissez. Mieux vaut peut-être ne pas vous réveiller car vous serez alors ficelé dans un chaudron pour servir de ragoût à cette tribu cannibale. Votre aventure se termine ici.

4

Caché parmi la végétation luxuriante de la jungle, vous suivez le pirate à distance. Hazgard repère un tronc d'arbre marqué d'une croix et se dirige aussitôt vers une clairière. Bientôt, il désigne un emplacement sur le sol. Les deux marins commencent à creuser tandis que le pirate et ses acolytes s'en vont vider une bouteille de rhum, à l'ombre des grands arbres.

– Il est venu récupérer un butin, murmure Blutz.

– Je me demande bien pourquoi, réplique Oakley. Les cales de la *Belle Dame* regorgent de richesses. J'aimerais être une mouche, à cet instant, et savoir ce qu'ils racontent.

– Une mouche ? reprend Grimez. Un frelon, plutôt, pour piquer cette vieille outre !
Si vous disposez de Sortilèges et si vous possédez une baguette, rendez-vous au **61.** Sinon, vous pouvez courir le risque de vous approcher pour les espionner (rendez-vous au **42**) ou bien rester cachés jusqu'à ce qu'ils déterrent le trésor et s'en aillent (rendez-vous au **288**).

5

Voyant que vous prenez la fuite, Ejada laisse échapper un hurlement de rage et invoque le ciel. Aussitôt, une pluie de pierres chauffées au rouge s'abat sur vous !
– Misérables mortels, s'écrie-t-elle. Je vous ai donné une chance de partir honorablement mais vous avez refusé ma bonté ! Subissez-en les conséquences !
– Elle appelle ça de la bonté ? s'étonne Blutz en zigzaguant pour éviter les pierres. Elle veut nous tuer avec ces bontés !
Vous perdez 6 POINTS DE VIE. Vous perdez seulement 4 POINTS DE VIE si vous avez une Protection magique et votre amulette, ou si vous possédez un bouclier de plumes. Si vous survivez, rendez-vous au **195**.

6

Votre équipage s'élance à l'abordage en poussant des hurlements et atterrit sur le pont ennemi, vous à leur tête. Les pirates vous attendent de pied ferme, armés de mousquets et de sabres, mais votre dernière canonnade a entamé leur moral et il ne fait aucun doute que l'issue du combat sera en votre faveur. Environné par le vacarme assourdissant des mousquets, vous luttez avec hargne, indifférent à la fumée âcre de la poudre qui vous brûle et au sang

4 *Les deux marins commencent à creuser tandis que le pirate et ses acolytes s'en vont vider une bouteille de rhum.*

qui gicle tout autour de vous. Une balle vous atteint à la jambe et vous perdez 1 POINT DE VIE. Si vous survivez à la blessure, vous repartez à la charge en boitillant, une lueur haineuse dans le regard. Les uns après les autres, vous vous débarrassez des pirates qui se ruent à l'assaut. Cette piétaille ne vous empêchera pas de tuer Hazgard de vos propres mains. Vous priez pour que les balles l'épargnent jusqu'à ce que vous l'ayez trouvé. A l'instant où vous l'apercevez, vous comprenez à quel point vos craintes étaient vaines : il se dresse, les bras levés, riant comme un possédé et offrant son poitrail à la mitraille. Est-il indestructible ou bien la haine qui l'habite est-elle plus forte que la mort elle-même ? Il prend conscience de votre présence et son œil unique vous fixe à travers les écrans de fumée.

– Alors, matelot, on vient dire un dernier adieu à son capitaine ?

Rendez-vous au **89**.

7

A moins d'avoir lancé auparavant un charme de Protection magique sur votre chaloupe, vous ne pouvez l'empêcher de prendre l'eau. La ligne de flottaison s'est dangereusement abaissée et deux d'entre vous doivent écoper en permanence. Si vous ne bénéficiez pas d'une Protection magique, notez le mot de passe *Repousse* sur votre *Feuille d'Aventure* et rendez-vous au **26**.

8

– Je n'ai jamais entendu parler de cet endroit ! s'exclame Mandrigard en reposant d'un geste brusque son gobelet sur la table.

– Comment cela ? vous étonnez-vous. C'est le port

le plus important de toutes les colonies gloriannniques !
Mandrigard hausse les épaules, l'air indifférent.
– Cela ne veut rien dire. Je voguais sur toutes les mers du monde bien avant que ces côtes aient un nom et je voguerai encore quand tous ces ports se seront enfoncés dans l'océan.
Si vous le pressez d'en dire plus, rendez-vous au **46**.
Si vous préférez explorer le navire, rendez-vous au **65**.

9

Si vous possédez le mot de passe *En Instance*, rendez-vous au **406**. Sinon, rayez tous les autres mots de passe sur votre *Feuille d'Aventure* et rendez-vous au **423**.

10

Vous vous levez en titubant et vous manquez vous évanouir sous l'effort. Brandissant votre baguette, vous entamez l'incantation d'une voix faible. Inlassablement, les paroles de votre litanie survolent les eaux calmes. Vos compagnons remplis d'espoir guettent le moindre signe du ciel, mais ils abandonnent bientôt en soupirant et retombent au fond de la chaloupe, résignés. Vous avez trop attendu et les privations ont, semble-t-il, émoussé vos pouvoirs. Soudain, une grosse goutte s'écrase sur le bois sec d'un banc, puis une autre, et une autre encore ! La pluie tombe dru sur vos visages et vous laissez échapper des cris de joie. Étendus au fond de la chaloupe, bouche ouverte, comme en pays de cocagne, vous attendez que l'averse vous abreuve. Une heure plus tard, vous êtes encore allongés, ravis d'avoir été trempés jusqu'aux os, quand une ombre gigantesque recouvre votre chaloupe.

– Ohé, du bateau ! hurle un marin en déployant une échelle de corde.
Vous vous redressez aussitôt. Tout à votre allégresse, vous n'avez pas entendu venir le brick, le *Joyau des Cieux.*
– C'est le plus beau jour de ma vie ! clame Oakley, tandis que vous grimpez vers le pont. D'abord, nous avons eu droit à une bonne ration d'eau et, maintenant, nous rentrons à la maison !
Rendez-vous au **370**.

11

– Je vois, dit le capitaine, après avoir écouté votre histoire.
Il pose sa timbale et va jusqu'à la porte de sa cabine pour s'assurer que personne n'écoute.
– Tout cela doit rester secret, murmure-t-il. Nous avons peut-être une chance de contrecarrer les plans d'Hazgard, mais il ne faut pas que l'affaire s'ébruite. Maintenant, écoutez-moi : quand nous serons à Port Leshand, vous vous rendrez rue Tour Carrée et vous demanderez la maison de maître

Gâtchik – c'est moi. Là-bas, nous mettrons un plan au point pour attraper ce vieux rat d'Hazgard. Rendez-vous au **108**.

12

Vous longez les docks encombrés de balles et de charrettes jusqu'à ce que vous trouviez une échoppe avec une enseigne peinte représentant un filin et une ancre auprès d'un tonneau. C'est la boutique de Verdigris, chez qui vous avez maintes fois acheté du matériel par le passé. Le marchand vous reconnaît et vous salue d'un geste.
– Alors ? Il est de nouveau à terre ? Pas pour longtemps, je suppose...
Votre regard parcourt la boutique et vous repérez les objets dont vous pourriez avoir besoin. Vous pouvez acheter ce que vous voulez, dans la limite de vos moyens cela va sans dire : un crucifix (8 doublons), un pistolet (10 doublons), une épée (10 doublons), un compas (10 doublons), un perroquet (2 doublons). Notez vos achats sur votre *Feuille d'Aventure* et n'oubliez pas de déduire le prix. Avant de partir vers un nouveau client, Verdigris se tourne vers vous.
– Il ne va pas rester pour la visite de la reine, si je comprends bien.
– Quand doit-elle arriver ? demande Grimez.
Verdigris hausse les épaules et sourit.
– Dans un mois, peut-être. Elle fait le tour des colonies. Le gouverneur a donné des consignes très strictes. Tout le monde doit filer droit, et mes affaires s'en ressentent. Rien que cette semaine, ma vente de poudre à canon a baissé de moitié.
Vous quittez la boutique. Si vous pensez qu'il n'y a plus rien à faire à Port Leshand, rendez-vous

au **107**. Mais il y a peut-être encore des choses à y glaner. Si vous voulez :

Faire identifier certains objets	Rendez-vous au **31**
Écouter les rumeurs du port	Rendez-vous au **88**
Rendre visite au capitaine Gâtchick	Rendez-vous au **69**
Tenter d'obtenir une lettre de route (si vous disposez de la compétence de Roublardise)	Rendez-vous au **50**
Tenter d'obtenir une lettre de route (bien que vous ne maîtrisiez pas la Roublardise)	Rendez-vous au **409**

13

Ces gredins sont pratiquement nés avec un poignard à la main. Ils manient leurs lames avec une dextérité digne d'un chirurgien, mais le résultat final est d'une tout autre nature. Si vous ne disposez d'aucune compétence de combat, vous perdez 6 POINTS DE VIE dans cette échauffourée. Si vous pratiquez le Combat à mains nues, vous perdez 3 POINTS DE VIE. Si vous pratiquez l'Escrime ou encore le Tir (avec les armes adéquates), vous perdez 2 POINTS DE VIE. Si vous survivez, rendez-vous au **70**.

14

L'œil unique d'Hazgard s'anime d'une lueur diabolique.

– Ainsi, vous êtes encore vivants ? Venez donc boire un verre avec votre cher capitaine.

Sur ces mots, il tend la bouteille de rhum d'un air engageant. Plutôt glisser sa main dans la gueule d'un loup affamé. Le sang de Blutz ne fait qu'un tour.

– Puissent les rats manger l'œil qui te reste, crapule ! hurle-t-il. Je ne sais pas ce qui me retient de prendre cette bouteille et...

Un craquement sourd met un terme à son discours et Blutz s'écroule en gémissant sur le sol. Vous vous tournez : Curshaw, ricanant, enjambe le corps de Blutz et jette au loin le tabouret avec lequel il vient de lui fracasser le crâne. Oakley et Grimez se préparent à affronter la bande de pirates qui se rassemblent lentement autour d'eux.

– Assez, Hazgard ! hurlez-vous. C'est une affaire entre toi et moi.

Le pirate redresse la tête et ricane.

– Quelle noblesse d'esprit ! raille-t-il. Et quelle naïveté ! J'élimine tous ceux qui se mettent en travers de ma route. Je vais enlever une reine et la vendre au plus offrant, alors peu m'importe la vie de quatre minables. J'aurais dû vous tuer bien avant, mais je deviens trop gentil en vieillissant.

Il porte la main à sa ceinture et vous comprenez qu'il va s'emparer d'une arme. D'instinct, vous saisissez le premier objet qui se trouve à portée sur une table et vous brandissez... un tire-bouchon. Hazgard ricane et lève un pistolet.

– Je serai l'homme le plus riche de la mer Carabe, hurle-t-il. Et que celui qui prétend le contraire s'en aille rejoindre la compagnie des morts !

Le coup part dans un éclair de feu et un nuage de fumée emplit la pièce. Vous portez la main à votre poitrine en grimaçant de douleur et le monde s'efface autour de vous... Rendez-vous au **362**.

15

Paupières closes, vous levez votre baguette vers le ciel et vous entamez l'incantation d'une voix forte. Devant votre manège, vos compagnons se poussent du coude d'un air goguenard. Mais leur hilarité est de courte durée et ils abandonnent leurs sourires narquois pour rester bouche bée en apercevant la lourde masse de nuages noirs qui se forme à l'est. Les premiers rayons du soleil disparaissent bientôt sous un épais rideau ténébreux et une bise glaciale s'engouffre dans vos vêtements. L'orage ne tarde pas à éclater et de violents éclairs déchirent le ciel. Vous achevez l'incantation et vous vous retournez vers vos compagnons, terrés au fond de la chaloupe, le visage livide.

– N'ayez aucune crainte, dites-vous. La tempête ne viendra pas jusqu'à nous. Elle a pris la *Belle Dame* par le travers et Hazgard va devoir s'éloigner pour échapper à l'orage.

Une couronne d'éclairs explose au-dessus des nuages. Si seulement vos belles paroles rassurantes pouvaient être vraies. Vous savez bien que l'on ne peut invoquer un tel déchaînement de forces naturelles sans subir d'effets en retour. A l'instant où vous alliez reposer votre baguette, elle se pare d'un halo bleu et se pulvérise en une gerbe d'étincelles. Rayez-la de la liste de vos possessions et n'oubliez-pas que vous ne pouvez plus jeter de Sortilèges avant de vous en être procuré une nouvelle. Mettez cette compétence entre parenthèses pour vous en souvenir et rendez-vous au **289**.

16

D'humeur confiante vous retournez à Sélénice, les cales pleines de richesses, la nouvelle de vos exploits fait vite le tour de l'île et le maître charpentier ne tarde pas à venir vous féliciter.

– Bienvenue à bord, maître Kemp, dites-vous en l'accueillant d'une tape amicale sur l'épaule. Nous avons récolté deux ou trois babioles. Peut-être suffiront-elles à nous offrir un navire digne de nos besoins.

A ces mots, vous le menez dans les cales et vous lui montrez votre butin d'un geste théâtral. Le regard du charpentier s'illumine de convoitise et il se fend d'un large sourire.

– J'ai justement le navire qu'il vous faut, capitaine, il est amarré non loin du vôtre.

Vous retournez sur le pont et vous restez bouche bée en voyant le navire qu'il désigne. Il s'agit d'un superbe vaisseau de soixante canons rutilants. La figure de proue représente une sirène d'une beauté irréelle. Blutz lit à voix haute le nom qui s'inscrit en lettres d'or.

– La *Reine des Fées* ! s'exclame-t-il en battant des paupières. Retenez-moi, je vais tomber amoureux.

– C'est tout à fait ce qu'il nous faut, maître Kemp, dites-vous. Gardez le sloop et sa cargaison. Nous prenons possession de la *Reine des Fées* sur l'heure.

Vous scellez votre accord d'une poignée de main et Kemp reste abasourdi d'avoir conclu aussi vite l'affaire de sa vie. Vous empoignez votre paquetage et vous embarquez aussitôt sur votre nouveau vaisseau. Rendez-vous au **184**.

17

Vous convenez qu'il serait imprudent de quitter la baie avec ce brouillard, aussi donnez-vous l'ordre de mouiller l'ancre. Vous vous apprêtiez à descendre dans votre cabine quand une délégation de l'équipage vient à votre rencontre. Leur porte-parole est le prévôt du bord, un grand gaillard trapu avec une face de lune. Il avance vers vous en tordant nerveusement son bonnet dans ses mains, comme un petit enfant.

– Cap'taine, nous avons pensé, les hommes et moi... Cette île est étrange, le vent est tombé et le brouillard... Les hommes sont nerveux et je me demandais, vous qui avez une réputation de magicien, s'il ne serait pas possible de jeter un charme, ou quelque chose sur le navire pour nous protéger des farfadets et autres nuisances.

– C'est une requête fort sage, répondez-vous. J'accepte avec plaisir, si cela suffit à rassurer l'équipage...

Vous empoignez votre amulette et vous récitez un charme pour protéger le navire contre toutes les créatures surnaturelles. L'équipage, rassuré, vous salue bien bas tandis que vous descendez dans votre cabine. La nuit se passe sans événement grave. Rendez-vous au **396**.

18

De lourds paquets de mer s'écrasent sur le pont et la bourrasque s'engouffre en hurlant dans la voilure. D'un seul coup, l'obscurité s'est emparée du ciel et des brassées d'éclairs lacèrent les nuages gris, projetant des gerbes d'étincelles au sommet des vagues déferlantes. Vous sortez l'éventail et vous l'agitez avec force sous les regards terrorisés des marins superstitieux. La tempête continue à rugir tout autour de votre navire mais il semble que l'éventail ait créé un tunnel au cœur de la tourmente, un tunnel dans lequel vous allez vous engouffrer.

– Timonier, droit devant ! hurlez-vous. Cap sur l'œil du cyclone !

L'éventail a disparu entre vos mains, mais qu'importe, il vous a tiré d'un mauvais pas. Rayez-le de votre *Feuille d'Aventure* et rendez-vous au **94**.

19

Le grondement de la déflagration roule sur les eaux et la canonnade emporte votre mât de misaine qui s'écroule comme un château de cartes. La voilure et les vergues s'affalent sur le pont, semant un vent de panique parmi votre équipage et plusieurs marins tombent par-dessus bord. Rayez deux étoiles à votre navire. S'il ne vous reste aucune étoile, rendez-vous au **227**. Sinon, répliquez par un tir à bout portant et préparez vous à l'abordage en vous rendant au **6**.

20

Des murmures étonnés parcourent l'assistance et vous entendez la voix nasillarde de Curshaw, le quartier-maître.

– Comment ferons-nous, cap'taine ? Ceux de Glorianne sont de sacrés marins, ils nous enverront par le fond avant même qu'on atteigne le navire amiral.

Vous approuvez d'un hochement de tête, tapi dans l'ombre de la coursive. Un silence attentif suit la

question et vous percevez quelques reniflements. Hazgard, comme à son habitude, doit se bourrer les narines de tabac à priser. Un éternuement sonore vous en donne confirmation et la voix grasseyante du pirate retentit à nouveau.
– Ne vous préoccupez pas de ces menus détails, monsieur Curshaw, votre capitaine s'en charge. Il vous suffit de savoir que quelque part à Port Sélénice, un charpentier de marine n'attend que mes instructions.
– Excusez, cap'taine, proteste Buck, le second à tête de bœuf. Nous vous avons toujours suivi, mais cette fois ce plan est irréalisable. La reine Titiana sera sévèrement gardée. Nous devrons sans doute affronter une douzaine de navires...
C'est précisément ce à quoi vous pensiez. Si vous voulez :

Attendre la réponse du pirate Rendez-vous au **77**
Rejoindre vos compagnons Rendez-vous au **172**
Visiter la cabine du timonier Rendez-vous au **39**

21

Oakley connaît bien les îles pour avoir déjà navigué dans ces eaux quand il était un honnête marchand, avant d'être engagé de force au service de la *Belle Dame*.
– L'île Pandanus, la plus occidentale de l'archipel, est souvent visitée par les navires, dit-il. Les autochtones y sont assez amicaux. La suivante, l'île de Grimoire, est entourée de mystère : les habitants de l'archipel prétendent qu'un démon y réside et ils refusent de s'y rendre. Bien sûr, tout ceci n'est que superstition de sauvages ! La suivante se nomme l'île du Mont Brûlé à cause du volcan en activité

qui la domine. Je ne connais personne qui y soit allé.
– Et que sais-tu de celle qui se trouve le plus à l'est, la première où nous allons débarquer ? demande Blutz.
Oakley hausse les épaules.
– L'île des Têtes Rouges. J'ai entendu dire qu'elle était habitée, mais elle est très éloignée des routes marchandes et les autochtones n'ont que peu de contacts avec le monde extérieur.
Si vous connaissez la Mythologie, rendez-vous au **58**. Sinon, rendez-vous au **97**.

22

Impressionnés par vos pouvoirs, les indigènes tombent à vos pieds.
– Ma parole ! s'exclame Oakley. Ils te prennent pour un dieu !
Vous réfléchissez rapidement à la manière de tirer le meilleur parti de la situation et, haussant la voix, vous désignez les indigènes d'un index menaçant, leur demandant de quel droit ils osent s'en prendre à vous. Ils ne comprennent pas un traître mot de ce que vous dites, mais le ton employé suffit à les effrayer. D'autres accourent, les bras chargés de présents, et les déposent à vos pieds dans l'espoir d'apaiser votre courroux. Il y a un bouclier orné de plumes, un collier d'obsidienne et une épée en bois hérissée de dents de requin. Notez les objets que vous désirez conserver sur votre *Feuille d'Aventure* et rendez-vous au **98**.

23

Combien de temps dura ce combat ? Vous ne sauriez le dire. Dans un tumulte de coups de feu, l'acier croisant l'acier, votre troupe dépenaillée lutte avec une énergie farouche contre Hazgard et sa bande de meurtriers. Bientôt vous demeurez seul en lice avec le pirate. Protégé par son poignard, Hazgard pare toutes vos attaques avec un sourire narquois, mais son ironie cède bientôt la place à l'inquiétude. La haine semble décupler votre énergie et la fripouille perd toute sa superbe. Vous êtes à la limite de l'évanouissement. Vous respirez avec peine, et chaque coup que vous portez sape un peu plus vos forces. Mais l'issue de ce duel arrive enfin et votre ennemi juré baigne dans son sang, blessé à mort.

– Contemple ta victoire, râle-t-il dans un dernier sursaut d'énergie. Tu peux être fier de toi.

Son rire moqueur se noie dans une toux d'agonie. Vous regardez alentour et vous ne voyez que mort et désolation. Vos camarades gisent pêle-mêle avec les pirates dans un enchevêtrement de corps mutilés. Vous titubez, à la limite de la nausée. Vous avez eu votre revanche, mais à quel prix... Hazgard relève la tête pour une ultime bravade.

– A nous revoir en Enfer ! lance-t-il avant de rendre son dernier souffle.

Il est mort et votre aventure se termine sur cette île perdue.

24

Le capitaine du vaisseau de guerre monte à votre bord avec une troupe en armes. Il parcourt d'un regard dédaigneux la bande de ruffians qui forme votre équipage avant de se tourner vers vous.

– Je suppose que vous êtes le chef de cette racaille. Vos activités s'apparentent à de la piraterie et, pour cette raison, je confisque votre navire au nom de Sa Majesté la reine.

Si vous possédez une lettre de route, rendez-vous au **92**. Sinon, rendez-vous au **111**.

25

Dans un fracas de bois pulvérisé, votre navire percute le *Chien de Lune* et votre proue s'encastre violemment dans son flanc. Vos marins lancent les grappins en hurlant et attirent les deux bateaux bord à bord avant de lancer l'assaut final. Rayez une étoile à votre navire. S'il ne possède plus aucune étoile, rendez-vous au **227**. Sinon, rendez-vous au **6**.

26

En dépit de tous ces désagréments, vous pouvez vous réjouir de filer bon cap, car les vents apportant la pluie vous entraînent vers l'ouest.

– C'est une course contre la montre, grommelle Oakley, les cheveux plaqués sur le front par la bourrasque. Je ne sais pas si nous sortirons de ce pétrin avant que les vivres ou nos forces viennent à manquer.

– A moins que la chance ne nous abandonne avant, ajoute Grimez, toujours optimiste.

– Assez ! hurle Blutz. Je ne le supporte plus ! Allons-nous rester ainsi à attendre que l'océan nous engloutisse ?

– Ouais ! hurle Oakley en frappant son banc du plat de la main. Cette coque de noix est tout ce qui nous sépare du fond de l'eau, mon gars. Il y a assez de bois ici pour quatre mises en bière ! (Il se lève brusquement, le regard fiévreux.) Je sais comment baptiser ce rafiot de malheur ! lance-t-il. Appelons-le le *Cercueil Flottant* et que tous ceux de son

bord arrivent à bon port ou bien pourrissent en enfer !
Blutz détourne la tête et la frayeur se lit sur son visage. Il fixe un point par-dessus votre épaule. Vous suivez son regard et votre cœur manque cesser de battre. Une sirène vient de surgir des flots à quelques brasses de vous. Les embruns ruisselant sur sa peau laiteuse créent des chapelets de perles d'eau. Ses cheveux ont la teinte du corail et elle vous fixe en silence d'un regard aussi profond et insondable que les abysses. Si vous connaissez la Mythologie, rendez-vous au **45**. Sinon, rendez-vous au **64**.

27

Une larme coule le long de sa joue et va s'écraser sur les pièces d'or éparpillées à ses pieds.
– Mon équipage ! Mes braves petits ! Où sont-ils à présent ?
Mandrigard vide à nouveau son gobelet, qui semble se remplir chaque fois comme par enchantement.
– Ils étaient trente-six à m'accompagner sur l'île d'Hécube. Trente-six à partager la malédiction avec moi. Ils sont tous partis, les uns après les autres. Comment ont-ils fait ? Je ne le saurai jamais. La malédiction nous interdisait d'aborder la terre ferme, nous ne pouvions même pas quitter le navire. D'une certaine manière, ils ont su la contourner et ils m'ont abandonné à mon triste sort. Qu'ils soient maudits pour cela et je bois pour qu'ils soient tous malades comme des chiens !
Mandrigard joint le geste à la parole et s'écroule, tête la première sur sa table, ivre mort. Si vous en profitez pour explorer le navire, rendez-vous au **65**. Si vous le secouez pour lui poser d'autres questions, rendez-vous au **46**.

28

En tirant la chaloupe sur la grève, vous remarquez une odeur douceâtre qui flotte dans l'air. Serait-ce du miel ? Mais comment des abeilles pourraient-elles survivre sur ce rocher dépourvu de végétation ? Vos inquiétudes quant à la nourriture semblent en passe d'être résolues quand vous apercevez des bancs de poissons nageant vers votre île.
– Où peuvent-ils bien aller ? demande soudain Grimez. Je vois des dizaines de poissons qui foncent sur nous et aucun n'atteint la rive.
Oakley désigne alors une forme indistincte se promenant entre deux eaux.
– C'est peut-être un requin, dit-il. Pour plus de sûreté, mieux vaut éviter les bains de mer.
En progressant vers le centre de l'île, vous découvrez bientôt un bassin. Aussitôt, tout le monde s'agenouille pour se désaltérer, mais vos mines réjouies deviennent vite des masques dégoûtés : le bassin est rempli d'eau de mer ! Tout cela est étrange, cette cuvette est au sommet de l'île et les vagues ne peuvent pas monter aussi haut.
Si vous connaissez la Mythologie, rendez-vous au **104**.
Si ce n'est pas le cas, vous décidez de :

Chercher de la nourriture sur l'île	Rendez-vous au **85**
Reprendre la mer et aller vers le nord	Rendez-vous au **66**
Reprendre la mer et aller vers l'ouest	Rendez-vous au **47**

29

Mortice vous donne de l'eau et des vivres tandis que vous lui racontez de quelle manière vous vous êtes trouvé enrôlé de force sur un navire pirate, pour vous en échapper et affronter maints périls. Pendant que vous parlez, la lune s'est levée et éclaire la crête des vagues d'une lueur spectrale.

– Quelle prodigieuse aventure ! s'exclame Mortice, le regard étrangement fixe.

– Et toi, vieillard ? demande Oakley tout en achevant d'engloutir une cuisse de poulet. Que fais-tu donc en pleine mer avec pour seule compagnie un baril d'eau douce et une caisse de nourriture ?

– Ah ! s'exclame le vieil homme. Ça aussi c'est une histoire extraordinaire, mais elle pourra attendre demain. Il se fait tard et je vois bien que vous avez envie de dormir...

Si vous connaissez la Navigation, rendez-vous au **67**. Sinon, rendez-vous au **105**.

30

Voilà maintenant une semaine que vous menez une existence paisible sur le bord de la plage. Si nécessaire, vous pouvez reprendre 1 POINT DE VIE. Un beau matin, vous voyez Blutz qui accourt vers vous en criant, en proie à une vive émotion. Grimez, allongé sur le sable à l'ombre d'un palmier, lève un sourcil et tire sur sa bouffarde.

– Je ne l'ai jamais vu courir aussi vite. Qu'en pensez-vous, les gars ?

– Il aura vu le soleil passer derrière un nuage, répondez-vous en souriant. Ou bien un cormoran aura avalé un poisson.

– Il a peut-être trouvé une perle dans une noix de coco, raille Oakley.

Vos plaisanteries retombent vite quand Blutz vous annonce la nouvelle.

– La *Belle Dame* croise le cap ouest de l'île ! Dans quelques minutes, elle sera dans la baie. Nous

sommes fichus, Hazgard va nous égorger comme des dindes de Noël !
Si vous allez vous cacher à l'intérieur de l'île jusqu'au départ des pirates, rendez-vous au **49**. Si vous voulez d'abord soudoyer les indigènes pour qu'ils ne mentionnent pas votre présence, rendez-vous au **68**. Si vous voulez affronter Hazgard dès qu'il aura posé le pied sur l'île, rendez-vous au **87**.

31

La maison du professeur Scriptorius se trouve sur une petite place, derrière le marché aux poissons. Son cabinet de curiosités est réputé dans tout le pays et vous l'avez déjà visité plusieurs fois par le passé pour lui faire estimer et éventuellement lui vendre certains objets. Comme toujours, le vieil homme est plongé dans un vieux livre poussiéreux, et il vous demande d'attendre un instant qu'il termine ses recherches.
– Que puis-je pour toi ? demande-t-il en retirant ses lorgnons du bout de son nez.
Vous déposez vos objets sur sa table de travail et il les observe à la loupe. Vous lui demandez d'identifier :

Une conque	Rendez-vous au **316**
Un Talisman chauve-souris	Rendez-vous au **335**
Un casque en bronze	Rendez-vous au **354**
Un anneau de dragon	Rendez-vous au **373**

Si vous ne possédez rien de cela, Scriptorius ne peut vous être d'aucune aide et vous devez prendre congé. Rendez-vous au **392**.

32

La meilleure défense étant l'attaque, vous poussez vos compagnons à l'écart et vous esquivez de jus-

tesse la lame de couteau qui vous était destinée. D'un bond, vous grimpez sur le comptoir et vous vous élancez dans les airs pour atterrir au centre du groupe avec la puissance d'une boule percutant un jeu de quilles ! Les malfrats s'étalent de tout leur long.
Vous bondissez à nouveau sur vos pieds et vous distribuez quelques coups de pied à la ronde en attendant que vos compagnons aient gagné la sortie. C'est là votre seule erreur : une lame s'envole en sifflant et vous atteint au mollet. Vous perdez 1 POINT DE VIE. Si vous êtes encore de ce monde, vous gagnez la porte en claudiquant et vos amis vous empoignent sous les épaules pour vous entraîner au plus vite au hasard des ruelles. Après une fuite éperdue, vous vous assurez que personne ne vous suit avant de songer à reprendre votre souffle.
– Ce ne fut guère concluant, halète Blutz.
– Que dites-vous là monsieur Blutz, répondez-vous en souriant d'un air las. Nous sommes encore en vie, c'est le principal.
Rendez-vous au **392**.

33

Les yeux vitreux du vieil aveugle luisent comme deux perles à la faible lueur filtrant par les fenêtres poussiéreuses.
– Approchez donc un banc, moussaillons ! éructe-t-il. Le vieux Rakham est toujours partant pour un brin de causette.
– En voilà un fier marin, murmure Grimez entre ses dents. Il navigue sur une mer de rhum et il doit se parfumer à la vase du port.
– J'ai entendu ! braille Rakham d'une voix avinée. Moque-toi du vieux Rakham si cela t'amuse, jeune blanc-bec. J'ai vu plus de choses avant qu'on

éteigne mes feux que tu n'en verras jamais dans toute ta chienne de vie. Ouai ! Et j'en connais de belles histoires, tu peux me croire...
– Et des récentes, tu en as entendues ? demandez-vous.
– Pour sûr, je n'ai pas mes oreilles dans ma poche, mais à trop parler on se dessèche la langue...
Si vous lui offrez un verre, rayez un doublon de votre *Feuille d'Aventure* et rendez-vous au **90**. Si vous voulez prendre la défense du lettré, malmené par les trois brutes, rendez-vous au **52**. Si vous préférez quitter les lieux pour aller aux chantiers maritimes, rendez-vous au **374**.

34

Les yeux du géant roulent dans ses orbites en entendant votre requête.
– Un navire ? Mon havre en contient des centaines ! Tous les navires de la création sont amarrés ici, mais hélas, cette chaîne les empêche de sortir.
Il plonge sa main dans l'eau et joue avec les maillons titanesques comme s'il s'agissait d'une simple chaîne de montre.
– Ne pourrais-tu pas la soulever pour nous, demandez-vous. Laisse-nous entrer et choisir un vaisseau.
Le géant s'esclaffe et ses éclats de rire résonnent comme des coups de tonnerre.
– Tu ne manques pas de culot, humain ! Tu as la trempe d'un héros. Hélas, je ne peux pas t'aider. Vois-tu ce cadenas ? Tu pourrais l'ouvrir, mais la clef qui lui correspond ne peut être vue ou touchée par un humain.
Si vous voulez utiliser votre Astuce, rendez-vous au **91**. Si vous disposez de Sortilèges et si vous désirez y recourir, rendez-vous au **110**. Si vous pensez qu'un de vos objets pourrait être utile, rendez-vous

au **129**. Faute de toute cela, vous devez admettre votre défaite : rendez-vous au **72.**

35

– Trois vaisseaux de guerre sidoniens à bâbord ! hurle soudain votre vigie.
Le vaisseau gloriannique les repère à son tour et vire de bord pour les prendre en chasse, vous laissant tout loisir de vous enfuir. Oakley vous rejoint bientôt sur le gaillard d'avant.
– Ils sont presque sur la ligne d'horizon, dit-il. Ils arrivent à point nommé, mais je suis surpris que tu t'en éloignes. Te connaissant, je pensais que tu aurais prêté main-forte au vaisseau de Glorianne.
Vous souriez et vous tapotez la baguette magique coincée dans votre ceinturon.
– Les aider à combattre un mirage que je viens de créer ? Ces trois vaisseaux s'évanouiront dès que nous serons hors de vue...
Oakley éclate de rire et vous gratifie d'une claque dans le dos. Rendez-vous au **16**.

36

Les marins sont des gens superstitieux. Qui sait comment ils réagiraient si vous faisiez ouvertement usage de la magie devant eux ? Pour cette raison, vous répugnez à recourir à vos pouvoirs. Heureusement, Blutz a fort bien compris votre dilemme et il vous donne une bonne occasion de vous éclipser.
– Quand j'étais enfant, j'ai toujours entendu dire que l'on pouvait faire lever le vent simplement en sifflant, déclare-t-il à la ronde. Cela vaut la peine d'essayer, n'est-ce pas les gars ? Je suis désolé, cap'taine, mais nous allons attirer un vent mauvais si vous restez sur le pont, ajoute-t-il en se tournant vers vous.

– Oh, oui, bien sûr, je connais cette légende, répondez-vous. Je vous laisse donc, monsieur Blutz. Vous allez vous enfermer dans votre cabine pour invoquer l'apparition d'une brise tandis que tout l'équipage siffle comme une nuée de pinsons. A votre retour sur le pont, les voiles sont déjà hissées et les marins trépignent de joie.
– Jolie parade, monsieur Blutz, dites-vous tandis que l'*Échalote* prend la mer.
– A votre service, cap'taine, vous n'aurez qu'à siffler si vous avez encore besoin de moi, répond-il en souriant.
Rendez-vous au **396**.

37

L'orage transforme le ciel en un brasier crépitant et il vous semble que vous pourriez griller dans ces flammes célestes si elles n'allaient mourir chaque fois au cœur des flots rugissants. L'équipage s'accroche comme il peut pour échapper aux déferlantes qui balaient le pont. Devant vous, un marin est emporté par les flots et ne trouve son salut qu'en empoignant le cabestan à bras-le-corps.
– Cap'taine ! hurle le timonier en scrutant à travers les barrages de pluie. Je n'y vois rien !
Vous brandissez votre amulette devant ses yeux et la surface d'or vieilli se met à luire.
– Ne la quitte pas des yeux ! criez-vous. Garde confiance !
L'homme, comme en transe, manœuvre le gouvernail selon les moindres mouvements du bijou qui danse devant lui. Au-dessus de vos têtes, la mâture mise à mal proteste par des grincements sinistres et votre navire s'enfonce dans les vagues, filant droit vers l'œil du cyclone. Rendez-vous au **94**.

38

Si vous connaissez la Navigation, vous parvenez à manœuvrer votre navire sans subir de dommages. Si vous ne connaissez pas la Navigation, vous essuyez le feu nourri du *Chien de Lune*. Rayez une étoile à votre navire. S'il ne vous reste aucune étoile, rendez-vous au **227**. Sinon, entamez la manœuvre d'abordage et rendez-vous au **415**.

39

Le timonier est chargé de la navigation et sa petite cabine regorge de papiers, de cartes marines et de tout le matériel nécessaire à sa charge.
A peine pénétrez-vous dans la pièce qu'un mouvement brusque dans la couchette vous fait sursauter. Vous pensiez pourtant que la cabine était vide ! La couverture se soulève bientôt sur l'occupant des lieux. Il s'agit de Maître Jacasse, le petit singe qui est la mascotte du navire. Poussant un soupir de soulagement, vous entamez une fouille des lieux sous l'œil intéressé de l'animal. Vous n'aurez le temps de prendre que deux objets parmi les suivants : une trousse à outils, un portefeuille de cartes maritimes, un crucifix, un aimant ou le singe. Notez les deux articles de votre choix sur votre *Feuille d'Aventure* et rendez-vous au **172**.

40

La route du sud est sillonnée par des courants constants venant de l'est, qui vous rapprochent de Port Leshand sans que vous ayez à produire beaucoup d'efforts. Qui plus est, cette route est aussi celle qu'empruntent les navires marchands et il se pourrait que l'un d'eux vous remarque. Hélas, au bout d'une journée, il vous faut vite déchanter. L'océan s'étend à perte de vue et aucune voile ne

vient briser la ligne d'horizon. De l'aube au crépuscule, un soleil de plomb brille dans un ciel sans nuages et, dès la nuit tombée, une bise glaciale vous empêche de dormir et vous laisse frissonnant dans vos vêtements en haillons. Vous perdez 2 POINTS DE VIE. Si vous vous êtes entraîné à la Survie, vous perdez seulement 1 POINT DE VIE car vous savez vous protéger de la chaleur et du froid en mouillant régulièrement vos chemises dans l'eau de mer. A l'aube du second jour, vous apercevez une petite île ne figurant sur aucune carte. Ce n'est en fait qu'un monticule, large tout au plus d'une centaine de mètres et recouvert d'algues et de coquillages.
– C'est un récif de corail, annonce Grimez en remarquant la teinte rosâtre des rochers battus par les vagues. Nous y trouverons peut-être quelques bassins d'eau de pluie et des insectes, à défaut d'oiseaux.
– Pourquoi des insectes ? demande Blutz, craignant le pire.
– Pour les manger, pardi ! répliquez-vous. Faute de merles on mange des mouches !
Si vous décidez :

D'aborder sur cette île	Rendez-vous au **28**
De poursuivre votre route	Rendez-vous au **47**
De remonter vers l'archipel des Brumes	Rendez-vous au **66**

41

Prenant vos jambes à votre cou, vous fuyez en direction de la chaloupe, lapidé par les indigènes en furie. La plupart des cailloux retombent à côté de vous sur le sable mais, soudain, une violente douleur à la tête vous fait vaciller. Aussitôt, Blutz vous empoigne le bras et vous traîne jusqu'au bateau.

Vous perdez connaissance pendant quelques instants. Lorsque vous reprenez conscience, la chaloupe est à l'eau. Oakley et Grimez rament comme des damnés pour s'éloigner du bord et échapper au tir nourri des indigènes. Vous perdez 4 POINTS DE VIE, sauf si vous bénéficiez d'une Protection magique et possédez une amulette : en ce cas, vous perdez seulement 1 POINT DE VIE. Si vous survivez à cette épreuve, vous vous laissez choir au fond de la chaloupe et, bientôt, vos compagnons regagnent la haute mer, hors d'atteinte des sauvages.
– Ces bougres voulaient absolument nous retenir pour dîner ! plaisante Oakley. J'espère que ceux de la prochaine île seront plus amicaux.
Rendez-vous au **116**.

42

Si vous pouvez faire usage de Roublardise ou de Survie, rendez-vous au **80**. Sinon, vous marchez malencontreusement sur une brindille. Hazgard et ses acolytes prennent conscience de votre présence et s'élancent à l'attaque en hurlant. Vous n'avez d'autre choix que de les affronter en vous rendant au **267**.

43

– L'époque est propice aux affaires ! s'exclame-t-il avec enthousiasme. Et rien ne me plaît davantage que les gens entreprenants !
Pendant près d'une heure, vous visitez les chantiers guidé par Kemp, en discutant avec lui de votre futur navire. Vous lui spécifiez tout ce que vous désirez, depuis la qualité du bois jusqu'au type d'armement, en passant par le tirant d'eau, le motif de la figure de proue et l'ameublement des cabines.
– J'ai affaire à un connaisseur, approuve-t-il. Mais

si je m'en tiens à ce que vous voulez – les meilleurs matériaux, la finition impeccable – le prix sera à la hauteur de vos prétentions !
Kemp fait rapidement un devis et vous découvrez alors que, pour l'équivalent d'un diamant de bonne taille, vous obtiendrez tout juste un bâtiment de seconde main. Si vous ne disposez pas des moyens nécessaires, vous allez devoir chercher ailleurs. Vous quittez le charpentier en lui promettant de le prévenir dès que votre décision sera prise et vous reprenez le chemin de la ville.
– Quelle est la prochaine étape ? demande Okaley.
– Nous allons louer des chambres à l'auberge du Sang et des Larmes, dites-vous après une brève réflexion. Si Hazgard montre son nez à Sélénice, c'est là que nous le trouverons.
Vous ne pouviez pas mieux dire ! Vous restez cloués sur place, à peine franchi le seuil de l'auberge. Le monstre est devant vous ! Une bouteille de rhum à la main, il houspille ses matelots rassemblés tout autour de lui. Il prend soudain conscience de votre présence et s'interrompt au beau milieu de ses réprimandes. Un filet de bave coule le long de sa barbe noire à l'instant où il ouvre la bouche pour découvrir une rangée de crocs noirâtres. Le moment que vous attendiez tant est enfin arrivé : votre pire ennemi est là, devant vous... Rendez-vous au **14**.

44

Dans un premier temps, Blutz demande à l'équipage de charger sur le pont le contenu des cales. Vous ne voyez pas de quoi il parle avant de vous rappeler que le précédent propriétaire de l'*Échalote* vous a laissé toute une cargaison de sel. L'aube se lève quand Blutz ordonne aux canonniers de bourrer les bouches à feu de sel. Une première bordée est tirée en direction de l'iceberg et, dans l'instant qui suit, l'eau qui ruisselle dessine de profondes ravines dans les flancs de glace.

– Je savais bien qu'on utilisait le sel pour faire fondre la neige, déclare-t-il avec une jubilation toute légitime.

Quelques bordées suffisent à ouvrir de profondes crevasses et, bientôt, l'iceberg se scinde en plusieurs blocs. Sous l'action du soleil matinal, l'*Octavius* se libère peu à peu de sa carapace et abandonnant l'*Échalote,* vous grimpez à son bord, pour mettre aussitôt cap au nord. Les jours passent et votre nouveau navire ne cesse de vous surprendre. Jamais vous n'avez piloté un aussi bon bateau. L'esprit fier et confiant, vous entrez bientôt en rade et vous accostez sur les quais de Sélénice. Rendez-vous au **184**.

45

A l'instar de tous les êtres surnaturels, les sirènes sont des créatures capricieuses qui peuvent, selon leur humeur, faire preuve d'autant de bonté que de cruauté. Elles cherchent parfois la compagnie des humains, qu'elles envoûtent par leur stupéfiante beauté, car elles aiment emporter un peu de chaleur et de vigueur dans les obscurs confins de leur monde du silence. Hélas, peu nombreux sont ceux qui, les ayant suivies, ont pu raconter leur histoire. Certains, ayant survécu, ont, dit-on, acquis le don de double vue auprès des sirènes qui savent prédire l'avenir. Mais de tels cas sont rarissimes et, le plus souvent, on retrouve sur les plages le cadavre de ceux qui ont côtoyé les sirènes, le visage figé à tout jamais en un masque de crainte émerveillée pour avoir aperçu les secrètes splendeurs de leur univers sous-marin. Il est au moins une chose dont vous êtes sûr : si l'on parvient à avoir une emprise sur elles, les sirènes sont obligées de répondre à vos questions. En cela, elles ressemblent à toutes les créatures surnaturelles. Rendez-vous au **64**.

46

Mandrigard vous lance un regard torve par-dessus la table.

– Vous voulez encore discuter ? dit-il d'une voix fortement avinée. A quoi bon ? Tous les babillages de la terre ne pourront jamais lever la malédiction qui pèse sur moi... et sur vous, mes jolis. Vous ne quitterez jamais ce navire. Vous faites partie de mon équipage à présent et ce jusqu'à la fin des temps !

Mandrigard éclate d'un rire sardonique, une lueur de folie au fond des yeux. Mais, bientôt, il retombe dans une sorte de stupeur et contemple son trésor d'un air absent.

– Cette cicatrice sur ma main, murmure-t-il comme pour lui-même. C'est la preuve... Je l'ai reçue en brisant les scellés du temple. Regardez tous la marque de l'infamie...

Rendez-vous au **65**.

47

Une brève ondée vous permet d'étancher votre soif mais la faim tord vos entrailles et le soleil omniprésent brûlant au-dessus de vos têtes vous donne le vertige. Vous perdez 1 POINT DE VIE. Oakley, qui n'avait pas soufflé mot depuis plusieurs heures, regarde le crépuscule d'un air mauvais et laisse exprimer sa rage.

– Encore une nuit et Dieu me damne si je ne deviens pas fou ! Ah, si seulement nous avions quelque chose à nous mettre sous la dent !
Joignant le geste à la parole, il défait son ceinturon et en mâchonne nerveusement le cuir. Si vous connaissez la Navigation ou si vous avez des compétences de Survie, rendez-vous au **218**. Dans le cas contraire et s'il y a un singe à bord, rendez-vous au **237**. Sinon, rendez-vous au **275**.

48

Pendant que vous vous restaurez, Mortice vous raconte son aventure dont les péripéties n'ont rien à envier aux vôtres. Tout commença par un naufrage. Mortice fut rejeté sur une île déserte, seul survivant de son équipage. Au bout de quelques mois, un navire nommé l'*Effrayante* le secourut, mais il dut vite déchanter.
– J'étais enfermé tout le jour à fond de cale, dit-il. Je ne sortais que la nuit pour laver le pont. Ah, je n'ai jamais connu une personne plus dure que El Draque, le capitaine de ce maudit navire. Nous étions plusieurs marins dans mon cas et ceux qui avaient le malheur de dire un mot de travers étaient aussitôt envoyés aux fers et on ne les revoyait jamais. Une fois, j'ai vu El Draque et ses hommes enterrer leur butin sur l'île de la Tortue et en marquer l'emplacement avec deux tibias. Ah ça, je m'en souviens bien et je me suis juré d'y retourner le jour où je trouverai un navire capable de distancer l'*Effrayante*.
– Et comment t'es-tu échappé ? demande Oakley en achevant d'engloutir une cuisse de poulet.
– Je me suis fabriqué ce radeau et j'ai cessé de me nourrir jusqu'à ce que je puisse me glisser entre les barreaux de la geôle. Il n'y avait pas une seule âme

sur le pont pendant le jour, alors j'ai chargé les vivres sur mon radeau et je me suis enfui. Voilà des semaines que je dérive, jusqu'à ce que je trouve mes sauveurs !
Mortice remplit joyeusement vos timbales au tonneau qui se trouve à côté de lui. Si vous connaissez la Navigation, rendez-vous au **67**. Sinon, rendez-vous au **105**.

49

Vous vous enfoncez dans la jungle pour prendre position au sommet d'une colline. Depuis votre poste d'observation, vous voyez que la *Belle Dame* est déjà ancrée dans la baie. Une chaloupe transporte Hazgard et ses sbires en direction de la plage.
– Il ne partira pas avant de nous avoir trouvés, grogne Oakley en se frayant un chemin à travers la végétation luxuriante.
– L'île est grande, répondez-vous. Si nous restons cachés, il abandonnera les recherches, pensant que nous sommes déjà morts.
Si vous avez des notions de Survie, rendez-vous au **144**. Dans le cas contraire, rendez-vous au **163**.

50

Une lettre de route vous permettrait de commettre des actes de piraterie en toute légalité. En devenant corsaire au service de Sa Majesté la reine, vous pourriez agir comme bon vous semble et arraisonner tous les navires marchands, à condition qu'ils soient Sidoniens.
– Nous ne pourrons jamais obtenir un tel document, affirme Blutz, après que vous avez longuement discuté du sujet.
– Il a raison, approuve Oakley. Il faudrait soudoyer ces beaux messieurs de la chancellerie et cela va

nous coûter aussi cher que le profit que nous pourrons en tirer.
– Ce n'est pas sûr, répondez-vous en sortant un parchemin des replis de votre chemise. Que dites-vous de ça ?
Grimez, interloqué, inspecte le document.
– C'est une lettre de route établie en bonne et due forme et qui nous donne toute licence pour agir en mer Carabe. Comment l'as-tu obtenue ? Il relève la tête, l'air malicieux : l'encre n'est pas encore sèche...
Vous roulez le document, pas mécontent de votre petit effet.
– Quand elle aura séché, rien ne pourra la distinguer d'une vraie, je peux te l'assurer.
Notez la lettre de route sur votre *Feuille d'Aventure*. Si vous avez rencontré le capitaine Gâtchick et s'il vous a invité à lui rendre visite, rendez-vous au **69**. Si vous jugez ne plus rien avoir à faire à Port Leshand, rendez-vous au **107**.

51

– Bien, vas-y, étripe-nous, répondez-vous en haussant les épaules. Tu t'expliqueras avec Hazgard quand il apprendra la nouvelle.
Le chef des gredins a un sourire mauvais mais vous sentez qu'il hésite.
– Tu cherches à m'embrouiller, répond-il. Hazgard veut qu'on s'occupe de tous ceux qui sont après lui.
– Nous devrions être avec lui, répliquez-vous comme si vous parliez à un débile léger.
Vous jouez avec le feu, mais vous adorez ça.
– Comment être sûr que tu dis la vérité ? reprend le gredin en plissant les yeux.
– Me crois-tu stupide au point de venir ici pour

poser des questions ? dites-vous en prenant un air consterné.
– Allez, Cuss ! Interroge-le ! lance un de ses compères. Fais-lui cracher le morceau !
– Je ne raconte pas ma vie à n'importe qui, répliquez-vous en le foudroyant du regard. Les murs ont des oreilles en ce moment. Écoute, Cuss, tu auras des problèmes... royaux, si je ne contacte pas Hazgard au plus vite.
– Il se trouve à Sélénice, je crois, répond le gredin en empochant son coutelas.
– Bien, bien, dites-vous en hochant la tête d'un air satisfait. Nous le trouverons donc à bord de...
– Du *Chien de Lune*, conclut Cuss.
– C'est bien, Cuss, dites-vous en lui tapotant l'épaule. Hazgard sera fier de toi, je lui en toucherai un mot.
Vous attendez d'être sorti de l'auberge pour pousser un profond soupir de soulagement.
– Quel est ce *Chien de Lune* ? demande Blutz. Hazgard a toujours navigué sur la *Belle Dame*.
– Le seul moyen de le savoir est de partir pour Sélénice, répondez-vous.
Rendez-vous au **392**.

52

Le vieux lettré s'avance pour récupérer ses besicles, mais un des ruffians étend la jambe et le malheureux s'étale sur le plancher, pour la plus grande joie de tous les autres. Ses tourmenteurs se tiennent les côtes à force de rire. Le lettré se relève en grimaçant de douleur.
– S'il vous plaît, rendez-les moi, gémit-il au bord des larmes. Je n'y vois rien sans elles.
Si vous désirez utiliser votre Astuce, rendez-vous au **128**. Si vous connaissez la Loi des rues, rendez-

vous au **147**. Dans le cas contraire, vous allez devoir affronter ces lourdauds. Si vous décidez de combattre :

A l'épée Rendez-vous au **166**
Au pistolet Rendez-vous au **185**
A mains nues Rendez-vous au **204**

53

Le géant se prend la tête dans les mains et vous observe d'un air pensif, tout en considérant votre requête. Il demeure ainsi pendant un temps interminable et finalement vous n'en pouvez plus.
– Alors ? hurlez-vous exaspéré. Vas-tu réfléchir jusqu'à la nuit des temps ? Notre ennemi est un mortel, ses heures sont comptées, et les nôtres aussi. Nous ne pouvons pas attendre indéfiniment !
– Prends garde à ne pas l'énerver, s'inquiète Blutz. Ce géant pourrait bien être Neptune en personne.
Vous vous retournez pour le foudroyer du regard.

– Je sais ce que je fais, monsieur Blutz, répliquez-vous. Divinité ou pas, moi je suis votre capitaine et je vous saurais gré de vous taire quand je parle avec ce géant !
Le colosse éclate de rire, visiblement amusé de votre repartie.
– Tu as bien parlé, mortel. En mer, l'équipage se doit d'écouter son seul maître, le capitaine. Je vais t'aider, tu le mérites bien. Que désires-tu, dis-moi ? La richesse pour t'offrir un navire ou la connaissance pour mieux le diriger ?
Si vous choisissez la richesse, rendez-vous au **148**.
Si vous préférez recevoir la connaissance, rendez-vous au **167**.

54

Le vaisseau vire de bord pour vous couper le vent. Vous grimpez aussitôt dans le gréement et vous longez la grand-vergue de votre navire qui se trouve à hauteur du pont ennemi. Un marin vous aperçoit et s'élance, un couteau à la main. Vous esquivez son attaque et, sous les vivats de votre équipage, vous l'assommez d'un coup de poing sur la nuque. Vous récupérez son poignard et vous escaladez les enfléchures du vaisseau sous le feu nourri des soldats. Depuis votre poste, vous voyez les grappins reliant les deux navires. Votre équipage se prépare à subir l'abordage. Passant de mât en mât avec la vivacité d'un singe, vous plantez le poignard dans le grand volant arrière et vous vous laissez choir le long de la voile gonflée, l'ouvrant en deux. Vous atterrissez devant le timonier, brandissant votre poignard, mais il n'est pas homme à se battre et il vous abandonne le poste. Aussitôt, vous manœuvrez le gouvernail et les deux navires se séparent. Les soldats du vaisseau comprennent, mais un peu tard, vos intentions et, avant qu'ils ne vous rejoignent, vous bloquez les rayons du gouvernail avec votre poignard. Le vaisseau prend le vent et commence à verser. D'un bond vertigineux, vous vous élancez dans la voilure de votre sloop tandis que votre équipage sectionne les grappins. Oakley commande la manœuvre et l'*Échalote* prend le large. La confusion la plus totale règne sur le vaisseau qui dessine des cercles. Le temps qu'ils aient débloqué le gouvernail, vous êtes déjà loin... Rendez-vous au **16**.

55

L'heure qui suit vous donne l'occasion de démontrer tous vos talents de barreur. Jaugeant la profondeur tous les mètres à l'aide d'une sonde, vous manœuvrez lentement votre navire entre les bancs de sable et les récifs jusqu'à ce que vous quittiez enfin la baie. Mais vos problèmes ne sont pas encore résolus puisque l'absence de vent vous oblige à mettre les canots à la mer afin de remorquer le navire vers le large. Enfin, vous laissez l'île de la Tortue et son étrange brouillard loin derrière et la brise du large vous permet à nouveau de hisser les voiles en direction de Sélénice. Hélas, le voyage du retour est maussade car vous revenez les mains vides. Rendez-vous au **396**.

56

Obsédé par votre quête de l'iceberg, vous ne prêtez aucune attention aux menaces de révolte qui grondent autour de vous. Quelle que soit l'heure du jour ou de la nuit, on peut vous voir, sillonnant le pont, un sextant à la main, calculant votre position, prenant l'estimation des vents et des courants. L'équipage n'ose plus formuler la moindre objection, craignant ne plus jamais revoir la terre sans votre aide. Mais un beau jour, le cri de la vigie vient récompenser votre persévérance. Quittant votre cabine et vos plans de route, vous montez sur le pont et vous libérez un cri de triomphe en apercevant la masse scintillante d'un iceberg droit devant. Rendez-vous au **414**.

57

Bien qu'il ait subi de sérieuses avaries au cours de la tempête, le vaisseau amiral *La Rose* est encore en mesure de combattre. Son équipage prend conscience de la menace et, de ses trois rangs de canons ouvre le feu sur le *Chien de Lune*. Pendant ce temps, vous contournez l'ennemi et vous ajoutez vos propres bouches à feu à la canonnade. Pris sous un feu croisé, le *Chien de Lune* est mal en point et son grand mât s'effondre.

– Il est à nous ! hurlez-vous à l'équipage. Paré à l'abordage !

Rendez-vous au **6**.

58

S'il faut en croire les histoires que vous avez entendues, l'île de Grimoire serait habitée, non par un démon mais par une puissante sorcière, nommée Ejada la Verte. On la dit âgée de plus d'un siècle et l'on prétend qu'elle aurait scellé un pacte avec une déesse de la Terre qui lui aurait accordé l'invulnérabilité tant que ses pieds reposeraient sur la terre ferme. Mais, quelle que soit leur véracité, ces légendes ne vous concernent pas pour l'instant. Vous devez vous diriger maintenant vers la première île de l'archipel qui, selon Oakley, serait habitée par des sauvages. Rendez-vous au **97**.

59

– Que me veux-tu, mortel ? demande le dieu en vous toisant d'un air hautain.
– Nous sommes retenus prisonniers sur ce bateau, Ô grand dieu de l'Olympe...
– Son capitaine a osé piller mon temple ! s'exclame Dionysos. Il n'a que ce qu'il mérite !
– Certes, grand dieu, vous hâtez-vous de répondre, mais nous autres n'y sommes pour rien !
Dionysos réfléchit un instant.
– C'est vrai. Si vous étiez mes créatures, je pourrais peut-être faire preuve de clémence...
– Vos créatures, dieu tout-puissant ?
– Oui, réplique-t-il, agacé, un de ces mortels comme je les aime : paillard, ripailleur, toujours prêt à mordre la vie à belles dents sans se soucier du lendemain. Je ne supporte pas les intellectuels, avec leurs faces d'endives toujours plongées dans un livre...
– Moi non plus, grand dieu !
– Bien, bien, dit-il en se grattant le menton. Je vais vous renvoyer chez vous, mais n'oubliez pas de vous comporter comme de dignes adeptes de mon culte...
A ces mots, le vin qui souille le pont se transforme en un nuage de vapeurs enivrantes. Titubant, vous cherchez vos compagnons du regard et tous viennent s'accrocher à vous, comme si vous étiez leur unique recours. Si le dieu avait décidé de vous frapper de son courroux, rien n'aurait pu les sauver... Les miasmes se dissipent bientôt. Dionysos est parti et vous n'êtes plus sur le vaisseau fantôme ! Vous êtes tous les quatre terrés dans un coin d'une auberge. Un tavernier s'approche et essuie une table d'un air mauvais.

– Vous ne pouvez pas aller dormir ailleurs, bande de poivrots ? grommelle-t-il.
– Où sommes-nous ? demande Oakley en toute innocence.
Le tavernier le toise d'un air navré.
– Il ne sait même plus où il est ce pochard ! Il est à l'auberge du Mouton à Cinq Pattes, à Port Leshand, répond-il avec un profond mépris.
Le dieu de l'Olympe vous a envoyés directement à l'endroit que vous vouliez rallier, mais le service rendu par un dieu n'est jamais sans contrepartie. Votre esprit est désormais baigné par cette exhubérance qu'affectionne Dionysos. Vous devez acquérir les compétences de Roublardise et de Combat à mains nues. Ce qui signifie, comme vous ne pouvez posséder que quatre compétences, qu'il faut, éventuellement, en rayer deux sur votre *Feuille d'Aventure* afin de laisser de la place pour les nouvelles. A présent, rendez-vous au **9**.

60

Brandissant votre bâton, vous entamez une incantation pour invoquer les forces surnaturelles. Devant votre manège, les indigènes reculent, effrayés. L'un d'eux, pourtant, rompt les rangs et vient vous défier. Il porte une coiffe de plumes et brandit un bâton sculpté dans un tibia humain. Le sorcier entame une danse pour contrer votre magie mais ses pouvoirs ne sont pas de taille à se mesurer aux vôtres et, après une brève échauffourée magique, il jette son bâton à vos pieds et se déclare vaincu. Rendez-vous au **22**.

61

Vos pouvoirs vous permettent de contrôler les éléments. Une légère brise porte aussitôt vers vous les

paroles d'Hazgard et de ses larrons et, bien qu'ils soient distants de plus de cinquante mètres, vous les entendez aussi clairement que si vous vous trouviez à leurs côtés.
– A quoi va servir ce trésor, cap'taine ? demande le prévôt.
– A payer un charpentier de Port Sélénice, dans un premier temps, répond Hazgard. Le bougre veut de l'or pour le nouveau navire qu'il me construit.
– Un nouveau navire ? reprend Porbuck en sortant de sa torpeur avinée. J'aimais bien l'ancien pourtant.
– Celui-là sera bien meilleur. Il se nommera le *Chien de Lune* et ses voiles seront envoûtées par le sorcier de la reine en personne.
– Le sorcier de la reine ? s'étonne Curshaw.
– Eh oui, mes mignons ! Mirabilis, mon cher demi-frère qui, soit dit en passant, réclame son poids en argent pour effectuer cette besogne et c'est là l'autre raison de notre présence... Alors, bande de fainéants ! Vous le trouvez ce trésor oui ou non ?
– C'est fait, cap'taine, répondent les deux marins en s'essuyant le front.
Vous en avez assez entendu. Si vous voulez attendre qu'ils transportent le trésor à bord de la *Belle Dame* et reprennent la mer, rendez-vous au **288**. Si vous préférez prendre le risque de les attaquer, malgré votre état de faiblesse, rendez-vous au **267**.

62

Une tornade s'engouffre autour d'Ejada. La sorcière pousse un hurlement de terreur en sentant qu'elle va être emportée dans les airs et elle tente désespérément de s'accrocher aux parois du temple. La bourrasque qui soulève ses cheveux et ses jupes l'entraîne inexorablement vers les hauteurs. Vous remarquez alors de curieuses protubérances, semblables à des racines, qui tapissent la plante de ses pieds. A présent qu'elles sont arrachées du sol, Ejada est affaiblie et elle implore votre pitié. Rendez-vous au **157**.

63

– Terminé depuis peu, dit Kemp en hochant la tête. Joli vaisseau, quarante canons. Hazgard en a pris livraison il y a deux jours et l'a baptisé le *Chien de Lune*... Caractéristiques bizarres, pourtant...
– Ah bon ? demandez-vous très intéressé.
– Il a voulu que j'installe des sabords de batterie le long de la quille. Je lui ai dit qu'il allait couler mais Hazgard a rigolé et m'a présenté les plans. « Le long de la quille », il n'en démordait pas, « et veillez à la solidité des mâts, ils vont porter de lourdes charges. »
– Que cherche-t-il exactement ? demandez-vous, intrigué.
– Je n'en sais pas plus que vous, répond Kemp en haussant les épaules. Et pourtant j'en ai construit des bateaux, des centaines. Pareil pour la carène : le sapin est beaucoup trop fragile, il explose au premier coup de canon et là encore, il a rigolé et m'a répondu : « Tout dépend de ce que visent les canons. » Allez savoir. Mais comme il payait rubis sur l'ongle, je n'ai pas cherché plus loin, il a obtenu ce qu'il demandait. Bien, je vais vous quitter, d'autres clients m'attendent.
– Quelle est la prochaine étape ? demande Oakley.
– Nous allons louer des chambres à l'auberge du Sang et des Larmes, dites-vous après une brève réflexion. Si Hazgard montre son nez à Sélénice, c'est là que nous le trouverons.

Vous ne pouviez pas mieux dire. Vous restez tous cloués sur place, à peine franchi le seuil de l'auberge. Le monstre est devant vous ! Une bouteille de rhum à la main, il houspille ses matelots rassemblés autour de lui. Il prend soudain conscience de votre présence et s'interrompt au beau milieu de ses réprimandes. Un filet de bave coule le long de sa barbe noire à l'instant où il ouvre la bouche pour découvrir une rangée de crocs noirâtres. Le moment que vous attendiez tant est enfin arrivé : votre pire ennemi est là, devant vous... Rendez-vous au **14**.

64

Pendant un long moment, vous demeurez abasourdis, bouche bée comme des poissons pris dans des rêts. La sirène attend, droite comme une statue d'albâtre puis, avec un léger sourire, elle étend les bras et se prépare à plonger... Blutz réagit d'instinct et, avec une vivacité étonnante, il empoigne la sirène par ses longs cheveux mauves. La créature pousse un cri qui résonne comme un accord de harpe et se débat avec frénésie.

– Je l'ai eue ! s'exclame Blutz en se tournant vers vous, ne sachant trop s'il doit être fier de son geste ou s'il a commis une bêtise.

La sirène, en retour, agrippe Blutz par le poignet et, cessant de se débattre, déclare d'une voix ferme :

– Libère-moi, homme des terres sèches et je t'aiderai. Mais si tu me fais du mal, craignez tous ma malédiction ! dit-elle en posant sur vous un regard brillant.

Si vous disposez d'une Protection magique, vous pouvez contrer sa magie en vous rendant au **83**. Si vous disposez de Sortilèges (et d'une baguette), vous pouvez la placer sous votre pouvoir : rendez-vous alors au **102**. Mais vous pouvez simplement la questionner. Dans ce cas, vous décidez de lui demander quels dangers vous attendent sur votre route (rendez-vous au **140**) ou quel est le meilleur chemin pour rallier Port Leshand (rendez-vous au **159**).

65

Abandonnant le capitaine à son délire éthylique, vous remontez sur le pont. Le vaisseau est d'un type archaïque avec ses hauts châteaux avant et arrière et ses petits canons à mitraille.
– Il est pas tout jeune, ce rafiot, commente Grimez. Il est de style mauresque. Regardez ces gravures abstraites. C'est typique des Maures, je vous le dis.
– Qu'est-ce donc que cela ? demande Blutz en avisant une caisse près de la rambarde.
– Une réserve d'eau, peut-être, répond Grimez, dubitatif.
– Je ne crois pas... Venez voir !
Blutz a soulevé le couvercle de la caisse et, à son air stupéfait, vous accourez tous pour jeter un coup d'œil par-dessus son épaule. Grimez n'avait pas tout à fait tort, mais vous marquez tous un temps d'arrêt en apercevant, sous quelques centimètres d'eau de pluie, plusieurs dizaines de mains squelettiques ! Rendez-vous au **84**.

66

Vous sortez la petite voile de la soute et vous mettez cap au nord, vers l'archipel des Brumes, dans l'espoir d'y trouver une île où vous ravitailler avant d'entamer le long périple qui vous sépare encore du monde civilisé. Rapidement, le manque d'eau et de nourriture vous fait souffrir et vous perdez 1 POINT DE VIE. Si vous êtes encore de ce monde, vous apercevez enfin la silhouette d'une île qui se profile à l'horizon. Le cône noir d'un volcan surplombe la

cime émeraude des palmiers. Le sommet se perd dans les nuages mais des reflets rougeoyants vous indiquent que le volcan est toujours en activité.
– Je refuse d'aborder ici, s'écrie Blutz, malgré la soif qui le tenaille. Les éruptions pourraient nous tuer !
Si vous disposez de la Compétence de Survie, rendez-vous au **193**. Dans le cas contraire, allez-vous aborder sur l'île (rendez-vous au **174**) ou poursuivre vers l'ouest, en direction de la prochaine île (rendez-vous au **135**).

67

Vous connaissez bien les navires et vous ne manquez pas de remarquer quelques détails curieux : le radeau de Mortice flotte à la perfection, bien qu'il soit constitué de lourds madriers de chêne. Qui plus est, il doit supporter le poids d'un homme, un tonneau d'eau douce et une pleine charge de provisions. Vous en concluez que son radeau est doté de flotteurs. Si vous lui en faites la remarque, rendez-vous au **124**. Si vous préférez garder vos observations pour vous, rendez-vous au **105**.

68

Effrayés par les voiles noires du navire pirate et par l'affreuse gargouille qui orne la proue, les indigènes se laissent difficilement convaincre. Ils sont persuadés que le pirate les tuera s'il apprend qu'ils lui ont menti et, en toute honnêteté, vous ne pouvez pas leur donner tort. Deux présents pourront apaiser leurs craintes et ils accepteront les objets suivants : une épée, un pistolet, un bâton, une amulette, un bateau dans une bouteille, une conque, un talisman chauve-souris, un diamant, une trousse à outils, une potion, un casque en bronze, un crucifix, un éventail noir ou un anneau de dragon. Si vous possédez deux de ces objets, rayez-les de votre *Feuille d'Aventure* et rendez-vous au **144**. Si vous n'êtes pas en mesure de remettre ces objets aux indigènes, vous pouvez rester pour affronter Hazgard (rendez-vous au **87**) ou vous enfuir à l'intérieur de l'île (rendez-vous au **49**).

69

Le capitaine Gâtchick possède un hôtel particulier, situé rue Tour Carrée, dans les quartiers huppés de la ville. Vous adoptez l'attitude la plus digne, feignant d'ignorer les regards hautains des riches habitants de la rue pour aller sonner à la porte. Dans un premier temps, le domestique qui vous répond vous prend pour une bande de mendiants, mais ce léger malendu est vite dissipé et il vous conduit auprès de son maître. Le capitaine Gâtchick est assis au coin du feu. Il lit mais, en vous apercevant, il se lève joyeusement et demande à son valet d'apporter une bouteille de son meilleur cognac.

– Ce nectar vient tout droit des cales d'un marchand sidonien, dit-il en regardant son verre à la lueur des flammes. Encore un qu'ils n'auront pas !
La conversation porte bientôt sur le sujet qui vous intéresse et la mine joviale du capitaine s'assombrit.
– J'ai de mauvaises nouvelles, les garçons. Je dois partir dans deux jours pour Glorianne. Je ne pourrai donc pas prendre part à votre expédition contre Hazgard. Mais il y a pire, je le crains : j'ai raconté votre histoire à plusieurs dignitaires de la ville et aucun n'a voulu me croire.
Vous tournez la tête, la mine renfrognée :
– Bien sûr, qui croirait une bande de vagabonds, anciens pirates de surcroît ? Nous ne sommes pas dignes de confiance pour ces beaux messieurs.
– Mais je vous crois, moi, proteste-t-il, et vous avez toute ma confiance. Tenez, dit-il en allant chercher une enveloppe qu'il vous remet. C'est un titre de propriété pour un petit sloop que je possède et qui est ancré à Port Sélénice. Ce n'est pas un bien gros bateau, mais c'est toujours cela. Partez pour Sélénice, engagez un équipage et battez cette fripouille sur son propre terrain !
Vous remerciez le capitaine pour son aide et il vous raccompagne jusqu'à la porte. Ajoutez le titre de propriété sur votre liste de possessions et rendez-vous au **107**.

70

La plupart des habitués se sont enfuis dès le début des hostilités. Vous pansez tant bien que mal vos blessures et vous titubez à travers la salle dévastée. Vous empoignez une bouteille de rhum tombée sur le comptoir et vous en avalez une bonne gorgée pour vous remettre de vos émotions.

Un gémissement de douleur s'élève derrière un banc renversé. Vous l'enjambez et vous soulevez le chef des gredins qui gisait à terre. Avec ses dents cassées et ses yeux au beurre noir, il a perdu toute son arrogance.
– Le nouveau navire d'Hazgard, comment s'appelle-t-il ? hurlez-vous en le secouant par le col.
– Fa m'est totalement forti de l'efprit, répond-il en crachant deux molaires.
Vous brisez la bouteille de rhum sur le bord du comptoir et vous plaquez le tesson sur sa gorge.
– Veux-tu que je t'ouvre le crâne pour y chercher la réponse ?
Vous n'êtes pas d'humeur à plaisanter et votre détermination libère chez le gredin un flot ininterrompu de paroles. Vous apprenez ainsi que le navire se nomme le *Chien de Lune* et qu'il est construit aux chantiers de Port Sélénice. Vous repoussez le brigand d'un geste énervé et vous vous dirigez vers la sortie. Tronche en Biais s'interpose.
– Qui va payer la casse ? demande-t-il.
– Quoi ? On refait gratuitement toute la décoration et tu n'es pas content ? réplique Oakley en le bousculant au passage.
Vous quittez l'auberge en riant de la repartie et vous vous éloignez au plus vite avant l'arrivée de la milice. Rendez-vous au **392**.

71

Ce vieil aveugle n'est autre que Rakham le Dur, un célèbre pirate qui a perdu la vue lors de l'explosion de la soute aux poudres de son vaisseau. Il survit depuis lors en rendant de menus services et il est toujours prêt à colporter les dernières nouvelles en échange de quelques verres. Vous connaissez aussi les trois brutes du comptoir : leur tête est mise à prix à Port Leshand. Si vous engagez la conversation avec Rakham le Dur, rendez-vous au **33**. Si vous prenez la défense du lettré, rendez-vous au **52**. Mais vous pouvez aussi quitter les lieux pour aller aux chantiers maritimes. Rendez-vous dans ce cas au **374**.

72

Le rire du géant résonne dans le ciel comme un éclat de tonnerre.

– Retournez donc chez vous, petits souriceaux. Je croyais avoir affaire à plus forte partie !

Le dauphin et le requin reprennent le chemin inverse et vous déposent sur la plage. Silencieux et encore sous le choc de cette étrange expérience, vous débarquez d'un pas incertain sur le rivage. Rendez-vous au **203**.

73

Les grappins attirent votre sloop contre le flanc du vaisseau et les marins s'élancent à l'abordage en hurlant. Le combat s'engage et, bientôt, la fumée âcre des mousquets envahit le pont. Partout résonnent les cris des marins blessés et l'odeur du sang se mêle à celui de la poudre. L'ennemi est supérieur en nombre, mais il se frotte à quelques-uns des pires boucaniers des mers Carabe. Vos hommes savent qu'ils luttent pour leur vie car la plupart sont recherchés et leur tête est mise à prix. Vous perdez 2 POINTS DE VIE si vous pratiquez à la fois le Tir et l'Escrime (avec les armes requises), 3 POINTS DE VIE si vous ne pratiquez que le Combat à mains nues et, si vous ne possédez aucune compétence de combat, 6 POINTS DE VIE. Si vous survivez à la bataille, rendez-vous au **225**.

74

Quelques minutes plus tard, le bruit tant redouté résonne : un raclement sinistre et le navire s'immobilise brusquement.
– Je m'en doutais ! lance Grimez. Nous sommes échoués !
Une rapide inspection vous apprend que vous avez simplement heurté un banc de sable. Heureusement, la coque ne présente aucune avarie mais il faudra attendre la marée haute pour vous dégager. Le brouillard a envahi la baie et un voile opaque entoure votre navire.
– Il n'y a rien à faire, soupirez-vous. Nous devons attendre l'aube.
Rendez-vous au **366**.

75

L'orage s'empare du ciel et s'abat sur votre navire. Les ténèbres bouchent l'horizon et la pluie crépite sur le pont. De profondes crevasses se forment à la surface des flots tumultueux et des paquets de mer déferlent sur le pont, menaçant de balayer votre équipage. Vos ordres sont emportés par la bourrasque qui fouette la voilure. Vous vous encordez au gouvernail et vous dirigez le navire au cœur de la tourmente, vers l'œil du cyclone. Grimez vient vous rejoindre, les traits déformés par la peur.
– Cap'taine ! hurle-t-il. L'ouragan a dû détruire la flotte royale ! Un vaisseau arrive droit devant et la tempête le pousse vers nous !
Vous apercevez le navire, ballotté par les flots. Sa mâture est arrachée et il dérive au hasard. Il ne vous reste que quelques secondes pour éviter la collision. Allez-vous virer bâbord (rendez-vous au **113**) ou tribord (rendez-vous au **132**) ?

76

A votre stupéfaction, et à celle de votre ennemi, la belette jaillit de votre havresac et bondit sur Hazgard pour lui mordre la main. Le pirate lâche le boutefeu en jurant.

– Maudit animal ! tu vas payer !

Il s'empare de la belette et la jette par-dessus bord d'un mouvement rageur. Cette interruption vous laisse le temps nécessaire pour fondre sur votre ennemi juré. Vous êtes à présent face à face pour le duel ultime. Rendez-vous au **171**.

77

Hazgard s'octroie une bonne rasade de rhum et pousse un soupir satisfait.

– Gardée ? grogne-t-il. Bien sûr, elle le sera. Mais que se passerait-il si une violente tempête anéantissait sa flotte, hein ? Je vous le demande.

– Il resterait encore le vaisseau amiral, *La Rose,* réplique le quartier-maître, et il ne possède pas moins de quatre-vingts canons !

– Une rose, ça se cueille, mes mignons, répond Hazgard avec un rire gras. Surtout quand elle est immobilisée sur une mer d'huile et noyée dans le brouillard.

– Je ne comprends pas, intervient Borograve, le canonnier. Vous parlez de calme plat et de brouillard, alors que le plan était basé sur une tempête...

Le canonnier a raison. D'un autre côté, Hazgard ne s'en remet jamais au hasard, même quand il joue aux dés. Vous brûlez d'entendre son explication mais, ce faisant, vous multipliez le risque d'être découvert. Si vous continuez à espionner la conversation en dépit du danger, rendez-vous au **115**. Si vous préférez pénétrer dans la cabine du timonier pour lui dérober quelques articles, rendez-vous au **96**. Mais il est peut-être plus prudent de rejoindre vos compagnons. Dans ce cas, rendez-vous au **172**.

78

Deux autres caisses sont ouvertes en hâte. Elles contiennent également des cadavres posés sur des lingots d'argent. Vous réprimez un frisson en contemplant le troisième corps : sa bouche est entourée de sang séché, comme s'il avait dévoré un repas sans même prendre la peine de s'essuyer.

– Ce sont des vampires ! s'écrie Blutz d'une voix blanche.

Tous les regards se tournent vers le disque écarlate qui se noie lentement à l'horizon. Dans quelques instants, les derniers rayons de lumière auront disparu. Blutz sort un pieu de sa ceinture et vous le tend. C'est le pied de tabouret qui l'a assommé à Sélénice et qu'il garde en souvenir. L'extrémité brisée est acérée et suffisamment pointue pour transpercer un cœur, à condition de mettre dans ce geste assez de force et de courage. La nuit va tomber dans quelques instants : vous pourrez percer un seul cœur. Vous marquez un temps d'hésitation. Si vous choisissez le cadavre qui :

A du sang sur les lèvres	Rendez-vous au **169**
Est tatoué	Rendez-vous au **188**
A des yeux d'un bleu métallique	Rendez-vous au **150**

79

Les cannibales se rapprochent et la situation ne vous paraît guère favorable. Parviendrez-vous à les distancer et à mettre la chaloupe à l'eau avant qu'ils ne fondent sur vous ? Vous vous rappelez brusque-

ment avoir aperçu des fragments de craie rouge dans le sable de la plage.
– Suivez-moi ! dites-vous à vos compagnons. J'ai une idée !
Les anthropophages vous suivent en silence, tandis que vous reculez en feignant de tituber. Vous ramassez discrètement un morceau de craie et, en tournant le dos, vous dessinez des petits points rouges sur tout votre corps. Vos compagnons pensent que vous avez perdu la raison mais Blutz est le premier à deviner vos intentions.
– J'ai compris, dit-il. Ils vont croire que nous sommes contaminés et ils ne voudront pas nous manger !
Vous vacillez jusqu'à votre chaloupe et vous vous laissez tomber sur le sable. Dans un premier temps, vos poursuivants arborent une mine réjouie, mais leur satisfaction se transforme vite en horreur quand ils aperçoivent les horribles pustules rouges qui vous recouvrent. Vos tremblements achèvent de donner le change mais ceux-ci ne sont pas simulés : vous tremblez bel et bien de peur. Pour parfaire la démonstration, vous roulez sur le sable, comme pris de convulsions et un filet de bave coule le long de votre joue ! C'est plus qu'il n'en faut pour les convaincre et les cannibales s'enfuient en hurlant de terreur. Certains abandonnent même leurs armes sur place. Vous attendez qu'ils soient hors de vue pour vous relever. Parmi la profusion de lances et de gourdins laissés sur la plage, vous découvrez un bouclier orné de plumes et une épée en bois hérissée de dents de requin. Notez-les sur votre *Feuille d'Aventure* si vous désirez les conserver. Vos compagnons remettent sans tarder la chaloupe à flot et vous vous éloignez au plus vite, avant que les

cannibales ne comprennent que vous les avez bernés. Rendez-vous au **116**.

80

Glissant entre les herbes avec la souplesse d'un serpent, vous approchez à une distance suffisante du groupe pour entendre tout ce qui se dit. Pendant que les deux marins suent sang et eau à creuser la fosse, Hazgard et ses âmes damnées sirotent leur rhum à l'ombre des arbres.

– A quoi va servir ce trésor, cap'taine ? demande le prévôt.

– A payer un charpentier de Port Sélénice, dans un premier temps, répond Hazgard. Le bougre veut de l'or pour le nouveau navire qu'il me construit.

– Un nouveau navire ? reprend Porbuck, en sortant de sa torpeur avinée. J'aimais bien l'ancien pourtant.

Hazgard hausse les épaules et poursuit son discours.

– L'argent servira aussi à payer Mirabilis, le sorcier de la reine. Il a préparé des voiles enchantées ainsi qu'un petit stratagème qui nous permettra d'approcher sans risque le vaisseau amiral, *La Rose*.

A cette seule pensée, Hazgard éclate d'un rire démoniaque. Le chien galeux ! Sa monstrueuse arrogance vous met les nerfs à vif. Si vous attendez qu'ils transportent le trésor à bord de la *Belle Dame* et reprennent la mer, rendez-vous au **288**. Mais vous pouvez peut-être les attaquer, malgré votre état de faiblesse ? Rendez-vous au **267** si vous prenez ce risque.

81

Ejada disparaît dans un tourbillon de flammes mais elle demeure immobile et sereine. Votre sortilège se termine bientôt, laissant la sorcière noircie et

fumante comme une idole de bois passée au feu. Mais, sous vos yeux étonnés, elle se régénère en quelques secondes et réapparaît sans la moindre brûlure.
– Ma mère m'a donné la vitalité éternelle, lance-t-elle d'un air triomphant.
Elle lève le bras et des marteaux de pierre s'élancent à l'attaque. Si vous possédez un bouclier de plumes, vous parez les coups et vous ne perdez que 3 POINTS DE VIE. Sans lui, vous perdez 6 POINTS DE VIE. (Si vous bénéficiez d'une Protection magique et d'une amulette, vous pouvez reprendre 1 POINT DE VIE.) Si vous choisissez de prendre la fuite, rendez-vous au **5**. Mais vous pouvez aussi continuer la lutte avec un sortilège de Tornade (rendez-vous au **62**) ou de Ténèbres (rendez-vous au **100**).

82

– C'était le vaisseau du pirate El Draque, dit Kemp. Un beau bâtiment, solide. J'ai travaillé dessus deux ou trois fois. Quelle drôle d'idée de prendre une chauve-souris comme figure de proue ! C'est comme les voiles écarlates... J'ai entendu dire que la marine de Glorianne l'avait arrêté et pendu pour tous ses crimes. Quant à l'*Effrayante,* je ne sais pas ce qu'elle est devenue.
Kemp a rendez-vous avec d'autres clients, aussi prenez-vous congé pour retourner en ville.
– Quelle est la prochaine étape ? demande Oakley.
– Nous allons louer des chambres à l'auberge du Sang et des Larmes, dites-vous après une brève réflexion. Si Hazgard montre son nez à Sélénice, c'est là que nous le trouverons.
Vous ne pouviez pas mieux dire ! Vous restez cloués sur place, à peine franchi le seuil de l'auberge. Le monstre est devant vous ! Une bouteille

de rhum à la main, il houspille ses matelots rassemblés autour de lui. Il vous aperçoit soudain et s'interrompt au beau milieu de ses réprimandes. Un filet de bave coule le long de sa barbe noire à l'instant où il ouvre la bouche pour découvrir une rangée de crocs noirâtres. Le moment que vous attendiez tant est enfin arrivé : votre pire ennemi est là, devant vous... Rendez-vous au **14**.

83

Vous empoignez votre amulette et vous murmurez une formule de Protection magique pour annuler toute malédiction proférée à votre encontre. En vous voyant agir, la sirène a une moue de dédain.
– Ta magie est des plus rudimentaires, lâche-t-elle d'une voix fielleuse.
– Peut-être bien, madame, rétorquez-vous en la saluant avec courtoisie, mais elle a le mérite d'être efficace, ne vous en déplaise.
Si vous disposez de Sortilèges (et d'une baguette), vous pouvez la placer sous votre pouvoir. Rendez-vous dans ce cas au **102**. Vous pouvez aussi la faire relâcher : rendez-vous au **121**. Si vous préférez la questionner, allez-vous lui demander quels dangers vous attendent sur votre route (rendez-vous au **140**) ou le meilleur chemin pour rallier Port Leshand (rendez-vous au **159**) ?

84

La plupart des mains ne sont plus que des os blanchis, mais certaines portent encore des traces de chairs et de ligaments. L'une d'elles est ornée d'une lourde chevalière en or, mais personne n'aurait idée d'aller la repêcher.
– Encore heureux qu'on n'ait pas bu de cette eau-là, déclare Oakley en refermant doucement le

couvercle. Je comprends mieux pourquoi le capitaine ne boit que du vin. C'est à vous dégoûter à tout jamais de l'eau minérale...
– Voilà ce qui a servi à la besogne, annonce Grimez en se penchant pour ramasser un objet sur le sol.
Il vous tend un long tranchoir de boucher. Notez-le sur votre *Feuille d'Aventure* si vous désirez le conserver. Il peut faire office d'épée si vous n'en possédez pas.
– Je ne resterai pas ici une minute de plus ! annonce Blutz d'une voix chevrotante.
Mais, comme il tente d'enjamber la rambarde, il fait une horrible découverte.
– Je ne peux pas quitter le navire ! s'exclame-t-il. C'est comme si une force surnaturelle me repoussait en arrière.
Les uns après les autres, vous éprouvez tous la même sensation.
– Ce vaisseau est maudit, annonce Grimez. Et nous avec, les gars !
Si vous connaissez la Navigation ou si vous possédez une trousse à outils, vous pouvez réparer votre chaloupe en vous rendant au **103**. Si vous bénéficiez d'une Protection magique, rendez-vous au **122**. Si vous n'avez aucune de ces compétences, rendez-vous au **141**.

85

Bientôt, vos compagnons vous appellent. Ils ont collecté une bonne quantité de fruits de mer sur les plages de l'île. Quant à vous, vous avez exploré les hauteurs à la recherche de bassins d'eau de pluie, mais toutes les cavités que vous avez pu trouver étaient remplies d'eau de mer. Brusquement, la terre tremble sous vos pieds et l'île tout entière

vacille sur ses bases ! Poussant des cris d'horreur, vos compagnons se replient vers la chaloupe et abandonnent leur récolte sur place.
– L'île s'enfonce dans la mer ! s'écrie Blutz. Vite, elle va nous engloutir !
Soudain, une forme effleure à la surface des eaux. Devant vos yeux stupéfaits, la masse se dresse dans les airs, soulevant une gerbe d'écume. Son extrémité acérée s'ouvre et se ferme en cadence, tel un gigantesque bec orange. Vous réalisez alors avec effroi qu'il s'agit d'une pince de crabe et vous manquez défaillir en comprenant brusquement que vous vous trouvez, non sur une île, mais sur la carapace d'un crabe monstrueux... Si vous avez des compétences en Agilité, rendez-vous au **123**. Sinon, rendez-vous au **142**.

86

Il peut paraître injuste de soupçonner Mortice alors qu'il a eu l'extrême obligeance de vous nourrir mais, d'un autre côté, certains aspects de son personnage sont inquiétants. Par exemple, sa réserve d'eau et de vivres est abondante alors qu'il prétend dériver depuis des semaines. Qui plus est, il n'a rien bu ni avalé tandis que vous vous restauriez. Il a même refusé de partager un verre de rhum avec vous, prétextant qu'il ne boit jamais d'alcool ce qui, pour un marin, est pour le moins surprenant. Mais, ce qui vous gêne le plus, c'est son insistance pour être invité à bord. Quand, en plus, il trouve que les rayons de la lune sont trop lumineux pour lui, il y a là de quoi inspirer les pires craintes. Mais tout cela n'est peut-être que le contrecoup de la fatigue. Allez-vous l'accepter à bord (rendez-vous au **143**) ou le laisser passer la nuit sur son radeau (rendez-vous au **162**) ?

87

La face hideuse du pirate se fend d'un large sourire lorsqu'il vous voit émerger de la forêt et venir dans sa direction. Mais ce n'est pas un sourire de bienvenue, plutôt un rictus carnassier à vous glacer le sang.
– Alors, mes mignons, on visite le pays ? raille-t-il. Vous êtes en forme à ce que je vois. J'étais inconsolable à l'idée que la mer m'avait ôté le plaisir de vous tuer de mes propres mains.
Si vous voulez :

L'affronter sur-le-champ	Rendez-vous au **182**
Utiliser un éventail de tempête	Rendez-vous au **315**
Utiliser un talisman chauve-souris	Rendez-vous au **334**
Attendre	Rendez-vous au **201**

88

Les rumeurs vont bon train dans un endroit aussi fréquenté que Port Leshand. La plupart ne sont que des commérages. Certaines histoires sont enjolivées, d'autres ne sont qu'un tissu de mensonges et il est bien difficile de retrouver la vérité dans tout cela. Vous rôdez de taverne en taverne pendant un jour ou deux, à écouter les conversations d'une oreille discrète. Si vous cherchez des rumeurs concernant le pirate El Draque, rendez-vous au **164** si vous connaissez la Loi des rues, et au **183** si vous n'avez pas cette compétence. Si vous voulez des informations concernant la visite de la reine Titiana, rendez-vous au **202** si vous connaissez la Loi des rues, et au **221** si vous ne possédez pas cette compétence. Si vous voulez obtenir des renseignements sur Hazgard, rendez-vous au **278** si vous connaissez la Loi des rues, et au **297** dans le cas contraire.

89

– Tu m'as causé de sacrés ennuis, gronde Hazgard. Mais aujourd'hui tu vas payer et mon Basilic va te transformer en chair à pâté !
Il se tient près d'un long canon effilé, pointé sur vous et brandit un boutefeu.
– Misérable lâche ! hurlez-vous. Tu n'as pas assez de tripes pour m'affronter d'homme à homme !
– Garde tes sarcasmes, je n'ai pas de temps à perdre. Tu diras bonjour à Satan de ma part...
Si vous possédez une belette, rendez-vous au **76**. Autrement, vous pouvez recourir à vos compétences :

Le Tir (si vous avez une arme)	Rendez-vous au **95**
La Protection magique	Rendez-vous au **114**
L'Agilité	Rendez-vous au **133**

Dans tous les autres cas, rendez-vous au **152**.

90

Vous commandez un pichet de bière, que le vieux Rakham transvase aussitôt dans l'abreuvoir qui lui sert de verre. Il tourne bientôt son regard vide dans votre direction.
– Tu étais avec Hazgard, toi, affirme-t-il.
– Comment le sait-il ? s'inquiète Blutz.
Le vieil aveugle l'interrompt d'un geste et en profite pour s'accorder une bonne rasade de bière.
– J'ai entendu deux ou trois histoires sur votre compte, reprend-il. J'ai appris aussi la fin tragique de ce brave Marshy avec lequel j'ai navigué, il y a bien longtemps et, en ce temps là, Hazgard pleurait encore après son biberon... A propos d'Hazgard, avez-vous vu son nouveau navire, le *Chien de Lune* ? Un gréement de toute beauté, rien que des

voiles argentées qu'il a fait venir tout spécialement de Glorianne. Mais son bateau lui monte à la tête : il n'arrête pas de se renseigner sur les pleines lunes, comme si les tables des marées ne lui suffisaient pas. A votre avis, les gars, a-t-il encore toute sa raison ou bien a-t-il justement pris un coup de lune ?
– Il a beau jeu d'évoquer la folie des autres, murmure Grimez à l'instant où vous prenez congé.
– J'ai encore entendu ! braille Rakham. Et vous feriez bien d'écouter ce que je dis si vous voulez survivre... Prenez garde au basilic qu'il a fait monter à bord.
Si vous avez des compétences en Mythologie, rendez-vous au **385**. Dans le cas contraire, si vous connaissez la Navigation, rendez-vous au **109**. Faute de ces compétences, vous pouvez prendre la défense du lettré (rendez-vous au **52**) ou quitter les lieux pour aller aux chantiers maritimes (rendez-vous au **374**).

91

Une clef qui ne peut être vue ni touchée ? L'énigme de ce dieu des océans ne saurait résister à un renard dans votre genre. Vous adoptez l'air le plus dégagé en sifflant une ritournelle. A la grande stupéfaction de vos compagnons, la chaîne se détache d'elle-même, vous laissant libre accès au port. Vous saluez le géant d'un geste gracieux.
– C'était une mélodie en clef de sol, dites-vous en souriant.
Rendez-vous au **205**.

92

Si vous possédez le mot de passe *Icare,* rendez-vous au **130**. Dans le cas contraire, rendez-vous au **149**.

93

Obsédé par votre quête de l'iceberg, vous ne prêtez aucune attention aux menaces de révolte qui grondent autour de vous. Un jour, vos compagnons pénètrent dans votre cabine. Ils vous connaissent bien à présent et votre comportement les inquiète.
– Cap'taine, commence Oakley. L'équipage proteste. Les hommes pensent que nous allons atteindre le bord du monde.
– Le bord du monde ? hurlez-vous. Qu'ils se taisent ces crétins, nous en sommes encore loin !
D'un revers de main, vous balayez les cartes qui encombrent votre bureau et vous empoignez la bouteille de rhum qui ne vous quitte plus depuis des semaines.
– Leur air ne me dit rien qui vaille, ajoute Grimez. Ils sont prêts à tout si nous ne rebroussons pas chemin.
Vous les toisez avec une moue méprisante.
– Et vous, monsieur Blutz ? Vous faites aussi partie de cette mutinerie ?
– Je vous suivrais en enfer, vous le savez. Mais... je ne pensais pas que c'était notre destination !
Soudain, la porte de votre cabine s'ouvre avec fracas et une troupe de marins fait irruption, armes à la main. Le prévôt est à leur tête.
– Grimpez sur le pont, dit-il d'une voix menaçante. Nous allons régler cette affaire au plus vite.
Vous êtes attachés tous les quatre et une planche est déposée contre le bastingage, surplombant les flots. La rage vous submerge et vous les abreuvez d'injures en les menaçant de la corde. Mais les mutins n'ont plus rien à perdre et, les uns après les autres, ils vous forcent à monter sur la planche et vous poussent à l'eau de la pointe de leurs sabres... Votre aventure est terminée.

94

La tempête dure une éternité mais, finalement, le vent se calme. La lune reparaît, bouclier d'argent froid dans le ciel, et sa seule présence semble chasser les nuages qui s'écartent et s'enfuient pour céder la place à la voûte étoilée

– Navire en vue ! hurle la vigie. C'est *La Rose* !

Vous reconnaissez en effet le fier vaisseau royal. Le gréement a souffert sous les assauts de l'ouragan, mais c'est malgré tout une imposante citadelle posée sur les eaux calmes. Vous ne voyez aucun autre bâtiment de la flotte royale. L'ouragan l'aura dispersée ou envoyée par le fond. Vous donnez l'ordre de vous approcher lentement, de crainte que les canons de *La Rose* n'ouvrent le feu. Il semblerait que cette éprouvante nuit n'ait pas encore épuisé son lot de surprises : tandis que vous approchez doucement de *La Rose,* une nappe de brouillard apparaît comme par enchantement et déferle à la surface des eaux. En moins d'une minute, l'écran opaque s'est refermé autour du vaisseau royal. Vous scrutez cette chape immobile qui flotte, silencieuse, baignée par les rayons de lune. De longs rubans de brume viennent s'enrouler autour de votre navire et les marins se tournent vers vous d'un air inquiet. Vous humez le vent.

– Tout ceci n'est pas naturel, dites-vous. Il y a de la magie dans l'air.

– Regardez, là-haut ! s'exclame la vigie.

Aussitôt, un murmure horrifié parcourt votre équipage. Vous levez les yeux vers le ciel et une crainte indicible vous submerge. Flottant parmi les nuages, ses voiles d'argent gonflées par les rayons lunaires, le gallion magique d'Hazgard, le *Chien de Lune*, se découpe dans le ciel. Si vous avez le mot de passe *Horaire* et si vous possédez une montre, rendez-vous au **189**. Si vous possédez un talisman chauve-souris, rendez-vous au **151**. Si vous possédez un cerf-volant noir, rendez-vous au **170**. Dans tous les autres cas, rendez-vous au **208**.

95

Vous levez calmement votre pistolet et vous ajustez votre tir. La balle sectionne la mèche d'amadou.
– Par tous les diables ! s'exclame Hazgard. Joli coup !
Vous êtes le premier étonné ! Mais, pour ne pas perdre l'avantage de la surprise, vous foncez sur votre ennemi avant qu'il ne rallume son boutefeu et le duel à mort s'engage. Rendez-vous au **171**, mais vous ne pourrez plus faire usage du Tir, puisque votre pistolet est vide.

96

Vous vous engouffrez dans la cabine et votre intrusion réveille la mascotte du bord qui dormait dans la couchette. Le ouistiti s'élance dans la pièce en braillant à tue-tête ! Vous l'empoignez vivement et vous le glissez dans votre havresac pour étouffer ses hurlements. (Notez Maître Jacasse, la mascotte du bord, sur votre *Feuille d'Aventure*.) Sans plus tarder, vous remontez sur le pont, en priant pour que les hurlements stridents de l'animal n'aient pas attiré l'attention. Rendez-vous au **172**.

97

Ramant chacun votre tour, vous prenez la direction de l'ouest sous un soleil de plomb. Bientôt vos lèvres se dessèchent et vos nuques deviennent rouge brique. Le soulagement des premières heures et la joie d'avoir échappé aux griffes d'Hazgard cèdent peu à peu la place au doute et au désespoir. Survivrez-vous assez longtemps pour atteindre la terre ferme ou bien cette chaloupe deviendra-t-elle votre cercueil ? Vous perdez 1 POINT DE VIE à cause des effets conjugués de la fatigue, de la soif et de la chaleur, sauf si vous avez la compétence de Survie, puisque vous savez alors vous protéger de la chaleur en trempant les chemises dans l'eau. Vers midi, le jour suivant, la côte de l'île des Têtes Rouges apparaît à l'horizon.

– Que faisons-nous ? demande Grimez d'une voix enrouée par la soif. Allons-nous prendre le risque d'accoster ? Nous trouverons sûrement de l'eau et des vivres.

– Je ne tiens pas à engraisser les sauvages, réplique Oakley. Ces régions sont infestées de cannibales ! La décision vous revient. Si vous prenez pied sur cette île, rendez-vous au **173**. Si vous préférez continuer à voguer vers l'île suivante, rendez-vous au **116**.

98

Le chef des indigènes arrive bientôt. C'est un homme de forte corpulence, paré de multiples bracelets de plumes et autres colliers de verre. Sa face grise et ridée semble avoir été passée à la cendre. D'un geste souverain, il plonge son index dans un bol en noix de coco que lui tend un acolyte et il entreprend de dessiner un motif à la peinture rouge sur votre visage.

– C'est le même dessin que portent les indigènes, dit Oakley. Je me demande ce que ce manège signifie.

– Peut-être me veulent-ils comme membre de la tribu, répondez-vous avec un sourire contrit.

Bientôt le sorcier du clan apparaît à son tour et dessine un pictogramme sur le sol de son long doigt

décharné. Le dessin représente une femme avec une couronne de scorpions. Le sorcier crache sur le motif, puis il lève son bâton et le pointe en direction de l'ouest. Le chef dit quelque chose qui sonne comme « Matya Ejada Niyu », approuvé en cela par l'ensemble de la tribu. Tour à tour, les hommes du groupe s'avancent et piétinent le dessin tout en répétant la même phrase. Il ne reste bientôt plus rien du motif dessiné sur le sable.
– Intéressantes, ces mœurs indigènes, déclare Oakley. Mais nous devrions prendre congé avant qu'ils ne nous retiennent à dîner.
Vous regagnez votre chaloupe et vous vous éloignez du rivage sous les regards de la tribu.
– Tu devrais ôter ta peinture de guerre, dit Oakley dès que vous êtes hors de vue. Je trouve que ça fait mauvais genre.
Si vous conservez votre maquillage rituel, notez le mot de passe *Script* sur votre *Feuille d'Aventure*. Rendez-vous ensuite au **116**.

99

Le petit animal reconnaît son ancien maître, il échappe à votre surveillance et bondit à travers le sous-bois en direction du pirate. Aussitôt, Hazgard et sa bande s'emparent de leurs armes, tous leurs sens en alerte. Hazgard, un rictus cruel au coin des lèvres, sonde les feuillages et, en dépit de son œil unique, il a tôt fait de repérer votre présence. Vous quittez votre cachette en poussant un cri de guerre sauvage, à l'instant même où il lève son pistolet. Une dizaine de mètres vous séparent, distance que vous pourriez parcourir en quelques secondes mais qu'une balle franchit en un clin d'œil... A l'instant où Hazgard allait appuyer sur la gâchette, le petit singe bondit sur son bras. Le pirate pousse un hurlement de rage et son tir détourné frôle votre oreille. La balle va se ficher dans un tronc d'arbre. Vous n'avez pas le temps de vous réjouir car les pirates fondent sur vous. Le combat s'engage et votre vie dépendra de son issue. Si vous pratiquez le Tir et l'Escrime (et si vous possédez les armes nécessaires), vous perdez 7 POINTS DE VIE. Si vous pratiquez le Tir et le Combat à mains nues, vous perdez 8 POINTS DE VIE. Toute autre combinaison de compétences ne suffira pas à vous sauver et vous serez rapidement tué. Si vous êtes encore de ce monde, rendez-vous au **23**.

100

Une chape de ténèbres tombe sur les environs du temple. Vous entendez les vociférations enragées de votre adversaire qui lance ses sortilèges au hasard. Si vous possédez la compétence de Roublardise, rendez-vous au **176**. Dans le cas contraire, vous pouvez tirer parti de votre avantage pour lancer un sortilège de Tornade (rendez-vous au **62**) ou profiter de l'obscurité pour regagner votre chaloupe (rendez-vous au **195**).

101

La seule action qui pourrait vous sauver serait d'invoquer un orage. Mais, malgré la précarité de votre situation, vous ne pouvez vous empêcher d'hésiter. Conjurer les éléments est toujours un acte dangereux : la moindre erreur de votre part et la brise devient tempête, l'ondée se transforme en déluge. Une telle mésaventure vous est arrivée alors que vous n'étiez qu'un jeune apprenti sorcier. En voulant fabriquer une belle journée ensoleillée, propice à un déjeuner sur l'herbe, vous aviez provoqué trois semaines de canicule qui avaient détruit les récoltes

et asséché les rivières ! Vous regardez votre baguette. De telles bévues sont de l'histoire ancienne et vous êtes à présent un magicien accompli, mais la saison des tempêtes est proche et votre sortilège risque de soulever un véritable ouragan.
– Qu'attends-tu ? s'écrie Blutz. Nous allons mourir sans eau !
– Que se passera-t-il si l'orage nous submerge ? répliquez-vous. Nous mourrons aussi !
A vous de décider. Si vous voulez invoquer la pluie, rendez-vous au **10**. Sinon, rendez-vous au **120**.

102

– Venez m'aider ! s'exclame Blutz. Cette donzelle est plus glissante qu'une anguille !
Voyant que vous vous concentrez, la sirène cherche à s'échapper et les mouvements frénétiques de sa queue soulèvent des gerbes d'embruns. Grimez et Oakley s'élancent à la rescousse et l'empoignent sous les bras jusqu'à ce que vous acheviez votre incantation. Bientôt, subjuguée par votre formule magique, elle cesse de se débattre et son regard devient flou.
– Quelle est la meilleure route pour retourner chez nous ? demandez-vous d'un ton impérieux.
– Chez vous ? reprend-elle d'une voix pâteuse, comme dans un profond sommeil. Où est-ce chez vous ?
– Port Leshand, à l'ouest.
– Garde ton cap, répond-elle, si tu ne crains ni le mauvais temps ni les fâcheuses rencontres, ou bien pars au sud, à moins que tu ne répugnes à l'hospitalité d'une sorcière. A l'ouest, tu affronteras les embruns et le vaisseau fantôme. Au sud, tu rencontreras la fille du dieu de la Terre.

Le silence retombe, chacun pesant les propos de la sirène.
– Elle n'a peut-être pas toute sa raison, grogne Grimez, toujours optimiste.
– Nous n'obtiendrons rien de mieux d'une telle créature, qu'elle soit envoûtée ou pas, répliquez-vous.
D'un claquement de doigts, vous annulez votre sortilège. Rendez-vous au **178**.

103

Vous demandez à vos compagnons de vous aider à accrocher la chaloupe aux bossoirs afin de la hisser à bord.
– Au moins, nous serons sûrs que notre embarcation est en état de prendre la mer, dites-vous à vos compagnons interloqués, tout en inspectant l'état de la coque.
– Cet homme est fou ! s'exclame Oakley. Nous sommes prisonniers sur ce bateau de malheur et tout ce qu'il trouve à faire c'est de réparer cette coque de noix !
Indifférent à ce qu'il peut dire, vous calfatez tranquillement la coque en fredonnant une chanson de marin.
– Réfléchissons au moyen de quitter ce navire tout en travaillant, dites-vous avec un petit sourire. De cette manière, nous serons prêts à partir dès que l'occasion se présentera.
Si vous possédez les mots de passe *Repousse* ou *Peccant*, rayez-les de votre *Feuille d'Aventure.* Si vous bénéficiez d'une Protection magique, rendez-vous au **122**. Dans le cas contraire, rendez-vous au **141**.

104

Certains aspects de cette île vous rappellent curieusement une légende des mers à propos du crabe géant Pussat Tassek. La légende prétend qu'il est aussi gros qu'un immeuble. Il flotte parfois entre deux eaux, le sommet de sa carapace émergeant à l'air libre, et il reste immobile si longtemps que des plages se forment autour de lui et que la végétation commence à pousser. Il se nourrit de poissons qu'il attire dans ses mandibules grâce au parfum qu'il sécrète. Si vous désirez demeurer sur l'île pour chercher de la nourriture, rendez-vous au **85**. Si vous préférez reprendre la mer, vous pouvez poursuivre vers l'ouest (rendez-vous au **47**) ou remonter au nord (rendez-vous au **66**).

105

– Alors ? demande Mortice, tandis que vous vous installez pour la nuit. Allez-vous m'accepter à votre bord ou bien me laisser seul sur ce radeau ?
– Je te trouve bien formaliste, répond Oakley avec un petit sourire. Nous aurions dû t'envoyer un carton d'invitation.
– Votre autorisation, c'est tout ce que je demande ! croasse-t-il en postillonnant à tout-va. Ne vous êtes-vous pas gavés comme des oies sur mon compte ? Invitez-moi à bord, bon sang de bon sang !
Oakley n'a aucune envie de dormir à côté de cet hurluberlu, tout charitable qu'il soit.
– La chaloupe est bondée, vous murmure-t-il à l'oreille, et son radeau est peu confortable...
– Assez de messes basses ! hurle Mortice en trépignant sur place. Cachotteries et suspicion, voilà tout ce que je récolte pour mes largesses ! Alors, me prenez-vous à bord, oui ou non ?
– Demande au chef, répond Grimez en se tournant vers vous.
Si vous connaissez la Mythologie, rendez-vous au

86. Sinon, vous pouvez l'accepter à bord (rendez-vous au **143**) ou bien refuser (rendez-vous au **162**).

106

Les nuages flottent comme des bannières noires dans le ciel empourpré du crépuscule quand soudain une tache blanche pointe à l'horizon. C'est un vaisseau sur le chemin de Port Leshand ! Debout dans la chaloupe, au risque de chavirer, vous bondissez et vous hurlez en agitant vos chemises, jusqu'à ce que le navire vous aperçoive et vire de bord. Bientôt, une proue gigantesque vous surplombe et des visages amicaux apparaissent au bastingage. Une échelle de corde est lancée que vous escaladez à toute allure, en dépit de la fatigue, sous les vivats des marins.

– Bienvenue à bord du *Joyau des Cieux,* déclare une voix à l'accent de Glorianne.

Vous ne répondez pas tout de suite et vous tombez à genoux pour remercier le ciel de vous avoir accordé sa clémence. Rendez-vous au **370**.

107

Vous vous rendez dans une taverne tranquille, à l'écart du port, pour faire le point avec vos compagnons. Blutz est d'avis d'aller tout raconter aux autorités.

– Ils sont mieux placés que nous pour assurer la sécurité de la reine, dit-il.

– Je ne suis pas d'accord, répond Grimez. Une telle opportunité ne se représentera jamais, il faut la saisir tout de suite. C'est comme la marée : quand elle est haute, tu peux sortir du port, autrement tu n'as plus qu'à attendre.

– Nous devrions partir pour Port Sélénice, ajoute Oakley. Hazgard va y faire un détour et si nous

106 *Soudain, une tâche blanche pointe à l'horizon :*
C'est un vaisseau sur le chemin de Port Leshand !

trouvons un moyen de contrecarrer ses plans, alors nous irons voir les autorités pour qu'elles nous récompensent.
– Et, plus que tout, nous aurons pris notre revanche sur cette canaille, concluez-vous.
Si vous décidez de partir aussitôt pour Sélénice, rendez-vous au **145**. Si vous préférez informer d'abord le gouverneur, rendez-vous au **126**.

108

Les jours se succèdent, dans la douceur et l'opulence, après cette longue période de privations. Grâce au repos et à la nourriture, vous recouvrez vos forces. Vous pouvez reprendre 2 POINTS DE VIE, mais n'oubliez pas que vous ne pouvez dépasser le total de départ. Bientôt, la terre se profile à l'horizon et, après avoir longé la côte sur plusieurs milles, vous pénétrez enfin dans Port Leshand. Une forêt de mâts dépasse des digues et, aussitôt, un parfum âcre, mélange de goudron et de poisson séché, vous assaille les narines. Tandis que le *Joyau des Cieux* se prépare à accoster, vous n'avez plus qu'une idée en tête : rassembler vos maigres affaires et poser au plus vite le pied sur la terre ferme !
– La terre, le plancher des vaches, sanglote Oakley, ému comme s'il retrouvait sa promise. Je ne croyais plus la revoir un jour.
L'équipage s'affaire à présent à sortir la cargaison. Vous remerciez le capitaine et tous les matelots et vous descendez le long de la passerelle. Les quais grouillent de monde et il règne une activité intense. Vous vous frayez un chemin parmi la foule et les charrettes qui encombrent la voie et vous prenez la première rue de traverse, à la recherche d'une auberge. Rendez-vous au **9**.

109

Basilic est le nom d'un nouveau type de canon à longue portée dont sont dotés depuis peu certains navires de guerre gloriänniques. Cette arme n'est pas facile à obtenir puisqu'elle est fabriquée en exclusivité dans les arsenaux royaux. Hazgard doit avoir des relations haut placées à la cour pour s'être procuré une arme de ce type. La situation dégénère près du comptoir. Si vous voulez intervenir, rendez-vous au **52**. Si vous préférez quitter la taverne pour visiter les chantiers maritimes, rendez-vous au **374**.

110

Vous brandissez votre baguette et les formules magiques se bousculent dans vos pensées telle une meute demandant qu'on la libère.
– Ce qui est verrouillé peut être ouvert, affirmez-vous d'un ton péremptoire. J'ouvrirai ces chaînes par la puissance de mon art.
Le géant vous toise calmement.
– Oublierais-tu, mortel, que ces chaînes sont fermées par magie ?
– Qu'importe ! répliquez-vous. Il me suffit d'annuler toute forme de magie.
A peine avez-vous prononcé la formule que le coquillage s'éloigne du port à une allure vertigineuse ! Vous seriez tombé à l'eau si Blutz ne vous avait pas retenu à temps !
– Que s'est-il passé ? demandent vos compagnons, blottis au fond du coquillage qui ricoche sur les vagues et vous emporte dans la nuit.
– J'ai oublié que nous sommes venus ici par magie, grommelez-vous. Mon sortilège vient de tout annuler !
Finalement, le coquillage échoue sur la plage de

Sélénice et disparaît comme l'aube pointe à l'horizon. Vous reprenez le chemin de la ville tout en réfléchissant à vos prochaines actions. Si vous possédez :

Un bateau dans une bouteille et un tire-bouchon	Rendez-vous au **261**
Un titre de propriété remis par le capitaine Gâtchick	Rendez-vous au **318**
Des diamants pour acheter un navire	Rendez-vous au **299**

Si vous n'avez aucun de ces objets, votre quête est sans espoir et votre aventure est terminée.

111

Une corde est accrochée à la grand-vergue et le capitaine se charge personnellement de faire le nœud coulant. A l'instant où il le passe autour de votre cou, vous ne pouvez résister à l'envie de le défier une dernière fois.
– Vous prenez certainement beaucoup de plaisir à exécuter cette besogne.
Le capitaine vous adresse un regard froid.
– N'y voyez rien de personnel, répond-il. Je ne fais que servir ma patrie et ma reine.
A ces mots, il hoche brièvement la tête et les marins vous hissent à mi-hauteur du pont. Vous mourez pendu à la mâture de votre propre navire. C'est le lot de nombreux pirates, mais vous espériez peut-être un autre destin...

112

Blutz prend la relève et vous descendez dans votre cabine pour vous préparer un grog fumant. Quelques minutes s'écoulent quand un cri de panique retentit sur le pont. Vous jetez votre cape sur vos

épaules et vous remontez en grommelant la grande échelle. Blutz va vous entendre : si le moindre ruban de brume le fait hurler, l'équipage ne pourra pas dormir de la nuit. Mais à l'instant où vous posez le pied sur le pont, vos réprimandes restent coincées dans votre gorge. Un halo verdâtre plane sur le navire et Blutz s'éloigne à reculons, le corps parcouru de tremblements incontrôlables. Vous comprenez vite la raison de sa terreur. Une créature de cauchemar vient d'enjamber le bastingage. C'est un cadavre recouvert d'algues. Il se déplace avec des mouvements saccadés, des morceaux de squelette percent sous la chair décomposée et ses yeux sont deux gouffres insondables. Il brandit une épée rouillée et vous désigne de sa main libre.
– Branle-bas de combat ! hurlez-vous d'une voix blanche.
Tandis que le pont résonne des pas de l'équipage courant dans les coursives, d'autres créatures grimpent à l'assaut de votre navire. Vous allez livrer la pire bataille de toute votre existence. Rendez-vous au **321**.

113

Vous heurtez le vaisseau par le travers et, dans un craquement de bois pulvérisé, votre navire verse ! Non loin de vous, un marin est emporté par une vague titanesque et disparaît aussitôt dans les flots grondants. Vous ne pouvez hélas rien faire pour le sauver. Rayez deux étoiles à votre navire. S'il ne vous reste aucune étoile, rendez-vous au **227**. S'il vous reste une étoile ou plus, rendez-vous au **94**.

114

Vous empoignez votre amulette et vous murmurez une prière de bonne fortune à l'instant même où

Hazgard enflamme la mèche du canon. La poudre se consume en une gerbe d'étincelles et... rien ne se passe !

– Le Diable soit de ces engins modernes ! hurle Hazgard en s'emparant de son sabre. Fort bien, tu vas l'avoir ton duel à mort !

Rendez-vous au **171**.

115

– Vous vous demandez comment je peux connaître l'itinéraire que va suivre la reine Titiana, mes jolis ? raille Hazgard. Vous vous demandez par quel prodige je vais lancer une tempête sur sa flotte pour, l'instant d'après, immobiliser son vaisseau sur une mer d'huile ? Et peut-être même vous demandez-vous comment je descendrai des cieux, accroché à mon filin, pour emporter mon petit trésor au nez et à la barbe de sa troupe ? Ah ! hommes de peu de foi, je vous reconnais bien là ! Laissez-moi balayer d'un revers tant de scepticisme. Mirabilis, le sorcier de notre très chère souveraine, n'est autre que mon demi-frère et il est dans le coup lui aussi...

Vous en avez assez entendu. Le monde entier sait la confiance aveugle que voue la reine Titiana à son conseiller privé. S'il a choisi de la trahir, son armée tout entière ne pourra la sauver. Soudain, le plancher craque. On approche ! Si vous possédez la compétence d'Agilité, rendez-vous au **153**. Dans le cas contraire, vous pouvez vous dissimuler dans la cabine du timonier (rendez-vous au **134**) ou bien demeurer sur place (rendez-vous au **191**).

116

Un nouveau jour s'achève, marqué par les tourments dus à la chaleur et à la faim. La mer étale est un miroir qui scintille et le soleil omniprésent vous accable de sa fournaise. A la nuit tombée, vous grelottez sous un ciel constellé. Si vous possédez des provisions, rayez une ration de votre *Feuille d'Aventure* et rendez-vous au **136**. Sinon, rendez-vous au **155**.

117

Vous devez leur remettre un des objets suivants : une épée, un pistolet, une amulette, une baguette, un crucifix, une trousse à outils ou bien la totalité de votre or. Ils n'accepteront pas autre chose. Si vous décidez de refuser de vous séparer de vos biens, les indigènes deviennent vite agressifs. Dans ce cas prenez la fuite en vous rendant au **41**. Si vous leur remettez un présent, ils apportent deux objets qu'ils vous donnent en échange : un bouclier orné de plumes et une épée en bois hérissée de dents de requin. Oakley arbore une mine renfrognée.
– Ces babioles ne valent pas le dixième de ce que nous leur avons offert, proteste-t-il.
– Tu ne devrais peut-être pas accepter, intervient Blutz en vous tirant par la manche. Peut-être s'agit-il seulement d'un rituel de bienvenue. Ils n'ont peut-être aucune envie de se séparer de leurs présents...
Si vous prenez le bouclier de plumes et l'épée aux dents de requin, notez-les sur votre *Feuille d'Aventure* et n'oubliez-pas par la même occasion de rayer l'objet que vous avez remis aux indigènes. A présent, rendez-vous au **98**.

118

Vous traînez votre chaloupe sur la plage, sous le regard indifférent des oiseaux de paradis. Soudain, Blutz pousse un cri et désigne la cime des arbres.
– Regardez ! s'exclame-t-il. Il y a une tour !

Le lascar a raison : une construction de pierre polie scintille sous le soleil. Les plantes grimpantes ne l'ont pas envahie, elle est donc habitée. Mais avez-vous envie de rencontrer ses habitants ? Si vous avez des notions de Survie, rendez-vous au **213**. Si ce n'est pas le cas, vous pouvez décider de :

Faire route vers la tour	Rendez-vous au **194**
Rassembler des vivres et de l'eau	Rendez-vous au **232**
Reprendre aussitôt la mer	Rendez-vous au **127**

119

Vous proposez un compromis à la sorcière : plutôt que de prendre une seule âme, ce qui entraînerait la mort certaine de la personne désignée, pourquoi ne prendrait-elle pas un fragment d'âme à chacun. Ejada réfléchit un instant et accepte finalement votre offre. Tour à tour, vous avancez devant elle et elle pose la lame de son poignard sur votre poitrine. Un flux glacial vous envahit et la magie fait son office. Vous perdez 1 POINT DE VIE de manière permanente (votre total de départ est définitivement amputé de 1 point) et vous devez abandonner une de vos compétences, au choix (rayez-la de votre *Feuille d'Aventure*). Ejada a obtenu ce qu'elle voulait et vous êtes libres de quitter l'île. Rendez-vous au **137**.

120

Vous perdez peu à peu conscience du temps et les jours se succèdent comme dans un mauvais rêve. Vous sombrez bientôt dans un état proche du coma, entrecoupé de visions étranges. Une femme avance vers vous, marchant sur les flots. Ses cheveux ont la couleur du miel et sa carnation est si

pâle que ses lèvres semblent deux rubis scintillants. Elle se penche doucement et vous soulève comme une plume. Il est vrai que vous ne pesez guère, ces jours de privations ne vous ayant laissé que la peau sur les os. Vous vous élevez dans les airs avant de comprendre, en toute indifférence, que vous êtes, non pas dans les bras d'une femme mais dans une sorte de filet... Lorsque vous reprenez conscience, vous êtes allongé sur le pont d'un navire, entouré de marins. L'un d'eux est penché sur vous et soulève doucement votre tête pour vous donner à boire.
– Où suis-je ? murmurez-vous d'une voix faible.
– A bord du *Joyau des Cieux,* dit le marin. Bois, maintenant.
L'eau a l'effet d'un bain d'acide sur vos lèvres craquelées et, après avoir avalé quelques gorgées, une vague de faiblesse vous submerge et vous perdez à nouveau conscience. Si le total de vos POINTS DE VIE est inférieur ou égal à 2, vous ne vous réveillez plus et tous les efforts de l'équipage pour vous sauver sont vains. S'il vous reste au moins 3 POINTS DE VIE, rendez-vous au **370**.

121

La sirène s'éloigne et demeure silencieuse pendant qu'elle retrouve sa dignité. Puis elle se dresse sur les eaux, tel un dauphin et déclare d'une voix flûtée :
– Tu as bien fait de me libérer. Sans quoi, qui sait les malheurs qui auraient pu survenir ? Mais ta courtoisie doit être récompensée.
A ces mots, la sirène plonge sous la coque et s'empare d'un câble d'amarrage. Elle l'enroule autour de ses épaules et entreprend de traîner votre chaloupe, cap au sud. Rapidement, vous prenez de la vitesse.
– En voilà une belle figure de proue pour le *Cer-*

cueil Flottant ! s'exclame Oakley, debout à l'avant de la chaloupe, fouetté par les embruns. Accepterez-vous, madame, de porter aussi notre deuil si les événements tournent mal ?

– Assieds-toi et boucle-la, pour l'amour du ciel ! gémit Blutz. Tiens-tu donc tant à ce qu'elle nous entraîne par le fond ?

Si vous laissez la sirène vous entraîner vers le sud, rendez-vous au **197**. Si vous lui demandez de partir, rendez-vous au **178**.

122

La malédiction pèse sur tout le navire, mais vous avez confiance en la force de vos Protections magiques pour l'annuler le temps que vos compagnons et vous quittiez son bord. Hélas, il n'en va pas de même pour le capitaine Mandrigard : il subit les effets de la malédiction depuis trop longtemps et doit être probablement maudit à tout jamais. Vous allez prononcer la formule d'annulation quand Grimez vous prend par le bras et désigne les voiles.

– Nous voguons cap à l'ouest, dit-il. Inutile de quitter le navire maintenant. Restons à bord une journée ou deux et nous serons plus près de notre but.

Oakley, qui a tout entendu, lève les bras au ciel, l'air outré.

– C'est de la démence ! s'insurge-t-il. Quittons ce rafiot de malheur tant que c'est encore possible !

Si vous désirez user de votre Protection magique pour fuir le navire au plus vite, rendez-vous au **160**. Si vous préférez suivre la suggestion de Grimez et demeurer à bord pour quelque temps encore, rendez-vous au **141**.

123

La pince s'abat sur vous tel un couperet mais vous l'évitez d'une roulade et vous foncez sans plus attendre en direction de la chaloupe. Vos compagnons sont déjà à bord et ils vous exhortent à les rejoindre au plus vite. La carapace vacille et tressaute, manquant chaque fois vous projeter au sol, mais vous avez le pied marin et l'habitude de vous déplacer sur un pont ballotté par la tempête. D'un bond, vous vous précipitez dans la chaloupe soulevée par le roulis et vous empoignez aussitôt une rame.

– Souquez ferme, les gars ! hurlez-vous. Ce n'est pas le moment de musarder !

Rendez-vous au **161**.

124

– Quelle importance cela a-t-il si j'ai quelque chose sous mon radeau ? réplique-t-il, piqué au vif. Un pauvre naufragé a bien le droit à un peu de confort ! Les proies sont maigres, il pleut, il vente. C'est un temps à ne pas mettre une goule dehors !

Il remarque vite vos airs stupéfaits et reprend contenance. Il hausse les épaules et esquisse un sourire malsain.

– Rien ne sert de se quereller, dit-il. Demain matin, nous n'aurons plus de secrets les uns pour les autres, foi de Timmy Mortice !

Rendez-vous au **105**.

125

Le ciel reste vide de tout nuage et votre langue n'est plus qu'un morceau de bois sec. Le moindre mouvement vous arrache des gémissements de douleur et vous sombrez bientôt dans un état proche du coma, contemplant d'un œil vide l'immensité infinie de l'océan. Vous perdez 2 POINTS DE VIE. Si vous êtes encore de ce monde, rendez-vous au **106**.

126

Vous êtes conduits dans la salle d'audience du palais et le gouverneur arrive quelques instants plus tard. C'est un petit homme ventripotent au regard fuyant et qui est, de toute évidence, plus à l'aise pour organiser des réceptions que pour assurer la sécurité royale. Après avoir écouté vos explications, il s'entretient un instant à voix basse avec ses conseillers, puis revient vers vous.

– Vous attendez sans doute que l'on vous récompense pour une telle nouvelle, dit-il avec mépris. Vous n'aurez rien ! S'il fallait prendre au sérieux toutes les rumeurs qui circulent dans la populace, nous ne saurions plus où donner de la tête. Qu'on les expulse !

Des gardes vous saisissent et vous entraînent par les couloirs avant de vous jeter à la rue.

– Écoutez-donc, bande d'abrutis, hurle Oakley en se redressant. La reine court un grand danger !

– C'est toi qui vas courir un grand danger si tu ne files pas d'ici ! réplique le capitaine des gardes.

Vous vous redressez et vous époussetez dignement vos vêtements.

– En voila assez, dit Grimez. Je suis d'avis de partir au plus vite pour Port Sélénice.

Rendez-vous au **145**.

127

Vous apprenez vite que le gouverneur a donné des consignes strictes en vue de la visite officielle de la reine Titiana. Attablé dans une taverne en compagnie de Danny McClintock, vous restez stupéfait en entendant ce bourlingueur balafré de partout commander un verre de lait à la cannelle !

– On nous a prévenus qu'à la moindre bagarre on nous ferait subir la loi de Moïse, explique-t-il. Tu me connais, quand j'ai un peu bu, il m'arrive de casser quelques tables, alors je préfère ne pas tenter le diable.

Vous hochez la tête en vous efforçant de masquer votre hilarité. La loi de Moïse consiste en trente-neuf coups de badine sur les parties charnues de l'anatomie. Ce que ces gredins craignent plus que tout au monde, ce n'est pas tant la douleur que l'humiliation d'être fouettés en public. Vous comprenez mieux pourquoi le nombre des boucaniers est en baisse notable : ils ne peuvent plus ripailler et hurler dans les rues en cassant tout comme avant. Vous rencontrez même John le Serpent, au détour d'une rue, aidant une vieille dame à porter son panier sans rien lui dérober pour la peine. Vos compagnons écoutent avec intérêt les nouvelles que vous leur rapportez.

– Cette visite officielle, elle doit être d'une sacrée importance pour qu'il y ait de tels chambardements, dit Blutz.

Si vous voulez arrêter Hazgard, il va falloir quitter le port au plus vite. Le pirate ne se risquera pas à venir rôder par ici, avec tous les meurtres qui lui sont attribués. Mais, d'un autre côté, vous sentez qu'il serait peut-être utile de glaner encore quelques informations. Si vous agissez ainsi, rendez-vous au **88**. Sinon, vous pouvez partir à la recherche d'un fournisseur (rendez-vous au **12**) ou rencontrer quelqu'un qui soit capable d'identifier les objets bizarres (rendez-vous au **31**). Si vous désirez obtenir une lettre de route et que vous disposiez de la compétence de Roublardise, rendez-vous au **50**. Si vous souhaitez obtenir une lettre de route mais ne disposez pas de la compétence de Roublardise, rendez-vous au **409**. Si vous avez rencontré le capitaine Gâtchick et désirez lui rendre visite, rendez-vous au **69**. Enfin, si vous pensez ne plus rien avoir à faire à Port Leshand, rendez-vous au **107**.

128

Vous avancez vers le comptoir, sans accorder la moindre attention aux trois brutes, et vous vous dirigez vers le lettré comme s'il s'agissait d'une vieille connaissance.
– Ah, vous voilà enfin ! Je vous cherchais partout. Le capitaine Hazgard craignait qu'il ne vous soit arrivé malheur !
– Je vous demande pardon ? répond le lettré en vous fixant d'un regard de myope. Je ne crois pas...
Vous lui faite signe de se taire et vous le prenez par l'épaule. Les trois brutes échangent des regards inquiets.
– Tu as bien dit Hazgard ? demande l'un d'eux avec un sourire gêné.
– En effet, répondez-vous, comme si vous veniez seulement de les apercevoir. Ce brave homme est le nouveau chirurgien du bord. Le capitaine guettait son arrivée avec impatience. Vous êtes-vous occupés de lui ? C'est très gentil de votre part. Donnez-moi vos noms, Hazgard se fera un plaisir de vous récompenser quand il l'apprendra.
Les trois compères se raclent la gorge.
– Ce... ce n'est rien, dit l'un d'eux en rendant ses

besicles au lettré. Nous devions partir, n'est-ce pas les gars ?
En moins de temps qu'il ne faut pour le dire, les ruffians quittent la taverne au pas de course. Rendez-vous au **223**.

129

Si vous décidez d'employer :

Une bombarde	Rendez-vous au **243**
Un singe	Rendez-vous au **224**
Un anneau de Dragon	Rendez-vous au **262**

Si vous ne possédez aucun de ces objets, rendez-vous au **72** pour vous en remettre à la générosité du géant.

130

Le capitaine parcourt rapidement votre lettre de route et vous toise d'un air désapprobateur.
– Ce document n'est pas valable. Nous avons la preuve que vous avez attaqué des vaisseaux de la Ligue et bafoué toutes les règles des corsaires de Sa Majesté.
Rendez-vous au **111**.

131

Vous montez sur le pont peu avant minuit. Le brouillard forme une chape impénétrable et le gréement ressemble à une gigantesque toile d'araignée. Des effluves nauséabonds montent des marais. Blutz tousse comme un damné et grommelle des propos sans suite où il est question de fièvre jaune, de baie maudite et de grog bouillant avant d'aller dormir. Vous vous retrouvez seul sur le pont. Seuls les craquements de la carène viennent troubler le

silence feutré qui plane sur les eaux mais, bientôt, vous percevez nettement un bruit mouillé de rames dans l'obscurité. Une barque émerge du brouillard et, à la lueur des lanternes de votre navire, vous distinguez une silhouette altière qui se tient debout à la poupe. Deux rameurs l'accompagnent. L'embarcation longe la coque de votre navire et les traits du personnage vous apparaissent enfin. Il est maigre et livide et ses pupilles bleues luisent d'un éclat de métal. Il sourit, découvrant une rangée de dents immaculées et vous salue.
– M'autorisez-vous à monter à bord ? demande-t-il.
Si vous acceptez, rendez-vous au **283**. Si vous lui refusez cette permission, rendez-vous au **302**.

132

Le vaisseau passe à quelques mètres de vous, comme un fantôme noyé par les embruns. Vous entrevoyez de vagues silhouettes qui s'agitent sur le pont. Soudain, une gigantesque déferlante vient se fracasser contre ses flancs et, l'instant d'après, il a disparu.
– Pourvu que *La Rose* ne subisse pas le même sort ! s'exclame Oakley en scrutant l'enfer liquide qui vous environne.
Vous ne prenez même pas la peine de répondre. Les dents serrées, arc-bouté sur votre gouvernail, vous luttez de toute votre énergie pour éviter que votre navire ne verse. Tandis que les éclairs qui déchirent le ciel projettent des rais de lumière glauque dans l'obscurité, vous poursuivez implacablement votre objectif. Rendez-vous au **94**.

133

Vous plongez sur le côté à l'instant où le canon crache sa mitraille, ouvrant un cratère sur le pont à

131 *Le personnage qui vous apparaît est maigre et livide. Ses pupilles bleues luisent d'un éclat de métal.*

l'endroit où vous vous trouviez. Les échardes de bois explosent dans tous les sens et l'une d'elle vous atteint à la tempe. Vous perdez 1 POINT DE VIE. Si vous êtes encore de ce monde, rendez-vous au **171**.

134

Vous vous faufilez dans la cabine et refermez la porte. Plaqué contre la paroi, vous attendez, retenant votre souffle. Le bruit de pas se rapproche et s'arrête... devant la porte. Si vous bénéficiez d'une Protection magique et si vous désirez l'employer, rendez-vous au **210**. Si vous êtes doué pour la Roublardise, rendez-vous au **229**. Si vous ne possédez aucune de ces compétences, vous serez fatalement découvert. Rendez-vous alors au **191**.

135

Vous reprenez votre épuisant périple, hébétés le jour par le soleil caniculaire, et grelottant de froid à la nuit tombée, sous un ciel tapissé d'étoiles. Le sel des embruns irrite votre peau et la nécessité d'écoper l'eau qui emplit le fond de votre chaloupe ne vous laisse pas la moindre seconde de répit. Deux journées se passent et la fièvre vous gagne petit à petit. Vous perdez 1 POINT DE VIE. Si vous possédez des provisions, rayez une ration de votre *Feuille d'Aventure* et rendez-vous au **212**. Si le ouistiti est à bord et si vous avez le cœur de le sacrifier, comptez-le comme une ration. Si vous n'avez rien à manger, rendez-vous au **231**.

136

La deuxième île de l'archipel apparaît bientôt. Sa côte est une immense bande de jungle touffue que domine le cône fumant d'un volcan. Des torrents de lave incandescente dévalent le long de ses flancs et une chape de fumée noire surplombe l'île.

– Ce serait de la folie d'aborder ici ! proteste Blutz. Je ne tiens pas à finir enterré sous la lave !
Si vous possédez la compétence de Survie, rendez-vous au **193**. Si ce n'est pas le cas, vous pouvez accoster (rendez-vous au **174**) ou pousser plus loin vers l'ouest (rendez-vous au **135**).

137

A force de sollicitations, votre chaloupe, déjà en piteux état, présente des avaries inquiétantes. Si vous avez usé d'une Protection magique pour la maintenir à flot, il n'y a pas lieu de s'alarmer. Dans le cas contraire, notez le mot de passe *Repousse* sur votre *Feuille d'Aventure*. Les jours succèdent aux jours et les conditions de vie à bord ne font qu'empirer. Tout le monde est à bout de nerfs et la moindre contrariété est l'occasion de querelles. Vous perdez 1 POINT DE VIE. Si vous avez des provisions, rayez une ration de votre *Feuille d'Aventure* et rendez-vous au **156**. Si vous n'en avez pas, rendez-vous au **175**.

138

Des vents constants gonflent les voiles de votre navire et vous portent vers votre destinée. Vous n'avez pas le temps de vous demander de quoi sera fait le futur car la marche du navire occupe toutes vos pensées. La longue traînée blanche qu'il laisse dans son sillage et l'enthousiasme de vos marins sont autant d'heureux présages pour l'avenir. Bientôt, Hazgard entendra sonner sa dernière heure, vous en êtes persuadé. Plus d'une semaine s'est écoulée. (Si nécessaire, vous pouvez reprendre 2 POINTS DE VIE.) Au soir du neuvième jour, vous flânez sur le pont. Les derniers rayons du soleil dans le ciel orangé nappent l'océan d'une couche d'or en fusion. Soudain, à la limite de votre champ de vision, cette scène paisible se transforme : une masse pourpre apparaît à l'ouest et de lourds nuages bouchent l'horizon. Une bise froide vous fouette le visage et la crête des vagues frissonne sous cette caresse glaciale. Vous ne connaissez que trop bien ces signes : ce sont les prémices d'un ouragan à venir.

– Ce n'est rien encore, comparé à ce qui nous attend, grogne Grimez. Affalez les voiles !

Vous vous retournez aussitôt pour lancer un contrordre.

– Mais cap'taine ! s'étonne Oakley. L'ouragan va nous pulvériser !

Les premières gouttes s'écrasent déjà sur votre visage.

– Nous maintenons le cap, hurlez-vous. Dieu commande peut-être le ciel, mais je suis le seul maître à bord !

Qu'allez-vous faire ? Si vous pouvez utiliser :

Un éventail des tempêtes	Rendez-vous au **18**
Une Protection magique	Rendez-vous au **37**
La science de la Navigation	Rendez-vous au **397**
Rien de tout cela	Rendez-vous au **75**

139

Vous observez ces objets à la lumière de vos connaissances des divers mythes et légendes. Ils sont manifestement très anciens et de style classique. Vous espérez que leurs pouvoirs seront encore à votre portée car de nombreuses connaissances de cette période ont été à jamais perdues. Vous identifiez les objets comme suit : la conque vous rappelle celle qui fut prise par les Troyens lors du pillage d'Atlantis. Le son qu'elle émet permet de transporter le possesseur jusqu'au havre secret de Poséidon, le dieu des Mers ; l'endroit recèle de nombreux trésors mais seules certaines notes peuvent en ouvrir la porte secrète. L'éventail est de toute évidence consacré à une divinité des orages du lointain Cathaï. S'il est manié avec soin, il peut libérer un ouragan dans la direction souhaitée. A en juger par sa forme, le casque a dû appartenir à un roi de Sparte ; il doit sans doute conférer à celui qui le porte des pouvoirs guerriers, les Spartiates étant passés maîtres dans l'art du combat. Quant à la bague de dragon, si elle éveille en vous de nombreux souvenirs, rien ne vous permet de juger de sa fonction exacte, mais une vague sensation de malaise s'empare de vous lorsque vous la tenez. Si vous désirez prendre l'un de ces objets sur la base de ces informations, procédez aux modifications sur votre *Feuille d'Aventure* et rendez-vous au **217**.

140

– Tu vas rencontrer maints périls, répond-elle. De violentes tempêtes qui risqueront de couler ton embarcation, des pluies diluviennes qui te glaceront jusqu'aux os. Sans oublier la faim qui va te torturer les entrailles et la soif qui te fera gonfler la langue.
– La routine, en somme, réplique Oakley.
La sirène le foudroie du regard et reprend :
– Un vaisseau fantôme croise dans ces eaux. Si tu possèdes des nerfs d'acier et si tu ne crains pas les foudres du ciel, alors peut-être pourras-tu embarquer à son bord.
– Un vai-vai... vaisseau fantôme ! balbutie Blutz d'une voix blanche.

– Il vous faudra payer la course, reprend la sirène. Un sacrifice sera demandé à ceux qui souhaitent débarquer. (Elle pose alors un regard mauvais sur la main qui lui tire les cheveux.) Mais, rien dont on ne puisse se séparer.
Blutz tremble de tous ses membres et relâche son étreinte. D'un mouvement hautain, la sirène s'éloigne. Rendez-vous au **178**.

141

Vous regagnez la cabine pour retrouver le capitaine Mandrigard, affalé sur sa table et ronflant comme un soufflet de forge, la tête dans son trésor. Oakley se plante devant lui et l'observe de bas en haut avec une expression où se mêlent la pitié et le dégoût.
– Cette malédiction l'a réduit à l'état d'épave, dit-il. Il existe un moyen de mettre un terme définitif à ses tourments.
– Le tuer ? s'indigne Blutz. Je ne tue pas un homme sans défense. Mais je ne vois pas d'objection à le délester de son trésor...
– De toute manière, il est ivre mort. Nous pourrions lui prendre sa chemise sans même qu'il s'en aperçoive et puis, à quoi lui sert ce trésor s'il ne peut le dépenser ?
Comme toujours, vos compagnons se tournent vers vous pour prendre la décision. Si vous les laissez tuer Mandrigard dans son sommeil, rendez-vous au **179**. Si vous dérobez quelques objets précieux, rendez-vous au **198**. Si vous préférez retourner sur le pont, rendez-vous au **217**.

142

Une paire d'yeux jaillit des flots tandis que les pinces du crabe fouettent l'air et cherchent à vous déloger. Vous serez tranché net si jamais elles vous attrapent. Pour échapper à la menace, vous vous plaquez au sol et vous agrippez la carapace du monstre. Une vague vous submerge : la créature s'enfonce dans les flots, vous emportant avec elle ! Si vous connaissez la Navigation et si vous voulez nager hors d'atteinte, rendez-vous au **180**. Si vous bénéficiez d'une Protection magique, vous pouvez employer un charme pour éviter de périr noyé (rendez-vous au **199**). Si vous ne possédez aucune de ces compétences, hélas, il vous est impossible de survivre à cette épreuve et votre aventure s'achève au fond de l'océan.

143

Vous vous levez pour le saluer de la manière la plus courtoise, compte tenu de vos multiples crampes.

– Nous avions oublié les règles les plus élémentaires de savoir-vivre, dites-vous. Veuillez ne pas nous en tenir rigueur, trop de privations transforment un homme en bête sauvage.

– Bien sûr, bien sûr, répond Mortice en empoignant avec fièvre le rebord de votre chaloupe.

Oakley fronce les sourcils mais vous ne lui laissez guère le temps d'intervenir et vous achevez ce rituel absurde, en regard des circonstances.

– Monsieur Mortice, c'est un honneur de vous avoir à notre bord.

Aussitôt, un tourbillon de haillons bondit dans les airs et retombe avec grâce à vos côtés. La vélocité de ce vieillard est stupéfiante.

– Endormez-vous mes amis, dit-il avec un petit sourire. Je vais prendre le premier quart.

Si vous bénéficiez d'une Protection magique ou si vous possédez un crucifix, rendez-vous au **181**. Dans le cas contraire, rendez-vous au **200**.

144

Vous vous dissimulez à l'intérieur de l'île en survivant grâce à la cueillette des fruits et des baies que vous trouvez sur place. Au bout de quelques jours, vous osez rebrousser chemin en direction du village. En approchant prudemment de la plage, vous constatez que la *Belle Dame* a levé l'ancre.

– La sinistre crapule ! s'exclame Oakley. Il est reparti semer la terreur où bon lui semble. Allons-nous le laisser continuer sans intervenir ?

Vous tombez tous d'acord sur le fait qu'il faut reprendre votre voyage au plus vite, mais les indigènes terrorisés par le pirate ne réitèrent pas leur offre de vous escorter. Vous êtes de nouveau livrés à vous-mêmes. Rendez-vous au **177**.

145

Des marins expérimentés comme vous n'ont aucun mal à trouver un engagement sur un navire en partance pour Sélénice. Vous signez à bord d'une caravelle et, pendant une semaine, votre existence est ponctuée par les tâches quotidiennes de la vie en mer.

– Regardez-moi ce coucher de soleil ! s'exclame Blutz, un beau soir.

En effet, de longs filaments de nuages se sont parés de teintes mauves, tandis le soleil recouvre les flots d'une couche d'or en fusion.

– Ça c'est la vraie vie, vous ne croyez pas ?

Grimez, qui ravaudait les filets, lève un instant la tête de son ouvrage.

– Je ne pourrai pas apprécier ce spectacle tant que je saurai qu'Hazgard le regarde peut-être en ce moment, grogne-t-il.

Grâce à cette période calme vous pouvez reprendre 3 POINTS DE VIE, jusqu'à concurrence de votre total de départ. Finalement, vous arrivez à destination et le capitaine vous remet 5 doublons en paiement de votre travail (notez-les sur votre *Feuille d'Aventure*). Votre paquetage sur le dos, vous descendez la passerelle pour aller vous fondre dans la foule du port. Rendez-vous au **165**.

146

Le patron de la Taverne du Mauvais Payeur est un colosse surnommé Tronche en Biais en raison de son caractère affable. Debout derrière le comptoir, il essuie des chopes de grès avec un chiffon d'une saleté repoussante. Comme vous vous approchez, il interrompt son activité et vous lorgne de travers.
– J'ai entendu dire que tu étais mort, dit-il. Apparemment, on ne t'a pas prévenu de la nouvelle.
– Hazgard est dans le coin ? demandez-vous, ignorant sa réplique.
– Parti... L'ambiance de Leshand lui donne des boutons.
A ces mots, il crache sur le comptoir et entreprend de le nettoyer. Soudain, une main s'abat sur votre épaule et vous retourne. Six larrons vous entourent. Vous les reconnaissez vaguement : ce sont des associés d'Hazgard, ils assassinent et espionnent pour

son compte. Leur chef pose sur vous un regard vitreux et étrangement fixe.

– Hazgard est à Sélénice pour prendre livraison de son nouveau navire. Qu'est-ce que tu lui veux ?

– Nous devons le rencontrer, répondez-vous en écartant son bras pour vous frayer un passage.

Aussitôt, six lames vous bloquent le passage.

– Ouais, tu vas d'abord aller en enfer, grogne le chef. Hazgard t'y rejoindra bien assez tôt...

L'ambiance est à couteaux tirés. Si vous décidez :

De combattre	Rendez-vous au **13**
D'utiliser votre Ruse	Rendez-vous au **51**
D'utiliser votre Agilité	Rendez-vous au **32**

147

Vous avancez vers le comptoir en agissant comme si vous veniez simplement d'apercevoir les trois ruffians.

– Toby ! vieille fripouille ! vous exclamez-vous devant le plus costaud des trois. Cela fait une éternité... Quel bon vent t'amène par ici ? Comment vont les affaires ?
La brute vous décoche un large sourire et oublie le lettré.
– Tout va pour le mieux. La semaine dernière, nous avons arraisonné un galion sidonien chargé de vaisselle d'or. Une de mes plus belles prises.
Vous hochez la tête d'un air entendu.
– A ce que je sais, tu ne t'intéresses pas qu'aux navires sidoniens. Sinon, pourquoi le gouverneur proposerait-il cent doublons pour ta capture ?
Toby se gratte la nuque, embarrassé par le tour que prend la conversation.
– Ah oui, il doit s'agir de ce petit marchand de Glorianne. Une broutille...
– Une broutille ? Ne fais pas le modeste ! hurlez-vous à la ronde. Cinq morts, y compris le beau-fils du gouverneur !
– Cent doublons ? reprend Toby, pâlissant à vue d'œil. C'est une belle somme...
– Ton frère en vaut le double, répondez-vous. Il est vrai qu'il abuse du couteau à découper depuis quelque temps.
– Tu fais bien d'en parler, dit Toby. Il doit arriver aujourd'hui. Excuse-moi, il faut que j'aille le chercher au port.
Sur ces mots, il quitte la taverne en hâte, suivi par ses compères. Rendez-vous au **223**.

148

Le géant vous remet une émeraude de la taille d'un œuf de pigeon. C'est une des larmes de joie qui ont coulé à l'écoute de votre repartie. Le dauphin et le requin se chargent de vous reconduire à bon port et

bavardent pendant tout le trajet. Le vent et les embruns ne vous permettent de capter que des bribes de conversation, mais vous parvenez à comprendre qu'ils ont apprécié votre intervention devant le havre de Neptune.
– L'un d'eux est le portrait craché d'Ulysse, dit le dauphin.
– C'est possible répond le requin dans un grognement. Moi j'aime bien le petit gros, il est appétissant. J'irai traîner près des côtes demain, s'il lui prenait l'envie de se baigner...
Vous retrouvez enfin la plage près de Sélénice. Votre aventure vous a occupés pendant une grande partie de la nuit et l'aube rose pointe à l'horizon. L'attelage disparaît dans les eaux et Blutz réprime un frisson inquiet.
– N'ayez crainte, monsieur Blutz, dites-vous en lui tapotant l'épaule, vous ne courez aucun risque, puisque vous ne vous baignez jamais.
– Ce n'est pas cela, proteste-t-il. Il fait frisquet ce matin, c'est tout. Allons, ne perdons pas de temps et courons dépenser cette émeraude au chantier naval.
Inutile de noter l'émeraude sur votre *Feuille d'Aventure*, elle va rapidement changer de main. Rendez-vous au **337**.

149

Le capitaine parcourt rapidement votre lettre de route et vous la rend. Ses manières sont tout aussi distantes, mais il a perdu son air menaçant. D'un geste, il ordonne à ses hommes d'abaisser leurs armes, mais vous remarquez malgré tout que le sergent de la troupe a gardé le chien de son pistolet armé.
– Tout est en ordre, dit-il. Et puisque nous sommes

là, souffrez que je prélève la part de butin qui revient à Sa Majesté. Cela vous évitera un détour par Port Leshand.
Vous l'accompagnez dans les cales et il entame le partage du butin après inventaire. Il s'approprie près d'un quart des richesses !
– Le pourcentage est élevé, dites-vous en désignant les coffres empilés.
– Ne vous méprenez pas, répond-il. Nous vous laissons un quart des prises de guerre, le reste revient au trésor de Sa Majesté.
Vous marquez un temps d'arrêt. Avec ce qui vous reste, vous pourrez à peine vous offrir un bateau décent. Si vous pouvez utiliser votre Astuce, rendez-vous au **168**. Dans le cas contraire, allez-vous le laisser emporter les trois quarts de votre butin (rendez-vous au **187**) ou combattre pour le conserver (rendez-vous au **206**) ?

150

C'est une sinistre besogne qui vous attend, mais l'heure n'est plus aux atermoiements : les derniers rayons du couchant dessinent une mince bande écarlate. Vous vous agenouillez près du cercueil et vous plongez le pieu à deux mains dans la poitrine du cadavre. Le corps libère un cri chargé de haine froide et dont l'écho résonnera à jamais dans vos rêves. Les yeux scintillent et une mare de sang naît à l'endroit de la blessure. Vous vous relevez, soutenu par vos compagnons, incapable de détourner la tête de ce corps qui se racornit peu à peu jusqu'à tomber en cendres.
– Récupérez le trésor, les gars, murmurez-vous encore sous le choc. Et ne traînez pas. J'ai hâte de quitter cet endroit de malheur !
La lune s'est levée pendant que vous embarquiez le

butin à bord de l'*Échalote*. Alors seulement, vous vous accordez une lampée de rhum. La bouteille passe de main en main, chacun tenant à noyer dans l'alcool le souvenir infâme de cette éprouvante journée. Rendez-vous au **16**.

151

Vous empoignez le talisman et vous invoquez de toute votre âme les forces surnaturelles qu'il renferme. Pendant d'interminables secondes, rien ne se passe et vous craignez que les pouvoirs de l'objet n'aient disparu avec le temps. Mais, bientôt, une ombre croît à la surface de la lune, une ombre en forme de chauve-souris.

– La créature de la nuit, murmure Grimez d'une voix teintée de terreur.

En quelques instants, la lune est masquée comme si on avait soufflé une bougie et il ne reste plus que des milliers d'étoiles brillant dans la nuit noire. Rendez-vous au **246**.

152

Le *Basilic* crache sa mitraille dans une gerbe de feu. Vous plongez sur le côté, mais la fournaise vous atteint et vous brûle au flanc. Vous perdez 5 POINTS DE VIE. Si vous êtes encore de ce monde, vous vous relevez en grimaçant de douleur et vous avancez en titubant vers votre ennemi juré.

– Ma parole, tu as conclu un pacte avec la mort ! grogne Hazgard en brandissant son sabre. Approche, mon joli, la chance va tourner !

Rendez-vous au **171**.

153

D'un bond, vous vous accrochez à la poutrelle qui traverse le couloir et, d'un violent coup de rein, vous vous rétablissez dans les hauteurs. Bientôt, le crâne rasé du timonier passe sous votre perchoir et il disparaît dans sa cabine sans avoir relevé la tête. Vous retombez en silence sur le plancher et vous filez rejoindre vos compagnons. Rendez-vous au **172**.

154

Vous ramez en direction de l'île et vous abordez sur une plage déserte. Oakley pousse un cri de joie en apercevant un ananas qui vient juste de rouler sur le sol. Le jus pique ses lèvres desséchées, mais il en faudrait davantage pour l'empêcher de mordre le fruit à pleines dents.
– Un peu de tenue, messieurs, annonce Grimez d'une voix sombre. Nous avons de la visite.
Un groupe d'indigènes est sorti des bois et traverse la plage dans votre direction.
– Drôle de comité d'accueil, murmurez-vous en repérant leurs lances.
Si vous avez le mot de passe *Script,* rendez-vous immédiatement au **253**. Si vous tentez de parlementer, rendez-vous au **272**. Si vous jugez préférable de reprendre la mer, rendez-vous au **177**. Enfin, si vous choisissez d'attaquer les indigènes, allez-vous les affronter au corps à corps (rendez-vous au **215**) ou recourir à votre compétence du Tir et à votre pistolet (rendez-vous au **196**) ?

155

Vous êtes arc-bouté sur les rames et vos membres vous font hurler de douleur, comme ceux d'un homme que l'on aurait écartelé. Vous finissez par vous écrouler de fatigue et vous contemplez d'un regard absent la distance infinie qui vous sépare encore de la civilisation. Les flots battent douce-

ment les flancs de la chaloupe et le mouvement liquide du clapotis ne fait qu'accroître votre soif. Vous savez pourtant que cette eau si tentatrice vous est interdite et qu'en boire ne ferait qu'accroître vos tourments.
Vous perdez 2 POINTS DE VIE sauf si vous possédez des compétences de Survie ; dans ce cas vous êtes habitué à de telles souffrances, vous ne perdez donc qu'1 seul POINT DE VIE. Si vous êtes encore de ce monde, rendez-vous au **136**.

156

La plus occidentale des îles de l'archipel est bientôt en vue. Elle est entièrement recouverte de jungle et possède de nombreuses criques abritées.
– Les navires mouillent souvent ici pour laisser passer la tempête, dit Grimez. J'ai entendu dire que les indigènes sont plutôt accueillants.
Votre regard se porte vers l'horizon : Port Leshand est encore distant de quelque deux cents milles et il serait plus prudent de vous ravitailler avant de poursuivre la traversée. Vous avez malgré tout des doutes quant à l'hospitalité des indigènes.
– Ils se montrent peut-être accueillants quand ils sont en face d'un vaisseau à trois rangées de canons et quand leurs hôtes sont armés de mousquets et les bras chargés de présents. Nous n'avons rien à leur offrir. Comment vont-ils réagir devant une poignée de naufragés à demi morts d'épuisement ?
La décision vous appartient. Si vous abordez l'île, rendez-vous au **154**. Si vous poursuivez votre route, rendez-vous au **177**.

157

Vous avez compris de quoi il retourne : Ejada est la fille de la déesse de la Terre, elle puise sa force et sa

vitalité dans le sol. A présent, elle ressemble à une feuille morte soulevée par le vent d'automne.
– Repose-moi ! supplie-t-elle. Je te donnerai toutes mes richesses !
Elles sont à vous de toute façon et l'expérience vous a appris qu'il ne faut jamais se fier à la parole d'une sorcière. Vous la déposez donc au bord d'une corniche du temple, assez haut pour qu'elle ne puisse pas sauter sans se rompre le cou et vous pénétrez à l'intérieur du bâtiment. Une rapide exploration vous permet de découvrir plusieurs trésors : une baguette magique, une potion de soins, un bateau dans une bouteille et un cerf-volant noir. Vous pouvez boire le contenu de la fiole quand vous le désirez ; elle vous permet de retrouver la totalité de vos POINTS DE VIE. Quant aux autres objets, seul l'avenir vous dira s'ils sont d'une quelconque utilité. Vous retournez à votre chaloupe et vous quittez l'île sans délai. Rendez-vous au **137**.

158

Il n'est pas rare de trouver des noix de coco en pleine mer. C'est ainsi que les cocotiers s'établissent sur de nouvelles îles. Une noix de coco peut flotter pendant des mois entiers sans perdre de ses qualités et il y a de fortes chances pour que celle-ci soit parfaitement consommable. Vous parvenez finalement à convaincre Blutz qu'elle ne s'est pas échappée du royaume des morts et il se joint à vous pour ce repas impromptu. Rendez-vous au **389**.

159

La sirène se débat avec vigueur et fouette l'eau à grands coups de queue en sifflant comme un serpent, mais elle répond néanmoins à votre question.
– Fais cap au sud, si tu cherches confort et nourriture, car les îles sont plus accueillantes que ces eaux

balayées par les tempêtes. Ta route actuelle vers l'ouest te mènera à un sombre rendez-vous et il est peu probable que tu en réchappes entier...

– Je n'aime pas cela du tout, déclare Blutz. Mais dis-nous en plus sur ces îles ; ne sont-elles pas dangereuses ?

– La sorcière Ejada y réside, reprend la sirène. Elle réclame les âmes en offrande à son Dieu et son pouvoir est si grand que nul ne peut la vaincre tant que ses deux pieds touchent le sol...

Brusquement, elle se débat et projette de l'eau de mer dans les yeux de Blutz, le forçant à lâcher prise. Aussitôt, elle s'éloigne, ne laissant comme seul souvenir qu'une poignée de cheveux couleur de corail. Rendez-vous au **178**.

160

Installés dans votre canot, vous n'êtes pas fâchés de voir la silhouette sinistre du Larnassos se fondre dans les ténèbres et disparaître. Et vous ne pouvez vous empêcher de repenser au capitaine Mandrigard : trouvera-t-il un jour la paix et parviendra-t-il à se défaire de la malédiction qui pèse sur lui ?

– Il aurait dû y réfléchir à deux fois avant d'offenser un grand prêtre, dit Oakley. Garde donc ta pitié pour nous, nous ne sommes pas encore sortis de l'auberge.

Si vous décidez de partir au sud en direction de l'archipel des Brumes, rendez-vous au **135**. Si vous maintenez votre cap et si vous possédez le mot de passe *Peccant,* rendez-vous au **386**. Si vous n'avez pas le mot de passe, rendez-vous au **349**.

161

Vous jetez un coup d'œil par-dessus votre épaule pour voir la masse titanesque du crabe jaillir des flots, ses pinces fouettant l'air avec frénésie à la recherche des proies humaines qui viennent de lui échapper.

– J'espère qu'il ne voit pas très clair, dit Blutz. De toute manière, ce n'est pas nécessaire avec tout le poisson qui grouille dans ces eaux.

– En attendant, tais-toi un peu, réplique Oakley. Ce monstre n'est peut-être pas sourd.

Vous êtes bientôt hors de danger. Vous pouvez poursuivre vers l'ouest (rendez-vous au **47**) ou remonter au nord, vers l'archipel des Brumes (rendez-vous au **66**).

162

Mortice devient livide de rage et déverse un tombereau d'injures à faire rougir le diable en personne. Il se calme alors et vous fixe en silence, le regard luisant.

– S'il continue, on va piller son radeau, annonce Grimez.

– Bonne idée, approuve Oakley. Je parie qu'il cache un trésor dans sa caisse.

Un silence pesant tombe sur l'assemblée et Mortice se replie sur lui-même comme une bête traquée.

Oakley pose un pied sur le bord de la chaloupe, prêt à bondir sur le radeau.

– Essaie donc ! grogne Mortice. Et je t'arrache la gorge pour la donner aux poissons !

– Il n'a pas l'air de plaisanter, dites-vous. Si on persiste, il va y avoir de la bagarre.

– Une bagarre ? s'étonne Oakley. Ce vieux rogaton tient à peine sur ses cannes !

Tous attendent votre décision. Si vous choisissez de couper l'amarre pour laisser le radeau partir à la dérive, rendez-vous au **276**. Si vous préférez combattre, vous pouvez utiliser :

Le corps à corps	Rendez-vous au **219**
La compétence d'Escrime	Rendez-vous au **238**
La compétence de Tir	Rendez-vous au **257**

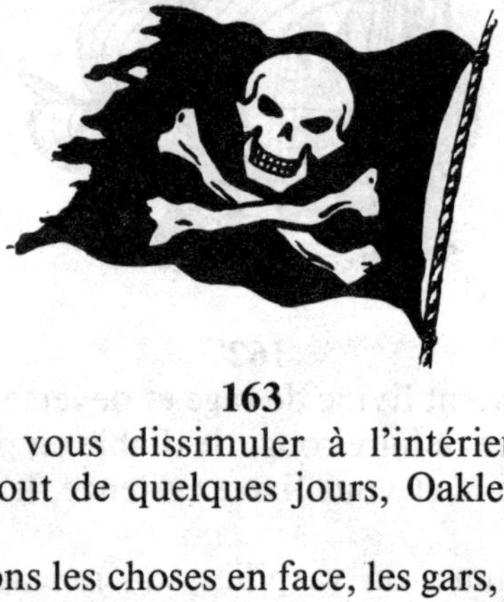

163

Vous allez vous dissimuler à l'intérieur de l'île mais, au bout de quelques jours, Oakley n'y tient plus.

– Regardons les choses en face, les gars, dit-il exaspéré. Nous allons mourir de faim si nous restons ici.

Vous devez admettre qu'il a raison. Dans l'incapacité de chasser, vous devez vous contenter des maigres fruits que vous pouvez trouver. Vous ne

savez pas toujours si ce que vous avalez est vraiment comestible et votre estomac se révulse parfois. Vous perdez 1 POINT DE VIE.
– C'est sans espoir, ajoute Grimez. Il vaudrait mieux affronter Hazgard, au moins aurons-nous droit à une mort décente.
Connaissant les mœurs du pirate, vous en doutez, mais rien n'est pire que de mourir de faim, terré comme une bête. Vous prenez la tête de votre troupe et vous retournez en direction de la plage. Rendez-vous au **87**.

164

A force de fréquenter les tavernes enfumées et les bouges du front de mer, vous finissez par rassembler les éléments d'une histoire à faire dresser les cheveux sur la tête : il semblerait que le dénommé El Draque soit originaire des Carpates. Il aurait rejoint le Nouveau Monde il y a dix ans pour louer ses services comme mercenaire et aurait très rapidement opté pour le métier plus lucratif de pirate. Il est facilement identifiable à ses longues canines et à ses yeux d'un bleu métallique, et son apparence inspire une terreur telle que la plupart des navires se rendent dès qu'il dresse son pavillon noir. Tous ceux que vous avez interrogés s'accordent à dire qu'il dort le jour dans un cercueil à fond de cale, qu'il se nourrit du sang de ses victimes et qu'il est insensible aux blessures. Vous avez aussi appris qu'il s'est fait surprendre par une frégate gloriannique, il y a un mois. Le capitaine de la frégate l'a pendu haut et court sans autre forme de procès et a jeté le corps à la mer. Les autorités satisfaites ont offert une bonne récompense, mais on raconte que la semaine dernière, ledit capitaine a été retrouvé assassiné près des docks, la gorge tranchée d'une oreille à l'autre. Le pire de l'histoire est qu'il n'avait plus une goutte de sang dans le corps... De toute évidence, la carrière d'El Draque n'est pas encore terminée. Après ces récits sur El Draque, vous pouvez décider de quitter Port Leshand. Dans ce cas, rendez-vous au **107**. Mais vous avez peut-être intérêt à y rester encore. Si vous voulez :

Glaner des informations sur Hazgard	Rendez-vous au **278**
Glaner des renseignements sur la visite royale	Rendez-vous au **202**
Acheter certains objets	Rendez-vous au **12**
Faire identifier certains objets	Rendez-vous au **31**
Obtenir une lettre de route (si vous disposez de la compétence de Roublardise)	Rendez-vous au **50**
Obtenir une lettre de route (si vous n'avez pas la compétence de Roublardise)	Rendez-vous au **409**
Rendre visite au capitaine Gâtchick	Rendez-vous au **69**

165

Sélénice, le « paradis des pirates » est le seul endroit des mers Carabe où Hazgard peut se montrer au grand jour et dépenser ouvertement son or. L'île est sous le contrôle des boucaniers, les Frères de la Côte comme ils se nomment eux-mêmes, et toutes leurs familles y sont installées. Contrairement à ce que l'on pourrait croire, Sélénice n'est pas un enfer voué à la crapulerie et au meurtre. Les boucaniers qui arrivent ont eu leur lot de violences et de sévices. Ils cherchent un endroit sûr pour se remplir tranquillement la panse de bière, courir la gueuse et perdre des fortunes aux dés. L'unique loi qui prévale dans l'île est l'interdiction formelle de recourir aux armes. Cela n'empêche pas les rixes : les boucaniers ont le sang chaud et le coup de poing facile, mais tout différend doit se régler à mains nues. Le premier qui sort une arme à Sélénice subit sans tarder la justice expéditive des Frères de la Côte. S'il vous est arrivé, par le passé, de prendre certaines libertés avec la loi, vous appliquez à la lettre celle dictée par les Frères de la Côte. Comme vous passez devant l'auberge du Sac de Nœuds, Oakley avise un colporteur.

– Que dirais-tu de faire quelques emplettes, cap'taine ? dit-il.

– Et que dirais-tu de boire un verre ? répond Blutz en lorgnant du côté de l'auberge.

Si vous décidez :

De héler le colporteur	Rendez-vous au **336**
D'entrer dans l'auberge	Rendez-vous au **355**
D'aller au chantier naval	Rendez-vous au **374**

166

Vous dégainez votre épée et vous foncez sur les trois ruffians en hurlant comme un sauvage. Le savant, terrorisé, court se dissimuler sous une table. Le combat s'engage et la taverne se transforme en champ de bataille quand, soudain, des bras puissants vous soulèvent de terre ! Une troupe disparate vous entoure et un homme à la mine patibulaire s'avance.

– L'usage des armes est interdit à Sélénice. En agissant ainsi, tu contreviens à la loi des Frères de la Côte. Heureusement, nous sommes intervenus avant que personne ne soit blessé.

Votre épée est confisquée (ainsi que votre pistolet si vous en avez un) et tout votre or disparaît en paiement de l'amende. Rayez tout cela de votre *Feuille d'Aventure.* La troupe vous expulse de l'auberge. Rendez-vous au **374**.

167

Le géant prend sa respiration et souffle sur votre embarcation. Aussitôt, une vague gigantesque se forme et vous emporte au loin. Vous voguez pendant des heures, frissonnant dans la tourmente de cette tempête surnaturelle. Finalement, le coquillage échoue sur la plage de Sélénice et disparaît comme l'aube pointe à l'horizon. Vous regardez la mer et le murmure des vagues qui viennent mourir à vos pieds semble vous dicter les secrets de l'océan. Vous les connaissez bien à présent. Si vous n'aviez pas la compétence de navigation, vous pouvez l'acquérir maintenant. Comme vous n'avez droit qu'à quatre compétences, il vous faut en abandonner une, à votre choix, pour faire de la place à la nouvelle.
Vous reprenez le chemin de la ville tout en réfléchissant à vos prochaines actions. Si vous possédez :

Un bateau dans une bouteille et un tire-bouchon	Rendez-vous au **261**
Un titre de propriété remis par le capitaine Gâtchick	Rendez-vous au **318**
Des diamants pour acheter un navire	Rendez-vous au **299**

Faute de tout cela, votre quête est sans espoir et votre aventure se termine ici.

168

Vous accédez à la requête du capitaine et vous demandez à votre équipage de préparer les coffres avant le transbordement. Le butin est bientôt chargé à bord du vaisseau de guerre. Du moins à ce qu'il paraît : les coffres ne contiennent en fait qu'une mince couche de pièces d'or faisant illusion, le reste étant la cargaison de sel que le précédent propriétaire avait laissée dans les cales. Vous plaidez votre cause, tempêtant et allant même jusqu'à soudoyer le capitaine, afin de parfaire votre stratagème. Le vaisseau de guerre s'éloigne bientôt vers Port Leshand et vous mettez aussitôt le cap sur Sélénice, en espérant que votre supercherie ne sera pas découverte tout de suite. Rendez-vous au **16**.

169

C'est une sinistre besogne qui vous attend, mais l'heure n'est plus aux atermoiements : les derniers rayons du couchant dessinent une mince bande écarlate. Vous vous agenouillez près du cercueil et vous plongez le pieu à deux mains dans la poitrine du cadavre. Le corps libère un dernier souffle qui vous glace d'effroi et tombe en poussière. Blutz pousse un cri. Le soleil a disparu et une lueur argentée danse à présent sur les flots. Rendez-vous au **347**.

170

Vous donnez le cerf-volant à un marin en lui demandant de le lancer depuis le poste de vigie.

– Je ne vois pas où tu veux en venir, dit Oakley en regardant l'homme monter dans les haubans.

– Appelons ça une intuition, répondez-vous. Ejada la sorcière ne garderait pas un cerf-volant s'il n'était doté d'un quelconque pouvoir magique. Nous saurons vite de quoi il retourne.

– C'est un pari plutôt risqué, dit Blutz, sans quitter des yeux le *Chien de Lune* qui descend lentement dans le ciel.

Le marin atteint son poste et déroule le cerf-volant qui prend rapidement de l'altitude, porté par des

vents que vous ne pouvez sentir. Plus il monte et plus il semble grandir, jusqu'à former bientôt comme une tache d'encre sur le disque lunaire.
– Les ailes du grand dragon noir se déploient sur le monde, murmure Grimez.
En quelques instants, la lune est masquée et seules les lanternes du vaisseau amiral luisent à travers la couche opaque du brouillard, en réponse aux milliers d'étoiles brillant dans la nuit noire. Rendez-vous au **246**.

171

– Je ne sais pas comment tu as pu échapper à la mort ! grogne Hazgard. Mais cette fois tu ne t'en tireras pas à si bon compte ! Je vais t'arracher la tête et elle trônera en bonne place dans ma cabine. Son sabre dessine un large cercle et s'abat en direction de votre épaule. Vous esquivez de justesse et la lame ouvre une profonde entaille dans la rambarde qui se trouvait derrière vous. Hazgard pousse un hurlement de bête furieuse et repart aussitôt à l'attaque. La rage semble décupler ses forces : la lutte sera farouche. Si vous pratiquez le Tir ou l'Escrime (avec les armes requises), vous perdez 2 POINTS DE VIE. Si vous pratiquez le Combat à mains nues, vous perdez 3 POINTS DE VIE. Si vous n'avez aucune compétence de combat, vous perdez 5 POINTS DE VIE. Si vous survivez à la bataille, rendez-vous au **361**.

172

Les autres vous attendent sur le pont et vous pouvez distinguer leurs silhouettes sous les pâles rayons de la lune : Grimez, long et décharné, Oakley, grand et costaud, et Blutz, petit et grassouillet. La chaloupe pend déjà au-dessus du vide et vous activez la manœuvre pour la mettre à l'eau, silencieux comme des voleurs préparant un coup nocturne. Le son aigre d'une bombarde accompagnant des chants repris en chœur montent des chambrées en contrebas. Vous vous laissez glisser le long des filins et, prenant appui contre la coque, vous éloignez la chaloupe du vaisseau. Vous ramez en silence et la silhouette massive de la *Belle Dame* s'éloigne peu à peu. Le ciel est étoilé et vous avancez sur une mer étale scintillant sous la lune. Le vent est tombé et seul le clapotis des rames fendant l'eau vient troubler le silence nocturne. Si vous avez la compétence de :

Navigation (ou des cartes marines)	Rendez-vous au **381**
Protection magique	Rendez-vous au **399**
Sortilèges	Rendez-vous au **416**
Si vous n'avez aucune d'elles	Rendez-vous au **289**

173

Vous échouez votre chaloupe sur une petite plage de sable blanc surplombée par une haute falaise

abrupte. Au sommet de la falaise, vous distinguez nettement les longues feuilles vertes des cocotiers.
– Nous sommes sauvés ! s'écrie Blutz en esquissant quelques pas de danse. Nous allons manger les noix de coco et même boire leur lait si nous ne trouvons pas d'eau potable !
– Tu sembles oublier un léger détail, intervient Oakley en considérant le flanc de la falaise d'un air circonspect. Qui donc va grimper là-haut ? Vous, monsieur Blutz ?
Si vous possédez l'agilité et si vous désirez escalader seul la falaise, rendez-vous au **192**. Sinon, vous pouvez choisir de :

Chercher un moyen d'escalader la falaise	Rendez-vous au **211**
Chercher de la nourriture sur la plage	Rendez-vous au **230**
Repartir vers l'île suivante	Rendez-vous au **116**

174

Vous abordez dans une petite crique et vous amarrez votre chaloupe à un rocher avant d'escalader un promontoire recouvert de mousse. Presque immédiatement, vous pénétrez dans une jungle luxuriante, grouillante de vie. Des fruits et des fleurs vous entourent et vous n'avez qu'à tendre la main pour les cueillir. Des perroquets au plumage multicolore vous observent depuis la cime des arbres et penchent la tête sur le côté, d'un air comique. Vous n'avez aucune difficulté à rassembler des vivres et à trouver de l'eau douce. Notez sur votre *Feuille d'Aventure* que vous possédez l'équivalent de 2 rations de vivres, chacune comptant pour un objet. Si, par la suite, le texte vous demande de vous restaurer, il vous suffira de rayer une des rations. Si vous disposez de Sortilèges, et si vous avez provoqué une tempête pour protéger votre évasion, rendez-vous au **250**. Sinon, rendez-vous au **269**.

175

Vous souffrez de vertiges et vous tremblez de tous vos membres. Vous vous tournez vers Oakley pour lui adresser un sourire las.

– Mon pauvre ami, murmurez-vous, tu as l'air d'avoir subi la Grande Cale !

Il hoche la tête et se traîne à vos côtés.

– Tu n'es pas en meilleur état, moussaillon, réplique-t-il. Nous n'en avons plus pour longtemps, je crois.

Vous regardez vers l'ouest, l'air désespéré. Vous perdez à nouveau 2 POINTS DE VIE (1 POINT DE VIE seulement si vous connaissez la Navigation). Rendez-vous au **156**.

176

Vous ramassez discrètement quelques petits cailloux et vous les jetez au loin dans la jungle. Le piège est vieux comme le monde mais il fonctionne toujours, et Ejada, croyant que vous cherchez à vous enfuir, lance ses sortilèges en direction du bruit. Pendant ce temps, vous vous faufilez à l'intérieur du temple et, après quelques tâtonnements, vous découvrez un coffre. Il contient un diamant de bonne taille et un éventail noir. Notez-les sur votre *Feuille d'Aventure* si vous désirez les conserver. Quand vous ressortez, Ejada s'emploie à déboiser la jungle à coups de sortilèges explosifs tout en pestant contre vous.

– Sors de ta cachette si tu es un homme et viens te battre ! hurle-t-elle. Cette obscurité ne durera pas éternellement !

En cela, elle a raison. Vous prenez vos compagnons par la main et vous les guidez jusqu'à la plage. Rendez-vous au **195**.

177

Vous faites le point de la situation et elle n'a rien de réjouissant.
– Il nous reste encore deux cents milles à parcourir, sans escale, dites-vous. Cela prendra au moins dix jours.
Oakley s'inquiète de l'état de la chaloupe, mise à mal par la canicule et les tempêtes.
– Dix jours ? reprend-il en levant les sourcils. Je ne sais pas si elle tiendra ce délai.
– Nous devrions peut-être virer au sud, suggère Blutz. Et rejoindre les routes marchandes. C'est bien le diable si nous ne rencontrons pas un vaisseau allié.
Si vous faites cap au sud, rendez-vous au **367**. Si vous continuez vers l'ouest, rendez-vous au **404**, et si en plus vous avez le mot de passe *Peccant*, rendez-vous au **386**.

178

Vous la voyez s'enfuir dans un sillon d'écume et sa longue chevelure mauve disparaît bientôt sous les eaux. Le grondement du tonnerre retentit au loin et des éclairs aveuglants déchirent la masse sombre du ciel. Grimez se tourne vers l'ouest.
– Un orage se prépare droit devant, dit-il. Paré pour la douche...
– Mettons cap au sud ! s'écrie Blutz d'un air exaspéré. Les orages y sont rares et nous pourrons trouver des vivres dans les îles. Certaines sont habitées.
– Ouais, grogne Oakley, par des cannibales. Si tu veux finir en ragoût...

Si vous ordonnez de faire cap au sud, rendez-vous au **135**. Si vous préférez poursuivre vers l'ouest, rendez-vous au **235**.

179

Tuer un homme dans son sommeil ne requiert pas de talents particuliers, sinon une bonne dose d'ignominie. Le sang de Mandrigard se déploie en une mare écarlate sur son trésor et vous échangez un regard à la lueur glauque de la lanterne. Vous n'étiez jusqu'alors que de joyeux forbans, toujours en quête de richesses et d'émotions fortes, vous voici devenus des assassins de la pire espèce. Sans oser regarder les autres, chacun remplit ses poches d'or et de pierres précieuses (ajoutez 10 000 doublons d'or sur votre *Feuille d'Aventure*) avant de quitter cette scène de boucherie et de remonter sur le pont. L'angoisse vous étreint quand vous prenez pleinement conscience de l'atrocité de votre acte. Oakley partage votre remord. Soudain, il s'écrie à la face du ciel :
– Si seulement je pouvais laver mes mains du sang de Mandrigard et oublier cette scène atroce !
– Inutile, grogne Grimez, le mal est fait. Rien ne sera plus jamais comme avant.
Notez le mot de passe *En Instance* sur votre *Feuille d'Aventure*. Il faut songer à quitter le navire. Si vous bénéficiez d'une Protection magique, rendez-vous au **236**. Si vous désirez employer un objet magique, rendez-vous au **255**. Si vous ne possédez ni Protection ni objet magique, rendez-vous au **388**.

180

Le crabe géant s'enfonce dans les profondeurs de l'océan à la vitesse d'une pierre et vous entraîne à sa suite. Heureusement, vous avez eu la présence d'esprit d'aspirer une profonde bouffée d'air avant de sombrer et, prenant appui sur la carapace du monstre pour vous propulser, vous luttez pour remonter vers le dôme scintillant qui marque la surface de l'eau. Les flots déplacés par la descente du monstre menacent de vous happer à tout instant. Les poumons en feu, vous vous débattez contre l'élément liquide, et finalement vous jaillissez à la surface dans un cri libérateur. Toussant et crachant, vous avez à peine conscience des bras secourables qui vous hissent à l'intérieur de la chaloupe.

– Hardi les gars ! hurle Oakley. Souquons ferme avant que cette satanée bestiole ne remonte.

Rendez-vous au **161**.

181

Vous vous réveillez le matin suivant pour découvrir que Mortice et son radeau se sont volatilisés. Vous secouez vos compagnons pour leur faire part de la nouvelle.

– Eh bien, bon vent et que le diable l'emporte, grogne Oakley.

– Il était pour le moins étrange, je ne le regretterai pas, ajoute Grimez.

– Mais je regretterai ses vivres, rétorque Blutz. Nous voici revenus au point de départ...

Rendez-vous au **332**.

182

Hazgard et ses hommes ne sont pas du genre à se laisser prendre par surprise. Ils se déploient autour de vous, un rictus de prédateur au coin des lèvres. Le fracas des armes et les détonations des mousquets couvrent le murmure feutré de la jungle toute proche et, bientôt, l'odeur âcre de la poudre se mêle à l'écœurant parfum du sang. L'ennemi est supérieur en nombre et, de votre côté, la bataille devient désespérée. Si vous pratiquez à la fois le Tir et l'Escrime (à condition de posséder les armes nécessaires), il vous reste peut-être une chance de sortir victorieux de ce combat. Vous perdez malgré tout 5 POINTS DE VIE. Si vous survivez, vous pouvez poursuivre la lutte (rendez-vous au **220**) ou déposer les armes (rendez-vous au **201**). En revanche si vous n'avez pas ces deux compétences, rien ne peut empêcher Hazgard et ses hommes de se livrer à un odieux massacre. Votre aventure est terminée.

183

– El Draque ? murmure un vieux loup de mer attablé près de vous. Tu ne connais pas la nouvelle ? Pendu haut et court à la grand-vergue, il y a un mois et après, hop ! Par-dessus bord ! Et tu ne sais pas la meilleure ? Il aurait fait trois fois le tour du navire avant de couler !

– Qu'est-ce que tu bois, là ? demande Grimez en haussant un sourcil.

– Tu offres la tournée, garcon ? C'est gentil.

– Non ! Tu devrais arrêter avant de voir des éléphants nager dans ton verre.

Vous quittez la taverne et Grimez explose.

– J'en ai assez de ces pochards et de leurs sornettes ! Nous perdons notre temps et Hazgard court toujours !

Rendez-vous au **392**.

184

Notez le nom de votre navire sur votre *Feuille d'Aventure* (il ne compte pas comme un objet, puisque vous n'aurez pas à le transporter !) A côté

de son nom, inscrivez le nombre d'étoiles qui lui correspond :
L'Échalote *
Le Hunier Frémissant * *
La Rançon Royale ou *La Reine des Fées* * * *
Le Météore ou *l'Ocatavius* * * * *
La Providence ou *la Calypso* * * * * *
Rendez-vous ensuite au **320**.

185

Une des brutes ricane avec assurance.
– Tu n'oseras pas, dit-il en regardant votre pistolet. Tu risques la pendaison pour avoir fait usage d'une arme lors d'une querelle.
– Peut-être bien, répondez-vous en haussant les épaules. A condition que je sois pris. Mais une chose est sûre : tu se seras plus là quand on me passera la corde au cou.
La brute vous toise, une lueur incertaine dans les yeux.
– Tu n'oseras pas, reprend-il. Mes amis te tailleront en pièces.
Vous levez le pistolet et vous visez son front.
– Ce sera une bien piètre consolation quand ton cerveau aura tapissé la pièce.
La brute pousse un grognement et entraîne ses compagnons vers la sortie. Vous glissez aussitôt votre arme sous votre chemise, afin que personne ne vous voie avec. Rendez-vous au **223**.

186

Vous engagez un petit équipage et prenez aussitôt la mer. Des vents constants vous permettent de filer bonne allure et vous atteignez l'île en moins de quinze jours. Comme vous longez la côte en quête

d'un mouillage, Blutz repère une baie abritée sur une presqu'île joignable à marée basse. Vous mouillez l'ancre et vous débarquez sur l'îlot, armés de pelles et de pioches. Après une brève exploration, vous découvrez bientôt un monticule signalé par une paire de tibias croisés.
– Nous allons creuser ici, dites-vous.
Vous travaillez tout l'après-midi, sous un soleil de plomb et, au moment où le crépuscule embrase le ciel, la pioche de Blutz résonne sur un objet en bois.
– J'ai découvert quelque chose ! s'exclame-t-il.
– Moi aussi ! dit Grimez, quelques secondes plus tard.
Déblayant à mains nues ce qui reste de terre, vous mettez au jour une douzaine de longues caisses.
– Sacré butin ! vous exclamez-vous. Vite, ouvrez-en une que l'on admire le trésor d'El Draque !
Grimez fait sauter un couvercle d'un coup de pelle et aussitôt une odeur âcre vous prend à la gorge. Un cadavre est allongé dans la caisse, reposant sur un lit de lingots d'argent. Ses yeux vides fixent le ciel et il ne présente aucun signe de décomposition. Une inscription est tatouée sur la peau cireuse de sa poitrine nue : « La peur est mortelle. »
– Par tous les dieux, qu'est-ce que ça veut dire ? s'exclame Oakley.
– Le soleil ne va plus tarder à se coucher, dit Blutz en vous empoignant par le bras. Pour l'amour du ciel, oublions le trésor et levons l'ancre tant que nous le pouvons encore !
Si vous décidez :

D'ouvrir les autres caisses Rendez-vous au **78**
D'attendre la tombée de la nuit Rendez-vous au **347**
De lever l'ancre Rendez-vous au **413**

187

Le capitaine et sa troupe attendent votre décision en silence, tels des oiseaux de proie prêts à fondre. Vous sentez bien que dans votre camp, Oakley et votre équipage guettent votre signal pour faire le coup de poing. Mais vous avez donné votre parole, et le bon sens veut que vous accédiez à la requête du capitaine.

– Fort bien, dit-il. Demandez à vos hommes de charger le butin à bord du vaisseau.

En voyant s'envoler vos richesses, vous laissez éclater votre ressentiment.

– Vous auriez sans doute préféré que nous refusions, lancez-vous. Je suis sûr que vous adorez tuer des pirates.

Le capitaine hausse les épaules d'un air indifférent.

– J'ai pour fonction de chasser les pirates, répond-il. Mais vous n'êtes en rien concernés. N'êtes-vous pas de loyaux corsaires au service de Sa Majesté la reine ?

A ces mots, il retourne à son bord et vous laisse ruminer votre rancœur.

– Quels sont les ordres, cap'taine ? demande Grimez.

– Cap sur Sélénice, grognez-vous. Et vite, tant qu'il nous reste encore quelques doublons.

Rendez-vous au **301**.

188

C'est une sinistre besogne qui vous attend, mais l'heure n'est plus aux atermoiements : les derniers rayons du couchant dessinent une mince bande écarlate. Vous vous agenouillez près du cercueil et vous plongez le pieu à deux mains dans la poitrine du cadavre. Le corps libère un dernier souffle qui vous glace d'effroi et tombe en poussière. Blutz pousse un cri. Le soleil a disparu et une lueur argentée danse à présent sur les flots. Rendez-vous au **347**.

189

Vous sortez votre montre et vous lisez l'heure. Le verre a éclaté quand elle a détourné la balle d'Hazgard, mais elle fonctionne encore.

– Minuit, dites-vous d'un air satisfait en refermant le boitier.

Soudain une clameur effrayée circule parmi votre équipage et certains marins tombent à genoux. Tous regardent le ciel où un croissant noir ronge la surface de la lune.

– C'est le jugement dernier ! s'écrie le timonier. D'abord un ouragan hors saison, ensuite le brouillard, puis des bateaux volants et maintenant un dragon qui dévore la lune !

Les plaintes et les gémissements reprennent de plus belle.

– Allez debout ! criez-vous, et cessez de gémir comme des vieilles femmes ! Vous n'avez donc jamais vu une éclipse de lune ?

Rendez-vous au **246**.

190

Toute la science guerrière des anciens spartiates investit votre esprit. En plus de vos compétences, vous acquérez de ce fait celles de Combat à mains nues et d'Escrime si vous ne les possédiez pas. (N'oubliez pas qu'il faut une épée pour pratiquer l'escrime.) Vous sentez confusément que les effets ne sont que temporaires mais ils devraient durer assez longtemps pour que vous puissiez assouvir votre vengeance. Rendez-vous au **209**.

191

Vous vous retrouvez nez à nez avec le timonier, qui marque un temps d'arrêt en vous apercevant. Les simples marins comme vous n'ont pas accès à cette partie du navire.
– Qu'est-ce que tu fais là ? aboie-t-il.
Si vous désirez l'attaquer avant qu'il ne donne l'alarme, vous pouvez utiliser, selon vos compétences :

L'Escrime	Rendez-vous au **286**
Le Combat à mains nues	Rendez-vous au **248**
L'Astuce	Rendez-vous au **305**

Si vous ne disposez d'aucune de ces compétences, vous ne pouvez empêcher le timonier de donner l'alerte. Aussitôt, les pirates sortent de la cabine du capitaine et vous empoignent pour vous jeter aux fers. Votre aventure se termine avant même d'avoir commencé.

192

Vous escaladez la falaise avec l'agilité d'un singe sous le regard ébahi de vos compagnons, et vous leur lancez assez de noix de coco pour vous nourrir pendant plusieurs jours. Vous redescendez sur la plage, acclamé par vos compagnons.
– Bien joué ! s'exclame Oakley en vous tapotant l'épaule.
Cependant, malgré le sourire qu'il arbore, vous sentez qu'il jette des regards inquiets sur les alentours.
– Je suggère d'entasser tout cela dans la chaloupe et de filer au plus vite, dit-il soudain. Je ne tiens pas à faire la connaissance des sauvages locaux.
Notez sur votre *Feuille d'Aventure* que vous possédez deux noix de coco équivalant à deux rations de

vivres. Si par la suite le texte vous demande de consommer une ration, il vous suffira de la rayer de la liste de vos possessions. A présent, allez-vous quitter l'île et repartir vers l'ouest, comme le suggère Oakley (rendez-vous au **116**) ou bien allez-vous explorer les environs (rendez-vous au **211**) ?

193

– C'est faux, dites-vous à Blutz. Regarde les palmiers. Ils couvrent la majeure partie de l'île. S'il y avait eu des éruptions importantes ces derniers temps, la végétation n'aurait pas eu le temps de repousser.
– Quoi qu'il en soit, mieux vaut ne pas s'attarder ici, intervient Grimez. Cette bouche de feu me fait l'effet des forges de Satan.
Si vous abordez sur l'île, rendez-vous au **174**. Si vous préférez poursuivre vers l'ouest, en direction de la prochaine île, rendez-vous au **135**.

194

La jungle semble inextricable, mais vous rejoignez la tour très rapidement en suivant une allée pavée. Vous débouchez bientôt sur un espace d'herbe tendre où se dresse un palais de marbre blanc surmonté d'une haute tour. Vous vous approchez avec prudence et Oakley ne peut s'empêcher de toucher le bas-relief qui orne les murs de l'entrée. Les scènes représentent une sorte de déesse jetant ses ennemis dans des fosses infernales où il ne fait pas bon vivre.
– Je me demande qui a apporté cette pierre ici, s'étonne Oakley. C'est trop évolué pour les indigènes.

– Tu as raison, dit soudain une voix féminine. Je l'ai apportée ici par magie.
Rendez-vous au **251**.

195

Il semblerait que les efforts prodigués par la sorcière aient affaibli le maléfice qui pesait sur votre chaloupe, à moins que l'urgence ne vous confère une force herculéenne. Toujours est-il que vous parvenez à déterrer votre embarcation. Sans perdre une seule seconde, vous la mettez à l'eau et vous quittez l'île en battant des records de vitesse.
Rendez-vous au **137**.

196

Une détonation retentit et un homme tombe, mort, sur le sable. C'est un acte brutal et définitif, une scène qui s'est maintes fois jouée et, hélas, se rejouera encore. Comme toujours, les spectateurs du drame restent un instant pétrifiés, comme s'ils attendaient que la mort ait terminé sa sinistre besogne. Les indigènes ne sont pas épouvantés par votre capacité de tuer à distance : ce n'est pas la première fois qu'ils sont pris pour cible et ils savent que cela n'a rien d'un prodige. Un cri de rage monte de la tribu et une pierre heurte votre bras, vous obligeant à lâcher votre arme. Les indigènes vous regardent et la haine qui les anime est presque palpable. Si vous prenez la fuite, vous devez abandonner votre pistolet sur place. Dans ce cas, rayez-le de votre *Feuille d'Aventure* et rendez-vous au **177**. Si vous préférez combattre, rendez-vous au **215**.

197

Guidé par la sirène, vous quittez progressivement les eaux froides qui vous avaient baignés jusqu'alors et vous voguez bientôt sous des cieux plus cléments. Pourtant, la brise tiède ne soulage en rien la faim atroce qui vous tenaille et vous fait perdre 2 POINTS DE VIE. Si vous avez embarqué le ouistiti, vous pouvez le sacrifier sur l'autel de la nécessité et sa chair crue ne vous fera perdre aucun POINT DE VIE. Rayez-le, dans ce cas, de votre *Feuille d'Aventure*. Bientôt, vous repérez au loin une couronne de nuages, puis une mince ligne vert tendre affleurant l'horizon.

– C'est l'île des Crânes Rouges, annonce la sirène. Vous y trouverez eau et nourriture... A condition de respecter ces lois de propriété qui ont cours à la surface.

La sirène vous adresse un clin d'œil qui ne fait que semer le doute dans votre esprit avant de disparaître dans une gerbe d'écume au plus profond des eaux turquoise. Rendez-vous au **173**.

198

Vous demeurez indécis devant un tel étalage de richesses. Les pierres précieuses et des doublons en pagaille pourraient vous donner les moyens d'armer un navire et vous pourriez ainsi prendre en chasse cette fripouille d'Hazgard. D'un autre côté, vous n'avez pas manqué de remarquer certains objets qui, hormis leur valeur marchande, sont dotés d'indéniables pouvoirs surnaturels. Mandrigard grogne et s'étire dans son sommeil. Il risque à tout instant de se réveiller. Si vous vous emparez des richesses, rendez-vous au **274**. Si vous concentrez votre choix sur des objets magiques, rendez-vous au **293**.

199

– Hé ! capitaine ! Tu m'entends ?
Le visage de Blutz apparaît, comme surgi d'un nuage. Votre première pensée est de vous demander ce qu'il peut bien faire sous l'eau. Vous vous redressez et, dans un spasme, vous rejetez l'eau emmagasinée dans vos poumons.
– Nous pensions t'avoir perdu ! s'exclame Oakley, émerveillé. Tu as disparu en même temps que le crabe et puis, plus rien. Il y a bien une heure de cela. Et voilà que d'un seul coup, tu remontes à la surface.
– C'est un miracle si tu n'es pas mort, ajoute Grimez.
Vous reprenez peu à peu vos esprits et vous remarquez que vous serrez votre amulette à en avoir les doigts blanchis. C'est d'ailleurs la seule possession qui vous reste, les autres gisent à présent au fond de l'océan (rayez l'ensemble de vos possessions de votre *Feuille d'Aventure*). Vous n'avez plus aucun souvenir des événements, mais vous avez certaine-

ment activé un charme pour empêcher la noyade peu avant de perdre conscience. Grimez a raison cependant : c'est un miracle que le courant vous ait remonté à proximité de la chaloupe. Le crabe géant a disparu depuis bien longtemps mais mieux vaut ne pas s'attarder dans les environs. Allez-vous poursuivre vers l'ouest (rendez-vous au **47**) ou bien allez-vous remonter vers le nord, vers l'archipel des Brumes (rendez-vous au **66**) ?

200

Vous perdez 4 POINTS DE VIE. Si vous êtes encore vivant, vous vous réveillez peu à peu et le soleil se charge de vous réchauffer. Vous ouvrez brusquement les yeux. L'aube est levée depuis longtemps et le soleil est à son zénith. Vous vous étirez en bâillant, nauséeux et curieusement affaibli. Vos compagnons, eux non plus, ne sont pas en forme : leurs yeux sont injectés de sang et ils sont livides comme des cadavres. Il semblerait que vous ayez tous subi les effets d'une drogue.

– Quelque chose m'a mordu au cou, grogne Oakley en touchant la plaie et en regardant ses doigts maculés de sang.

– Moi aussi, dit Blutz.

Vous avez tous les mêmes marques au cou : deux trous profonds et sanguinolants et cela ne ressemble en rien à des piqûres de moustique ! Vous remarquez aussi que votre mystérieux naufragé et son radeau se sont volatilisés. Rendez-vous au **332**.

201

Les pirates vous ligotent les poignets.

– Qu'on les emmène à bord, ordonne Hazgard. Je vais profiter que nous sommes ici pour prendre du ravitaillement.

Vous êtes jetés sans ménagement dans la chaloupe, sous la surveillance de Curshaw, le prévôt, et de Porbuck, le second. Hazgard et le reste de l'expédition sont demeurés sur la plage. La chaloupe s'éloigne en direction de la *Belle Dame.* Si vous pouvez – et si vous voulez – utiliser vos compétences :

D'Astuce	Rendez-vous au **372**
De Roublardise	Rendez-vous au **391**
De Combat à mains nues	Rendez-vous au **408**

Si vous ne disposez d'aucune de ces compétences, rendez-vous au **240**.

202

La reine Titiana doit visiter la plupart des comptoirs glorianniques du Nouveau Monde et terminer son voyage par le port de Stamboula, où elle résidera pendant la saison des pluies. En raison de la guerre avec Sidonia les mesures de sécurité qui entourent la reine ont été renforcées. Elle sera accompagnée de Mirabilis, son Sorcier et conseiller privé, et voyagera à bord du vaisseau royal *La Rose* sous escorte de douze navires de guerre commandés par l'amiral Calidor.

– Une telle flottille est une citadelle imprenable... Vous seriez tenté de le croire, pourtant vous êtes sûr qu'Hazgard a des atouts cachés dans sa manche. Si vous voulez connaître les derniers faits et gestes d'Hazgard, rendez-vous au **278**. Si vous êtes plus intéressé par les rumeurs concernant le célèbre pirate El Draque, rendez-vous au **164**.

203

Le requin et le dauphin s'éloignent lentement et l'attelage disparaît dans les eaux argentées. Le

disque lunaire scintille à l'horizon. Une brise s'est levée, qui dessine des moutons blancs à la surface des flots.
– C'eut été une folie de s'aventurer au royaume de Neptune, déclare Oakley d'une voix convaincue. Essayons plutôt de nous procurer un bateau par des voies plus habituelles.
Vous retournez à Sélénice pour y passer la nuit. Si vous possédez :

Un bateau dans une bouteille et un tire-bouchon	Rendez-vous au **261**
Un titre de propriété remis par le capitaine Gâtchick	Rendez-vous au **318**
Des diamants pour acheter un navire	Rendez-vous au **299**

Faute de tout cela, votre quête est sans espoir et votre aventure se termine ici.

204

Vos compagnons et vous-même ne faites qu'une bouchée des trois ruffians. Vous perdez 1 POINT DE VIE, sauf si vous pratiquez le Combat à mains nues. Si vous survivez, vous retirez les besicles du nez du ruffian pour les remettre à leur propriétaire. Rendez-vous au **223**.

205

Le port est si vaste que ses limites se perdent dans le lointain. Le coquillage avance lentement entre la multitude de navires ancrés.
– Que dirais-tu de celui-là ? suggère Blutz en désignant un navire gigantesque. On pourrait y transporter toute une ménagerie.
– Trop imposant, tranchez-vous.

Vous passez bientôt devant un fier vaisseau de cinquante canons.
– En voila un taillé pour des héros, dit Grimez. Admire son allure et la proue en forme de bouche.
– Joli bâtiment, pour sûr, dites-vous, mais regarde le beaupré et le mât d'artimon, ils sont rongés aux vers. Au moindre grain, la voilure s'écroule...
– Que dirais-tu de celui-là ? demande Oakley.
– Non, il est en fer et où ont-il mis les mâts ? Allons-voir plus loin.
– Ne cherchez plus, le voilà, s'exclame soudain Blutz.
Vous avisez un superbe trois-mâts, entièrement peint en noir, exception faite de la proue, laquée de bleu. La figure de proue est une sirène portant un casque ailé et brandissant un étendard. Vous hochez la tête en découvrant le nom peint en lettres d'or.
– Allons, les gars, tout le monde à bord de la *Calypso* !
Vous hissez les voiles et vous quittez le port sous le regard attentif du géant.
– Prenez garde à ne pas provoquer ma colère comme son précédent propriétaire ! lance-t-il, tandis que vous vous éloignez.
Vous n'avez pas la moindre idée de ce qu'il a voulu dire mais qu'importe, vous possédez maintenant votre navire et il fend les flots avec grâce. Vous vous tenez au gouvernail, souriant à la bise qui gonfle la voilure. L'aube pointe à l'horizon comme vous arrivez en vue de Port Sélénice. Rendez-vous au **184**.

206

Votre appel aux armes est aussitôt entendu par le sergent de la marine royale qui vous assène un coup

de crosse avant de décharger son pistolet en direction de Grimez. En l'espace de quelques secondes, une frénésie meurtrière s'empare de votre navire. La marine royale combat avec courage et discipline, mais votre bande de ruffians lutte pour sa vie. S'ils gagnent, ils conservent le butin et, s'ils perdent, ils auront droit à un collier de chanvre autour du cou. Vous perdez 2 POINTS DE VIE si vous pratiquez le Tir ou l'Escrime (avec les armes requises), 4 POINTS DE VIE si vous pratiquez le Combat à mains nues et 8 POINTS DE VIE si vous ne possédez aucune compétence de combat. Si vous êtes encore de ce monde pour assister à la victoire de vos troupes, rendez-vous au **225**.

207

Votre quête obsessionnelle de l'iceberg vous entraîne loin des routes connues. Les premiers temps, l'équipage, confiant dans votre réputation de marin, se garde bien de rechigner, mais les jours se succèdent sans jamais croiser la moindre terre ni le moindre navire et l'humeur des hommes se modifie. Cela commence par de simples grognements lorsqu'ils mordent dans une pomme pourrie ou bien des visages qui se ferment quand les ordres sont donnés. Oakley, Grimez et Blutz font leur possible pour maintenir la discipline, mais bientôt l'eau se fait rare et la révolte gronde. Si vous poursuivez vos recherches en dépit de la menace de mutinerie, rendez-vous au **93**. Si vous décidez de retourner à Sélénice, rendez-vous au **396**.

208

L'absence de vent vous empêche d'atteindre la chape de brume avant le *Chien de Lune*. Vous assistez, impuissant, à sa lente progression jusqu'à ce qu'il s'immobilise au-dessus du brouillard, ses voiles magiques scintillant sous la lune. Des filins sont lancés par-dessus le bastingage et vous distinguez des silhouettes furtives glissant vers la brume telles des araignées fondant sur une proie.
– C'est le calme plat ! enragez-vous. Je donnerais la moitié de ma vie pour un souffle de vent !
Le brouillard vous emprisonne à son tour.
– Il faut mettre en panne, prévient Grimez. On risque d'éperonner *La Rose* dans cette purée de pois !
Vous êtes bien forcé d'accepter. De longues minutes s'écoulent et, par instants, des éclats de voix s'élèvent de l'écran opaque qui vous entoure : « La reine ! Ils ont la reine ! Où est leur navire ? »

Soudain, le brouillard se dissipe aussi vite qu'il était apparu. L'imposante masse du vaisseau amiral est à quelques encablures de votre navire et vous pouvez voir des mouvements frénétiques sur le pont. En levant les yeux, vous distinguez la silhouette du *Chien de Lune* qui se découpe sur le disque lunaire et disparaît derrière un nuage. Des canots remplis de soldats en armes quittent *La Rose* et grimpent à votre bord sans même vous demander l'autorisation. Bientôt, une trentaine de mousquets vous entourent.
– Que veut dire tout ceci ? protestez-vous. Nous sommes venus sauver la reine !
L'amiral Calidor pose sur vous un regard chargé de haine contenue.
– Tes complices ont enlevé la reine, gronde-t-il. Tu vas me dire où ils l'ont emmenée !
– Je n'en sais rien ! hurlez-vous en retour. Je ne suis pas leur complice. Nous sommes de votre côté !
Calidor tourne la tête en grognant et ordonne que l'on vous conduise à bord de *La Rose*.
– Cette racaille ne veut rien entendre, lance-t-il au sergent de la garde marine. Ils ne parleront que sous la torture.
De longues heures de supplice vous attendent dans les entrailles de *La Rose* et votre mort sera d'autant plus amère que vous paierez pour les crimes de votre pire ennemi... Votre aventure est terminée.

209

L'ouragan a provoqué de sérieux dommages dans la mâture et le pont désert est jonché de débris. Un silence de fin du monde plane sur les lieux et les rubans de brume qui se déroulent lentement sur ce décor dévasté donnent à *La Rose* des allures de vaisseau fantôme.

– Qu'est-il arrivé à l'équipage ? murmure Blutz, impressionné par l'ambiance qui règne sur le navire. Où sont les troupes royales ?
– L'ouragan les aura épuisés, murmurez-vous en retour. Ils devraient pourtant se montrer plus vigilants...
Soudain, l'extrémité d'une corde tombe avec un bruit mat sur le pont. Vous levez les yeux sur une masse sombre suspendue au-dessus du navire royal et baignant dans une lumière argentée : le *Chien de Lune.*
Si vous êtes doué d'Agilité et si vous désirez grimper à la corde vers le *Chien de Lune*, rendez-vous au **228**. Si vous avez de l'Astuce et si vous désirez élaborer un piège, rendez-vous au **247**. Sans ces compétences, vous devez attendre sur le pont l'apparition de vos ennemis (rendez-vous au **266**).

210

Empoignant votre amulette, vous murmurez entre les dents une formule de chance en espérant de toutes vos forces qu'elle vous tirera d'embarras. A l'instant où il allait pénétrer dans la pièce, le timonier pousse un juron et s'exclame :
– Ma pipe, bon sang de bois ! Je l'ai encore oubliée dans la cambuse.
Le personnage fait demi-tour et le bruit de pas s'éloigne bientôt dans la coursive. Vous poussez un profond soupir ; il s'en est fallu d'un cheveu que vous ne soyez découvert ! Une fouille rapide de la cabine vous procure les objets nécessaires à votre fuite : une trousse à outils, un portefeuille de cartes maritimes et un crucifix. Ce dernier vous arrache un sourire mauvais ; toutes les croix du monde ne pourraient suffire à sauver les âmes de cette bande de gueux ! Notez les articles de votre choix sur

votre *Feuille d'Aventure*. Vous alliez quitter la cabine quand un cri perçant retentit dans la pénombre et un poids s'abat sur votre épaule. La frayeur manque vous faire défaillir et vous avez cru un instant que votre cœur allait jaillir de votre poitrine ! Mais il ne s'agit que de Maître Jacasse, le ouistiti, mascotte de l'équipage. Le petit animal semble bien décidé à vous accompagner ; il doit en avoir assez que les pirates l'enivrent au rhum ou bien cherchent à lui faire fumer la pipe. Peut-être vous apportera-t-il la chance nécessaire à votre fuite. D'un autre côté, ce sera une bouche de plus à nourrir et s'il se décide à brailler comme à l'accoutumée, il risque de réveiller tout le navire. Notez Maître Jacasse, la mascotte du bord, sur votre *Feuille d'Aventure*, si vous le gardez. Vous remontez vers le pont d'un pas rapide. Vous avez perdu assez de temps et vos compagnons doivent être morts d'inquiétude. Rendez-vous au **172**.

211

A quelque distance du rivage, vous découvrez une échelle de lianes suspendue à la paroi.

– C'est une construction de sauvages, annonce Oakley, comme si personne ne l'avait remarqué. Je suis d'avis de retourner à bord et de partir au plus vite.

Vous savez par expérience que toutes les tribus ne sont pas hostiles aux étrangers. Tout dépend bien sûr de la manière dont les précédents visiteurs se sont comportés avec elles. D'un autre côté, certaines peuplades sont très agressives et pratiquent le cannibalisme. Celles-ci ne verront en vous qu'une bonne quantité de nourriture sur pied. Si vous décidez d'escalader l'échelle de corde, rendez-vous au **249**. Si vous préférez reprendre votre chaloupe et repartir vers l'île suivante, rendez-vous au **116**.

212

L'île de Grimoire est un véritable paradis, bordé de plages de sable blanc. Les palmiers se balancent doucement sous une brise légère et des oiseaux multicolores volettent en toute liberté.
– C'est presque trop parfait, dit Grimez. Tout cela n'est pas naturel.
– On dirait que c'est entretenu, ajoute Blutz. Comme une sorte de jardin.
– Le jardin d'un démon, grogne Oakley. S'il faut en croire les indigènes.
Vous partagez leurs sentiments, à la fois émerveillé et mal à l'aise. Si vous abordez l'île, rendez-vous au **118**. Si vous préférez pousser vers la suivante, rendez-vous au **137**.

213

Blutz arrache un fruit ressemblant à une grappe d'oranges minuscules. Aussitôt, vous le forcez à le jeter.
– Cela contient de la strychnine, dites-vous. C'est un poison mortel.
Oakley vous présente une poignée de baies noires mais vous secouez à nouveau la tête.
– Tout a l'air délicieux ici, dites-vous, mais en fait rien n'est comestible.
– Il ne reste plus qu'à demander du ravitaillement aux habitants de la tour, suggère Grimez.
– Quelles sortes de gens peuvent bien vivre dans une île entourée de plantes vénéneuses ? s'inquiète Blutz.
Bonne question ! Si vous faites route vers la tour,

rendez-vous au **194**. Si vous reprenez la mer sans tarder, rendez-vous au **137**.

214

Si vous connaissez la navigation, vous parvenez facilement à distancer le lourd vaisseau de guerre (rendez-vous au **16**). Si ce n'est pas le cas vous pouvez engager le combat (rendez-vous au **252**) ou affaler les voiles et le laisser vous accoster (rendez-vous au **24**).

215

Les indigènes sont supérieurs en nombre, mais vous disposez d'un avantage sur eux. La guerre dans les sociétés indigènes est rarement mortelle : elle n'est le plus souvent qu'une démonstration de force à caractère rituel. Ces tribus ne possèdent pas l'instinct meurtrier qui est le propre des nations dites civilisées dont vous faites partie. Vous perdez 6 POINTS DE VIE au cours de l'affrontement, sauf si vous pratiquez le Combat à mains nues, auquel cas vous ne perdez que 3 POINTS DE VIE. Si vous avez des compétences d'Escrime, vous perdez seulement 2 POINTS DE VIE. Si vous survivez à cet affrontement, vous vous repliez en toute hâte vers la chaloupe et vous reprenez la mer, sous une volée de pierres. Rendez-vous au **177**.

216

Une gifle mémorable manque faire tomber Oakley à la renverse alors qu'il s'apprêtait à entamer le deuxième couplet de sa sinistre litanie.

– Silence ! lui intimez-vous d'une voix blanche de colère.

Oakley se frotte la joue qui garde l'empreinte de vos

doigts et vous foudroie du regard en tremblant de tous ses membres.
– Silence ? reprend-il. Pourquoi donc ? Nous sommes tous attendus au grand banquet sous la mer et les requins n'attendent plus que nous pour préparer le repas...
Vous l'empoignez par les épaules et vous plongez votre regard dans le sien.
– C'est stupide ! hurlez-vous. Écoute bien ce que je vais te dire : aucun de nous ne va mourir mais nous ne nous en sortirons que si nous nous serrons les coudes. Notre pire ennemi, ce n'est pas la mer, ni la tempête, ni même la faim ou la soif. L'ennemi c'est nous-mêmes et la peur qui nous ronge. Si nous lui laissons le champ libre, nous sommes morts. Comprends-tu cela ?
Oakley vous fixe en silence et baisse les yeux.
– Tu as raison, dit-il enfin.
Vous prenez place à ses côtés pour l'aider à écoper et vous vous relayez pendant toute la nuit et le jour suivant. L'épuisement vous fait perdre 1 POINT DE VIE mais, au moins, votre discours a insufflé une étincelle d'espoir parmi les membres de votre équipage. Rendez-vous au **273**.

217

Les paquets de mer s'abattent sur le pont et la bourrasque tend la voilure à se rompre.
– C'est un miracle que la mâture soit encore en place, s'étonne Blutz.
– Nous avons affaire à un vaisseau fantôme, réplique Oakley d'un ton badin. Ces engins sont d'une incroyable résistance.
Les heures passent et les vents vous entraînent sans discontinuer vers l'ouest. Vous vous accordez un peu de repos à l'abri d'une bâche, n'osant pas redes-

cendre dans les cabines. Bientôt, Grimez vous secoue au milieu d'un mauvais rêve.
– Il est temps de quitter le navire, mon gars, dit-il. Si vous bénéficiez d'une Protection magique, rendez-vous au **236**. Si vous désirez employer un objet magique, rendez-vous au **255**. Si vous n'avez ni l'un ni l'autre, rendez-vous au **388**.

218

Mû par une inspiration soudaine, vous défaites votre ceinturon et vous tordez la boucle pour en faire un hameçon. En guise de fil, vous récupérez tous les lacets disponibles à bord que vous liez ensemble. Vous fixez le tout à une rame.
– Qu'allons-nous employer comme appât ? demande Grimez en considérant votre canne à pêche d'un air dubitatif.
– Eh bien, comment dire ? répondez-vous en vous raclant la gorge. Nous prendrons ce que nos estomacs ont laissé de notre dernier repas...
– Tu veux rire ! s'exclame Blutz en comprenant brusquement ce à quoi vous faites allusion.
– Croyez-moi, monsieur Blutz, c'est là un excellent appât. A moins que vous n'en ayez meilleur usage...
Oakley pousse un grognement outragé.
– C'est révoltant ce que tu proposes là ! Préférez-vous vivre comme des animaux ou bien mourir comme des hommes décents ?
Tout le monde se tourne vers lui en silence et finalement, Oakley hausse les épaules.
– Bon, dit-il d'un air résigné. S'il n'y a pas d'autre moyen...
Après une bonne heure de pêche, vous parvenez à remonter trois petits poissons. C'est peu pour quatre personnes mais au moins la faim ne vous torturera pas cette nuit. Rendez-vous au **256**.

219

Malgré ses allures de vieillard, Mortice se défend avec la sauvagerie d'un fauve. Mordant et frappant à tout va, il lutte pour vous forcer à quitter son radeau. Vous parvenez enfin à le plaquer au sol, non sans avoir reçu votre ration de coups. Vous perdez 3 POINTS DE VIE, sauf si vous avez la compétence de Combat à mains nues, auquel cas vous ne perdez que 1 POINT DE VIE. Si vous survivez, vous forcez de tout votre poids pour le maintenir au sol, mais Mortice se débat comme un diable, appelant à la rescousse tous les démons de l'enfer comme autant de vieilles connaissances.

– Il est fort comme un bœuf, ce vieux serpent ! grogne Grimez en tentant de lui maintenir les jambes.

Finalement, vous n'êtes pas trop de trois pour l'immobiliser. Pendant ce temps, Blutz fouille l'embarcation. Il découvre bientôt une large caisse, maintenue sous le radeau. En l'ouvrant après l'avoir remontée à bord, un nuage de miasmes s'en échappe.

– C'est plein de vieux ossements ! hurle Blutz en suffoquant à moitié.

A cet instant, un cri spectral déchire la nuit et vous ne maintenez plus que du vide ! Mortice s'est volatilisé ! Rendez-vous au **295**.

220

Les indigènes s'enfuient en hurlant tandis que la bataille fait rage à quelques mètres de leurs cases. Le sable blanc est tout souillé de taches écarlates et les cris vengeurs des premiers assauts ont cédé la place à des plaintes sourdes et des gémissements de douleur. Vous vous retrouvez bientôt seul face au pirate, pour un ultime duel à mort. Vous vous

empoignez et Hazgard vous souffle son haleine putride en pleine face. Vous êtes tous deux couverts de blessures et le sable sous vos pieds se gorge de votre sang.
– Je vais t'envoyer en enfer ! grogne-t-il avant de vous embrocher sur son sabre.
– Alors nous irons ensemble ! répliquez-vous en lui assénant à votre tour un coup mortel.
Vous tombez tous deux à genoux, face à face, et votre dernière satisfaction avant de rendre l'âme est de contempler le masque grimaçant de la mort sur le visage de votre pire ennemi. Votre aventure est terminée.

221

Vous offrez quelques tournées dans les tavernes du port et les langues se délient.
– J'ai entendu dire que la reine doit nous rendre visite le mois prochain, dit un marin. C'est plausible, sinon je ne vois pas pourquoi ils auraient renforcé les mesures de sécurité. Le gouverneur ne veut pas le moindre problème pendant la visite, autrement il pourrait bien finir mendiant sur le port plutôt que de se prélasser dans son palais doré.
Malheureusement, vos questions ont attiré l'attention sur votre groupe et, quand vous quittez l'auberge, vous sentez le contact froid d'une lame contre votre gorge.
– Tu sembles porter grand intérêt à la visite de Sa Majesté, dit une voix doucereuse, mais lourde de menaces. Je suis sûr que le gouverneur aimerait beaucoup te rencontrer...
– Inutile de le déranger, dites-vous. Il doit être très occupé en ce moment.
La pression de la lame sur votre carotide vous

apprend que vous n'avez guère le choix. Rendez-vous au **126**.

222

A la fin de la seconde journée, une violente bourrasque rabat sur vous une pluie gelée. Blottis les uns contre les autres, vous ne pouvez empêcher les morsures du froid et il est impossible dans ces conditions de dormir plus de quelques minutes. Vous perdez 4 POINTS DE VIE. Vous devez vous relayer toutes les heures pour écoper mais, pour harassante qu'elle soit, cette tâche a au moins l'avantage de dérouiller vos muscles engourdis. L'aube pointe bientôt dans un ciel désespérément gris et bouché, et les rafales de pluie se transforment en une bruine persistante.

– Au moins nous ne mourrons pas de soif, dites-vous en recueillant quelques gorgées d'eau de pluie au creux de vos mains.

– Je préférerais encore cela, gémit Blutz d'une voix plaintive. Si cela continue, je crois que je vais mourir.

– Cesse donc de geindre, tranche Oakley. C'est déjà assez dur comme ça. Épargne-nous tes jérémiades !

Si vous connaissez la Navigation, rendez-vous au **259**. Sinon, rendez-vous au **7**.

223

Le savant chausse à nouveau ses besicles et vous échangez une poignée de main chaleureuse.

– Cet endroit convient aux aventuriers, dites-vous. Pas aux gens de lettres. Je vous conseille d'appareiller au plus vite en direction d'un port moins dangereux que celui-ci.

– J'ai traversé l'océan depuis Glorianne à la recherche du sorcier Mirabilis, répond le savant.

– J'en ai entendu parler, dites-vous. Pourquoi pensiez-vous le trouver ici ?
– Je sais qu'il visite les colonies en compagnie de la reine. Je suis parti bien après eux, mais j'ai dû les dépasser car j'apprends que la flotte royale n'arrivera pas avant plusieurs semaines.
– En effet, reprenez-vous. Mais ils ne viendront pas ici, Sélénice n'est pas sous le contrôle de Glorianne.
Le savant secoue ses mains d'un air irrité.
– Je sais tout cela, mais le demi-frère de Mirabilis, un certain Hazgard, pourrait m'apprendre leur lieu de destination.
Vos compagnons vous ont rejoint au comptoir et la nouvelle ne manque pas de les surprendre.
– Ainsi donc Hazgard est le demi-frère de Mirabilis ! siffle Oakley. Voilà une nouvelle qui augure mal pour l'avenir.
– Pourquoi courez-vous après Mirabilis ? demande Blutz.
– Il m'a payé pour que j'effectue certains calculs astronomiques. Il voulait connaître la date de la prochaine éclipse de lune. Apparemment, certaines affaires seraient remises en cause si cette éclipse intervenait trop tôt. Enfin... Je lui ai remis mes calculs mais, après son départ, je les ai vérifiés et je me suis aperçu de mon erreur. Je lui ai dit que l'éclipse aura lieu au soir de la Saint-Jean, à deux heures du matin, alors qu'en fait elle se produira à minuit ! Notez le mot de passe *Horaire* sur votre *Feuille d'Aventure*. Vous rassurez le savant et vous lui affirmez que vous porterez personnellement le message à qui de droit. Pour plus de sécurité, vous l'inscrivez le jour même sur un navire en partance pour Glorianne. Rendez-vous au **374**.

224

Le géant a dit qu'aucun homme ne pouvait utiliser la clef... Vous prenez Maître Jacasse sur vos genoux et, tout en lui désignant le cadenas, vous tentez de lui faire comprendre ce que vous voulez. Peine perdue, le petit singe vous regarde de côté, très intéressé par vos gesticulations.

– Va donc, sac à puces ! hurlez-vous, exaspéré.

Hélas, sa seule réaction est de vous griffer avant de partir se réfugier à l'extrémité du coquillage.

– Excusez-moi, capitaine, intervient Blutz. Vous ne pouvez pas vous adresser à un singe comme vous le feriez avec un marin. Il faut se montrer plus prévenant.

– Prévenant ? reprenez-vous, interloqué.

– Oui, oui, répond Blutz, mais les capitaines ne comprennent rien à ces choses.

Il s'approche délicatement du petit singe et lui dit d'une voix douce.

– Maître Jacasse, seriez-vous assez aimable d'aller ouvrir la chaîne qui bloque l'entrée du port, pour que nous puissions y accéder ?

Il n'y avait qu'à le demander poliment ! Aussitôt, le petit animal bondit sur la chaîne et un cliquetis métallique se fait entendre, alors qu'il manipule une clef invisible. La chaîne s'enfonce dans les eaux et Maître Jacasse revient vers vous en manifestant bruyamment sa satisfaction.

– J'imagine fort bien l'ambiance à bord des navires si tous les capitaines faisaient autant de manières, murmurez-vous. On se croirait dans un salon.

– Ne t'inquiète pas, cap'taine, répond Grimez. Ça marche avec les singes, mais les marins n'entendent que les hurlements.

Rendez-vous au **205**.

225

Les survivants du vaisseau ennemi sont rassemblés et attachés. Grimez veut s'emparer du vaisseau de guerre, mais Blutz est contre cette idée.
– Nous aurons toute la flotte gloriannique à nos trousses, objecte-t-il. Et nous aurons du mal à sauver la reine.
– Qu'elle aille au diable, la reine ! hurle un de vos hommes. Nous avons un trésor et un magnifique vaisseau qui nous tend les bras ! Oubliez votre vengeance et vive la flibuste, l'or et le rhum qui coulent à flots !
Si vous acceptez cette proposition, votre aventure se termine ici, mais si vous comptez toujours sauver la reine et vous venger, il vous faut abandonner le vaisseau de guerre et retourner à Sélénice à bord de l'*Échalote*. Rendez-vous au **16**.

226

Vous dessinez du bout du pied un large cercle dans le sable et vous enjoignez aussitôt à vos compagnons de venir vous y rejoindre. Brandissant votre Protection vous clamez d'une voix forte :
– Ils s'en reviennent au crépuscule et les bouches sont des armes mais laissons-les rôder et gémir. Ils n'auront pas leur sanglante pitance. Ils sont autour de moi mais mon cœur est pur et libre de toute crainte car s'ils mordent ma chair ils retourneront à la poussière. Ils n'oseront pénétrer dans mon refuge, tant que ma voix clamera mon ardeur, jusqu'au matin...
Toute la nuit durant, vous ressassez votre litanie, jusqu'à ce que la voix vous manque et ne soit plus qu'un souffle rauque. Sentant votre faiblesse, un des vampires ose s'approcher et tente de vous

entraîner hors du cercle. Alors que tout espoir semblait perdu, l'aube grise pointe à l'horizon.
– Le soleil revient ! s'exclame Blutz. Dieu soit loué, nous sommes sauvés.
– Je dois rejoindre les ombres, siffle El Draque d'un voix froide. Mais ne cherchez pas à vous emparer de mon trésor ou ma malédiction vous poursuivra partout !
A ces mots, il plonge dans la fosse et s'enfonce dans la terre. Avec les premières lueurs de l'aube, vous voyez que les cadavres ont rejoint leurs cercueils. Allez-vous croire à cette malédiction ? Si vous prenez les lingots d'argent sur lesquels reposent les cadavres, notez le mot de passe *Maléfic* et rendez-vous au **16**. Si vous abandonnez le trésor sur place, rendez-vous au **396**.

227

Votre malheureux navire a subi des dommages irréparables et la proue commence à s'enfoncer lentement dans les flots.
– Les canots à la mer ! hurle Oakley. Paré à évacuer ! Cap'taine, tout est perdu ! Sauvons au moins nos vies !
Vous marquez un temps d'hésitation, l'honneur voudrait que vous n'abandonniez pas votre navire, mais ce n'est pas cela qui vous préoccupe. Vous savez à présent que votre pire ennemi a les coudées franches pour mener à bien ses noirs projets. Que vous fuyiez ou non votre navire réduit à l'état d'épave, votre glorieuse aventure s'achève ici.

228

Vous empoignez la corde et vous vous élevez dans les airs. Le brouillard détrempe vos vêtements. Il règne une température anormalement basse et l'écran opaque semble avaler tous les bruits. Au-dessus de vous, la lune projette une lueur spectrale et les cris qui montent de votre troupe semblent jaillir d'un abîme sans fond. Des saccades agitent soudain la corde et une masse apparaît dans le brouillard. Hazgard descend lentement vers vous, grosse araignée noire suspendue à son fil. Qu'il approche, ce n'est pas une mouche qu'il devra affronter ! Rendez-vous au **323**.

229

Vous savez par expérience que pour passer inaperçu mieux vaut détourner l'attention. Avant même que la porte s'ouvre, vous bondissez dans la cabine et vous ouvrez grand le hublot. D'un revers de main, vous balayez toutes les cartes disposées sur la table de travail et vous allez vous dissimuler derrière un tas de toile cirée. La porte s'ouvre à cet instant et la silhouette massive du timonier se découpe à l'entrée, éclairée par sa lanterne. Il aperçoit le hublot et se précipite en grognant pour le refermer, craignant que les embruns n'aient détérioré ses précieuses cartes. Vous le voyez ramasser plusieurs rouleaux et, les tenant sous le bras, repartir en direction de la cabine d'Hazgard. Vous quittez votre cachette en silence et vous risquez un œil discret dans le couloir. La porte du capitaine est entrebâillée et vous l'apercevez, penché sur les documents, en grande discussion avec le timonier. La voie est libre. Avant de filer, vous repérez une trousse à outils près de la porte et vous vous en emparez ; votre canot aura peut-être besoin de réparations au cours de la traversée. Notez la trousse à outils sur votre *Feuille d'Aventure*. Vous n'avez plus le temps de fouiller la cabine, il faut rejoindre vos compagnons sur le pont. Rendez-vous au **172**.

230

Vous ne découvrez guère que deux petits crabes sur la plage. Blutz les dévore déjà du regard et ses bajoues en frissonnent de convoitise.

– Inutile de les partager, dit-il. Lequel d'entre nous sera l'heureux élu ?

Comme toujours, les regards se portent sur vous. Si vous décidez de vous les attribuer, rendez-vous au **268**. Si vous les laissez à l'un de vos compagnons, rendez-vous au **287**.

231

Vous êtes terriblement amaigri et votre langue a l'aspect d'une boule de coton. L'envie de boire l'eau de mer devient irrépressible et, dans les rares moments où vous trouvez un peu de repos, vos rêves sont hantés de visions délirantes. Vous perdez 2 POINTS DE VIE, sauf si vous connaissez la Navigation : vous souffrez alors moins de ces tourments et vous perdez seulement 1 POINT DE VIE. Si vous êtes encore de ce monde, rendez-vous au **212**.

232

Vous vous gorgez de fruits mûrs et de baies poussant à foison mais, au bout de quelques minutes, tout votre groupe souffre de violentes crampes d'estomac. Oakley se rue sur la plage et avale de l'eau de mer pour se forcer à vomir. Tout le monde l'imite et vous vous retrouvez tous dans un état nauséeux.

– Les fruits devaient être empoisonnés, gémit Blutz. Peut-être devrions-nous aller à la tour et demander à ses habitants de nous ravitailler.

Si vous acceptez cette proposition, rendez-vous au **194**. Si vous préférez reprendre la mer sans tarder, rendez-vous au **137**.

233

Vous prenez place tous les quatre à bord de cette étrange embarcation et les deux poissons partent en fendant les flots. Environnés par la nuit, battus par les embruns, avec pour unique sémaphore le disque lunaire brillant au firmament, vous ne sauriez dire combien de temps dure la traversée. Bientôt, l'attelage s'arrête à l'entrée d'un port gigantesque. Une longue chaîne d'or placée en travers des digues interdit le passage des navires. La lune perce l'écran de nuages et éclaire la scène d'une lumière sans âge. Vous poussez alors un cri de stupéfaction en comprenant que les colonnes vertigineuses que vous aviez prises pour les tours d'entrée du port sont les jambes d'un colosse dont la tête disparaît dans les nuages ! Le géant s'accroupit et son visage de marbre poli se fend d'un sourire étincelant.

– Quatre voyageurs ! tonne-t-il d'un voix égale, comme s'il venait d'apercevoir quatre moucherons. Alors, mortels, que venez-vous faire dans le havre de Neptune ?

Si vous lui dites que :

Vous cherchez un navire	Rendez-vous au **34**
Vous voulez son aide	Rendez-vous au **53**
Vous voulez retourner chez vous	Rendez-vous au **72**

234

Vous vous rapprochez d'Oakley et vous murmurez entre vos dents.

– Frappe-moi et aie l'air convaincant.

Votre compagnon marque un temps d'arrêt mais il comprend vite vos intentions : d'un violent coup d'épaule, il vous envoie dinguer sur le sable pour vous décocher un coup de pied dans le ventre.

– Ça va ! dites-vous en grimaçant. N'en profite pas !
– Nous avons capturé cette canaille ! clame Oakley en joignant le geste à la parole.
Le chef du clan a glané quelques mots de votre langue auprès des matelots de passage.
– Tue ! lance-t-il. Brûler sur le feu. Corne de bouc !
Oakley balbutie, ne sachant plus que faire.
– Dis-leur que tu dois me conduire à Port Leshand, abruti ! murmurez-vous dans un souffle.
– Heu, oui, tout à fait. Le prisonnier doit être mené auprès de la reine Titiana, heu... elle, grand chef de Glorianne. Elle décider punition.
Les indigènes ne sont pas convaincus et comptent bien vous faire subir les pires tourments, mais Oakley parvient à leur faire entendre raison en les menaçant de représailles sanglantes si les ordres de la reine Titiana ne sont pas exécutés. Rendez-vous au **272**.

235

Une fois encore, la tempête s'abat sur votre frêle esquif qui roule au hasard des flots déchaînés. La mer est une montagne d'écume et le ciel noir comme au plus profond d'un tombeau est strié de violents éclairs. Si vous possédez le mot de passe *Repousse*, rayez-le et notez à la place le mot de passe *Peccant* sur votre *Feuille d'Aventure*. Affaiblis par la faim et la soif, exténués et fourbus, vous luttez malgré tout pour maintenir la chaloupe à flot. Oakley, arrimé à son banc, chante à tue-tête, le regard enfiévré, tout en écopant avec son écuelle :

Quatre matelots sur un *Cercueil Flottant*
Hisse et ho, battu par les flots
Ça frappe et ça cogne dans les haubans
C'est'y les matelots qui claquent des dents
Ou bien la Camarde qui veut ses enfants ?

Grimez et Blutz sont à bout de nerfs et le charivari d'Oakley n'est pas indiqué pour remonter le moral. La tension est à son comble. Si vous le forcez à se taire, il pourrait s'ensuivre une dispute. D'un autre côté, si vous n'agissez pas, vos compagnons risquent de sombrer dans le désespoir. Allez-vous forcer Oakley à se taire (rendez-vous au **216**) ou ne pas intervenir (rendez-vous au **254**) ?

236

Vous empoignez fermement votre amulette et vous prononcez la formule d'un charme d'annulation.
– Eh ! Ça marche ! s'exclame Blutz tout en hissant sa panse par-dessus le bastingage. Regarde ! Il n'y a plus de malédiction !
– Ne te réjouis pas trop vite ! dites-vous avec un petit sourire. Les effets du charme ne dureront pas éternellement.
Vous vous laissez glisser le long de l'échelle de corde et vous remontez à bord de votre canot pour vous éloigner au plus vite. Bientôt, le *Larnassos* n'est plus qu'une tache d'ombre qui disparaît peu à peu dans la nuit.
– Adieu et bon vent ! crache Grimez avant d'empoigner les rames.
Rendez-vous au **405**.

237

Oakley installe le petit singe sur ses genoux et sort son couteau de poche.

– Bien, Maître Jacasse, dit-il d'un ton apaisant. Ce fut un réel plaisir de voyager en votre compagnie, mais nous sommes dans l'obligation de vous sacrifier. Croyez bien qu'il m'en coûte...

La lame du couteau scintille un instant sous le soleil couchant et remplit rapidement son office.

– Pauvre bonhomme ! gémit Blutz.

– Garde ta compassion pour plus tard, réplique Oakley, tout en débitant l'animal. Quatre marins affamés sur un canot à la dérive, cela laisse peu de place à la sensiblerie.

Mangez votre part, si vous le désirez (sinon, vous perdez 1 POINT DE VIE) et rendez-vous au **256**.

238

Brandissant votre épée, vous bondissez à bord du radeau. Votre seule intention était d'effrayer Mortice, mais sa réaction est bien différente. Il s'élance en poussant un hurlement démentiel et s'empale sur votre lame. Réprimant un frisson horrifié, vous vous retournez vers vos compagnons.

– Je ne voulais pas, plaidez-vous. Il...

– Attention ! s'écrie Blutz. Il n'est pas mort !

Vous regardez à nouveau devant vous pour constater qu'il bouge encore. La bouche de Mortice se tord en un rictus épouvantable et un flot de sang s'en échappe. Alors, prenant appui sur la lame, il se rapproche de vous avec un rire démoniaque. Si vous vous repliez dans la chaloupe, vous devez abandonner votre épée dans le corps de Mortice. Dans ce cas, rayez-la de votre *Feuille d'Aventure* et rendez-vous au **276**. Si vous continuez le combat, rendez-vous au **314**.

239

Le capitaine écoute votre histoire, totalement abasourdi.

– C'est difficile à croire, dit-il finalement. Même si l'on connaît Hazgard.

– Ce ne sont pas des sornettes, ajoute Grimez. Cette fripouille est aussi rusée qu'elle est impitoyable. S'il a mis ce plan sur pied, c'est qu'il a de sérieux atouts dans sa manche.

Le capitaine se gratte le crâne.

– Il est vrai que le vaisseau de la reine est en partance pour les colonies, mais je n'ai moi-même eu vent de la nouvelle que le jour de mon départ de Glorianne. Hazgard doit avoir des espions au palais. Je serais ravi de vous aider, mais mon vaisseau n'est pas équipé pour lutter contre un navire pirate.

Le capitaine accepte finalement de vous déposer à Port Sélénice, où vous aurez toutes les chances de trouver de l'aide. Ceci fait, il reprend sa route en direction de Port Leshand. Si vous avez le mot de passe *En Instance*, rendez-vous au **406**. Dans le cas contraire, rayez tous les mots de passe que vous possédez sur votre *Feuille d'Aventure* et rendez-vous au **165**.

240

Les pirates vous hissent sans ménagement à bord de la *Belle Dame* et vous attachent au bastingage. Porbuck, le second, s'avance sous les ricanements de l'équipage et fait claquer son fouet, un sourire malsain déformant sa trogne de brute avinée.
– Épargne-moi tes caresses, Porbuck, raille Oakley. Tu es vraiment trop laid.
Votre compagnon fanfaronne comme si de rien n'était, mais sa face livide trahit sa peur.
– Hazgard n'aimerait pas que tu nous tues avant son retour, dites-vous.
– Ne t'inquiète pas, mon joli, reprend Porbuck, ce ne sont que les hors-d'œuvre. Vous allez mourir très lentement. Hazgard est plutôt doué en la matière.
Au terme de plusieurs heures d'agonie, vous êtes finalement jetés par-dessus bord et vous remerciez la mort de mettre enfin un terme à votre supplice.
Votre aventure est terminée.

241

Vous serrez les poings, le regard brillant de rage. Cette damnée sorcière va recevoir la correction qu'elle mérite si elle ne vous laisse pas quitter l'île. Pour sa part, elle ne semble nullement impressionnée et vous attend de pied ferme, les mains sur les hanches.

– Approche donc, mortel, lance-t-elle avec un sourire narquois. Frappe. Nous verrons bien lequel de nous deux restera debout en dernier.
Si vous la frappez comme elle le demande, rendez-vous au **271**. Si vous préférez tenter une clef au bras, rendez-vous au **290**. Vous pouvez aussi la soulever de terre pour ensuite la plaquer au sol : rendez-vous au **309**. Enfin si vous craignez qu'elle ne soit la plus forte et si vous abandonnez la lutte, rendez-vous au **119**.

242

Vous vous redressez en grimaçant avec la pénible impression qu'un régiment de cavalerie a défilé sur votre poitrine. Vous devriez être mort mais vous découvrez que la balle a heurté l'objet que vous portiez. Le métal a amorti le choc et vous avez simplement droit à un bel hématome. Le visage de Grimez entre dans votre champ de vision.
– Pas de courrier pendant mon absence ? demandez-vous, chaque respiration vous mettant au supplice.
– Non, sourit Grimez, mais tu es resté évanoui pendant un bon quart d'heure.
Une foule nombreuse s'est amassée dans la taverne. Vous vous relevez avec peine et vous constatez alors que vous tenez toujours le tire-bouchon (si vous désirez le conserver, notez-le sur votre *Feuille d'Aventure*).
– Il m'a porté chance celui-là, murmurez-vous.
Oakley vous gratifie d'un large sourire, soulagé de voir que tout va bien.
– En t'approchant un peu, tu aurais pu lui dévisser l'œil, qui sait ?
Un vieux pirate fend la foule et s'approche. Vous le reconnaissez : c'est un des membres respectables de

la communauté, par ailleurs fort douteuse, de Sélénice.
– Hazgard a outrepassé les règles des Frères de la Côte, déclare-t-il. C'est un renégat. Plus aucun port des mers Carabe ne lui donnera asile.
Blutz, occupé à masser sa nuque douloureuse, pousse un hurlement de rage.
– S'il parvient à enlever la reine Titiana, il sera assez riche pour s'acheter une île !
– Certainement pas, affirmez-vous froidement. Nous serons là pour l'en empêcher.
Rendez-vous au **343**.

243

Une clef qui ne peut être ni vue ni touchée ? L'énigme de ce dieu des Océans vous laisse un instant perplexe, jusqu'à ce que vous vous souveniez de la bombarde qui se trouve dans votre poche. Vous portez aussitôt l'instrument à vos lèvres et vous entamez une gigue. La chaîne se défait alors d'elle-même et vous permet l'accès au port.
– Bien sûr ! s'exclame Blutz. C'est une clef musicale qu'il fallait !
Rendez-vous au **205**.

244

Votre lettre de route en poche, vous quittez le fort, fiers comme des étudiants qui viennent de recevoir leur diplôme. Extérieurement, rien ne saurait vous distinguer des gueux qui traînent les rues mais ce document vous confère un autre statut : vous voilà désormais corsaires de Sa Majesté, de fiers marins qui vont prendre une part active dans le conflit qui vous oppose à Sidonia.
– Il nous faut encore trouver un vaisseau, déclare alors Blutz en toute innocence.

Votre belle humeur retombe aussitôt comme un soufflé trop vite sorti du four et vous le foudroyez du regard. Celui-là a le don pour gâcher les ambiances ! Notez la lettre de route sur votre *Feuille d'Aventure.* Si vous avez rencontré le capitaine Gâtchick et s'il vous a proposé de lui rendre visite, rendez-vous au **69**. Sinon, rendez-vous au **107**.

245

El Draque ouvre les bras et s'avance vers vous, comme un vieil ami voulant vous donner l'accolade. Il semblerait nourri des meilleures intentions du monde si ce n'étaient ces crocs rutilants jaillissant de ses lèvres minces. Là-haut dans le ciel, un cormoran vole en toute liberté et vous y voyez le signe que tout espoir n'est pas perdu. D'un geste souple, vous dégainez votre épée et vous la plongez dans les entrailles froides d'El Draque. Le vampire reste interdit, cloué sur place pendant quelques instants avant d'apercevoir la lame qui le traverse de part en part. Alors, dans un cri à vous glacer le sang, il se racornit comme un fruit desséché et tombe en cendres devant vos yeux horrifiés. La horde de Vampires s'écroule à son tour, ne laissant derrière elle que des miasmes nauséabonds que le vent nocturne disperse aussitôt. Vous alliez récupérer votre épée, mais Blutz vous enjoint de ne pas le faire.

– J'ai entendu dire que les vampires peuvent ressusciter, même s'ils ne sont plus qu'un tas de cendres, dit-il en frissonnant.

Rayez votre épée de la liste de vos possessions. Sans perdre une seconde, vous chargez les lingots dans la chaloupe et vous regagnez l'*Échalote* pour faire voile vers Sélénice. Rendez-vous au **16**.

246

En l'absence des rayons de lune qui gonflaient ses voiles, le navire magique d'Hazgard perd rapidement de l'altitude. Le *Chien de Lune* amerrit lourdement en soulevant une gerbe d'écume.
– Nous revoilà sur le même terrain, dit Oakley avec un sourire de prédateur. S'il n'y avait pas ce maudit brouillard, nous pourrions lui donner la leçon qu'il mérite !
Si vous possédez un éventail de tempête et si vous désirez l'employer, rendez-vous au **265**. Si vous voulez disperser le brouillard grâce à vos Sortilèges (et à votre baguette), rendez-vous au **284**. Sinon, rendez-vous au **303**.

247

Vous fouillez les décombres et vous trouvez une malle de voyage frappée aux armoiries royales. Vous éparpillez les fanfreluches jusqu'à ce que vous trouviez une robe royale et une longue houppelande de soie. Vous enfilez rapidement le tout sous les yeux médusés de vos compagnons.
– Sans rire, cap'taine, tu fais une bien jolie reine ! s'exclame Oakley, l'œil moqueur.
– Courez donc vous cacher ! grognez-vous.
Vous allez vous-même vous dissimuler derrière un mât. Bientôt, des mouvements agitent la corde : quelqu'un descend. Une masse sombre glisse lentement le long du filin telle une grosse araignée noire. Hazgard ! Vous réprimez l'envie qui vous brûle de vous ruer à l'attaque et vous quittez votre cachette pour prendre une pose terrorisée, le visage dissimulé par la capuche.
– Oh, oh ! s'exclame le pirate en vous apercevant. Le trésor royal en personne ! C'est bien aimable de me faciliter la tâche, Majesté !

A ces mots, il vous soulève de terre et vous embarque sur son épaule.
– Sa Majesté pèse son poids ! grimace-t-il. Un régime sec au pain et à l'eau vous fera le plus grand bien !
Vous vous laissez emporter et le gredin entame sa remontée en soufflant. Qu'il s'épuise donc, votre besogne en sera facilitée ! Vous vous retrouvez bientôt suspendu dans le vide entouré par la brume opaque, avec la lune pour seul témoin de l'affrontement final. D'un geste brusque, vous empoignez le filin et vous renvoyez votre capuche en arrière.
– Toi ! gronde Hazgard.
Rendez-vous au **323**.

248

Vous l'accueillez d'un solide coup de poing qui lui écrase le plexus solaire. Terrassé et cherchant son souffle, le timonier tombe à genoux. Vous enchaînez d'un coup de pied qui lui fracasse la mâchoire et l'assomme pour solde de tout compte. Vous reportez aussitôt votre attention sur la cabine du capitaine ; les conversations n'ont pas cessé, mais mieux vaut ne pas s'attarder. Rendez-vous au **172**.

249

Vous atteignez bientôt le sommet de la colline et, en vous hissant sur un amas de roches, vous obtenez une vision parfaite de l'intérieur de l'île. Une jungle luxuriante s'étend à perte de vue, ne s'arrêtant qu'aux contreforts d'une haute montagne dont le sommet se perd dans les nuages. Tout autour de vous, des fruits gorgés de sève se trouvent à portée de main et, derrière un rideau de feuillages, vous percevez nettement le gargouillis plaisant d'une source. Si vous n'avez pas encore rassemblé de provisions, vous pouvez le faire à présent en vous rendant au **306**. Si vous voulez explorer l'intérieur de l'île, rendez-vous au **325**. Si vous préférez regagner votre chaloupe et reprendre votre périple, rendez-vous au **116**.

250

– L'endroit est accueillant, c'est même un véritable Éden, dit Grimez, pourtant avare de compliments. Pourquoi ne resterions-nous pas ici quelques jours afin de reprendre des forces avant d'entamer le périple vers Port Leshand ?
Blutz jette un regard inquiet en direction du volcan qui domine la jungle et esquisse une grimace.
– Je ne sais pas si c'est une bonne idée, dit-il.
Si vous décidez de prendre quelques jours de repos, rendez-vous au **288**. Si vous préférez reprendre la mer, rendez-vous au **135**.

251

Une silhouette hiératique vient d'émerger des ombres de l'entrée. Sa peau a l'éclat d'un bois précieux et ses cheveux semblent parsemés d'étoiles vertes. Sa tenue et son accent prouvent qu'elle n'est pas originaire des îles Carabe, ils évoqueraient plutôt quelque mystérieuse civilisation disparue.
– Je suis Ejada, la grande prêtresse de cette île, annonce-t-elle. Ceux qui abordent mon domaine doivent me payer un tribut. Mes demandes ne sont pas excessives : je prendrai l'âme de l'un d'entre vous pour l'offrir en sacrifice à ma mère, la déesse du Sol.
– Prends donc la tienne et va au diable ! s'écrie Oakley en s'emparant d'une pierre.

Sans se départir un seul instant de son calme, Ejada lève la main et Oakley se retrouve projeté en arrière, comme s'il venait de heurter un obstacle invisible.
– Venez me voir un peu avant l'aube, reprend-elle. Vous me direz alors lequel de vous me remettra son âme.
Vous aidez Oakley à se relever et vous retournez sur la plage. Votre chaloupe est profondément enfoncée dans le sable et tous vos efforts pour la dégager se soldent par un échec.
– Nous sommes perdus, gémit Blutz. La magie de cette sorcière nous retient prisonniers ici. Un de nous va devoir se sacrifier !
Si vous connaissez la Navigation et si vous voulez construire un radeau, rendez-vous au **308**. Dans le cas contraire, vous pouvez obéir à ses ordres et retrouver Ejada à l'aube (rendez-vous au **327**) ou tenter de vous cacher (rendez-vous au **346**).

252

Le vaisseau de guerre est trois fois plus grand que votre sloop et vos coups de canon sont totalement sans effet. Vos boulets heurtent l'épaisse coque de chêne sans même l'entamer. Si seulement vous pouviez diriger vos tirs vers le gréement... Le vaisseau de guerre, lui, ne cherche pas à riposter : ses soixante canons vous enverraient rapidement par le fond. Il se contente de manœuvrer pour vous aborder. Si vous voulez recourir à des Sortilèges, rendez-vous au **35**. Si vous possédez l'Agilité, rendez-vous au **54**. Si vous avez des objets magiques, vous pouvez employer un éventail de tempête (rendez-vous au **263**) ou un casque en bronze (rendez-vous au **282**). Si vous ne pouvez satisfaire à aucune de ces possibilités, rendez-vous au **73** et préparez-vous à l'abordage.

253

Les indigènes esquissent un mouvement de recul en apercevant le masque rouge peint sur votre visage. Plusieurs d'entre eux brandissent leurs lances et entament un pas de danse menaçant. Grimez est le premier à comprendre la raison de leur attitude.

– Ils doivent être en guerre contre la tribu de l'autre île et ils te prennent pour un ennemi.

Si vous possédez un pistolet, vous pouvez recourir au Tir (rendez-vous au **196**) ou les affronter au corps à corps (rendez-vous au **215**). Si vous préférez recourir à l'Astuce, rendez-vous au **234**. Si vous tentez d'effacer votre maquillage et de leur offrir des présents pour les amadouer, rendez-vous au **291**.

254

Toute la nuit durant, Oakley hurle sa litanie macabre à l'encontre de la tempête jusqu'à ce que sa voix brisée ne soit plus qu'un croassement rauque d'oiseau de mauvais augure. A la vue des faces d'enterrement qu'arborent vos compagnons, vous comprenez que l'état dépressif d'Oakley a déteint sur eux.

– C'est l'aube, grogne soudain Grimez en se tournant vers la faible lueur qui éclaire l'horizon. Je ne sais pas si nous en verrons une autre.

La tempête se prolonge toute la journée, vous laissant harassés et à bout de forces. Vous perdez 1 POINT DE VIE. Notez le mot de passe *En Instance* sur votre *Feuille d'Aventure* et rendez-vous au **273**.

255

Quel objet allez-vous employer ? Un tranchoir de boucher (rendez-vous au **331**) ou un crucifix

252 *Vos boulets heurtent l'épaisse coque de chêne du vaisseau sans même l'entamer.*

(rendez-vous au **350**) ? Si vous possédez l'Astuce et une trousse à outils, rendez-vous au **369**. Si vous ne possédez rien de tout cela, rendez-vous au **388**.

256

Durant toute la nuit et tout le jour suivant, le courant vous entraîne vers l'ouest. Le crépuscule tombe bientôt et un manteau de ténèbres recouvre les flots quand, brusquement, vous entendez une voix dans l'obscurité.

– Ohé ! du bateau ! Il y a quelqu'un à bord ? Parlez !

Blutz scrute la pénombre, penché sur le rebord de la chaloupe.

– Je le vois, murmure-t-il. Un homme seul sur un radeau. Un naufragé sans doute...

– Nous pourrions peut-être le prendre à bord ? suggère Grimez.

Comme toujours, Oakley est d'un avis contraire.

– Nous avons bien assez de problèmes comme cela, grogne-t-il. On manque de place et nous n'avons pas besoin d'une bouche de plus à nourrir.

Si vous voulez ramer vers le naufragé, rendez-vous au **294**. Si vous suivez l'avis d'Oakley préférant l'abandonner à son destin, rendez-vous au **313**.

257

La détonation résonne dans la nuit comme un coup de tonnerre et un nuage de fumée grimpe vers la lune. Comme la fumée se dissipe, vous constatez avec stupeur que Mortice est encore debout. Il vous nargue, le regard brillant, un rictus moqueur au coin des lèvres. Pourtant, vous ne l'avez pas manqué, s'il faut en croire la blessure béante qui décore sa poitrine. Pendant un long moment, tout le monde demeure immobile, dans un silence irréel.

– Ce n'est pas un homme ! s'exclame soudain Blutz. C'est un mort vivant !
Si vous désirez l'affronter au corps à corps, rendez-vous au **219**. Si vous pratiquez l'Escrime et si vous possédez une épée, vous pouvez en faire usage : rendez-vous au **238**. Si vous préférez couper court à cette confrontation et trancher l'amarre qui vous maintient au radeau pour le laisser dériver, rendez-vous au **276**.

258

Vous arrivez à Port Leshand pour découvrir que la ville grouille de soldats sur le pied de guerre. Il ne vous faut pas longtemps pour connaître les raisons de ce remue-ménage.
– Le pirate Hazgard a capturé la reine Titiana, vous informe un docker. Cette fripouille réclame une rançon d'un million de doublons, sans quoi il la livrera à notre pire ennemi, le roi de Sidonia.
– Fâcheuse nouvelle, déclare Oakley. Les Sidoniens pourraient bien la livrer au supplice de la roue ou encore la noyer attachée à une ancre. Si seulement nous avions pu intervenir.
Vous auriez pu, mais vous avez préféré musarder sur une île paradisiaque. L'Histoire continue, mais elle s'écrira sans vous. Votre aventure se termine ici.

259

Vous confectionnez de l'étoupe à l'aide de fragments d'étoffe et vous calfatez les voies d'eau les plus apparentes ouvertes par les vagues qui viennent se fracasser sur la coque.
– Crois-tu que nous supporterons une autre tempête comme celle d'hier soir ? demande Grimez en vous voyant vous affairer.

– Espérons une accalmie, répondez-vous avec un haussement d'épaules.
Rendez-vous au **26**.

260

Vous adressez un sourire complice à l'officier et vous l'entraînez discrètement à l'écart. Au terme de plusieurs minutes d'une discussion feutrée, au cours de laquelle vous lui assurez qu'il recevra un pourcentage substantiel et net d'impôts sur l'ensemble de vos prises, il consent à vous délivrer votre lettre de route. Notez le mot de passe *Mammon* sur votre *Feuille d'Aventure* et rendez-vous au **244**.

261

Vous regardez le tire-bouchon et une idée lumineuse germe dans votre esprit.
– Bien sûr ! Je sais comment obtenir un navire ! vous exclamez-vous.
Vos compagnons lèvent un sourcil.
– Tu devrais peut-être t'allonger, cap'taine, suggère Blutz. Tu as reçu un mauvais coup...
En réponse, vous laissez éclater un rire triomphal. Vous foncez en direction du port et vos compagnons doivent presser le pas pour vous suivre. Vous savez maintenant que la providence a guidé votre main vers ce tire-bouchon, cette même providence qui a détourné la balle et sauvé votre vie. Guidé par cette conviction, vous atteignez bientôt les quais et vous contemplez en souriant les eaux calmes du port. Vos compagnons vous rejoignent à l'instant où vous débouchez la bouteille. Ils ne peuvent retenir un cri d'étonnement en voyant une étrange fumée verte s'échapper du goulot et recouvrir la surface des eaux. L'écran de fumée stagne pendant

quelques secondes avant que la brise le disperse. Oakley pousse un juron : à la place du brouillard verdâtre, il y a un bateau, un superbe galion dont la figure de proue adopte les traits d'un lion rugissant. Les canons dorés alignés sur ses flancs possèdent eux aussi une forme léonine. Les voiles roulées scintillent sous le soleil.
– Un vaisseau magique ! s'exclame Blutz. Comment allons-nous l'appeler ?
– La *Providence* ! répondez-vous. Qu'attendons-nous pour grimper à bord ?
Rendez-vous au **184**.

262

L'anneau capture les rayons de lune et l'or qui le compose se pare d'une teinte d'algue. Les petits joyaux qui forment les yeux brillent d'un éclat sous-marin.
– Pas de doute : la bague est à l'image du Léviathan, le grand serpent de mer ! vous exclamez-vous. Voyez ! Sa magie est presque palpable ! Il me suffit d'invoquer son nom et il surgira des profondeurs pour arracher la chaîne.
Tous les marins connaissent la légende du Léviathan, ce monstre marin, issu du chaos primordial.
– Il est dit dans le Livre de Job : « Il broie le fer comme la paille et le cuivre comme le bois mort », ajoute Oakley.
Grimez pousse un grognement et se tourne vers vous.
– Il est dit aussi : « Si tu songes à l'invoquer, considère les malheurs qui s'ensuivront. » D'ailleurs, Isaïe ne l'appelle-t-il pas « le serpent fuyant, le serpent tortueux » ? Ne fais pas appel à ce monstre, ou bien nous serons tous des hommes morts.
Si vous insistez pour faire usage de l'anneau

magique, rendez-vous au **281**. Si vous abandonnez cette idée, rendez-vous au **72**.

263

Quelques battements de l'éventail magique suffisent à déclencher une violente tempête. La voilure du vaisseau claque sous les vents contraires tandis que des vagues gigantesques s'abattent sur sa coque, comme si des milliers de boulets explosaient autour de lui ! Votre sloop, lui, ne subit qu'une légère houle et une bonne brise vous permet de prendre tranquillement la fuite. Derrière vous, le vaisseau se bat contre la tempête. Vous découvrez bientôt que l'éventail s'est pulvérisé. Rayez-le de votre *Feuille d'Aventure* et rendez-vous au **16**.

264

Le regard hypnotique d'El Draque vous paralyse et vous le laissez s'approcher comme dans un rêve. Ses lèvres se referment sur votre cou et, passé le premier instant de douleur, vous sentez une étrange chaleur s'emparer de tout votre corps. Votre esprit plonge peu à peu dans les limbes tortueuses de l'oubli. Vous vous réveillerez dans l'univers sombre des morts vivants et vous sillonnerez les mers sans trêve ni repos, avec pour unique pensée celle de vous nourrir de sang frais. Jamais vous ne sauverez la reine, jamais vous ne vous vengerez d'Hazgard. Vous n'avez même pas su finir en beauté...

265

Un seul mouvement de poignet imprimé à l'éventail suffit à déclencher une violente bourrasque qui disperse rapidement le brouillard. *La Rose* réapparaît enfin. Le *Chien de Lune*, le vaisseau d'Hazgard, est situé à deux heures par tribord, à portée de tir.

Vous êtes sous le vent, à savoir qu'il vous pousse vers le navire ennemi. La situation est idéale pour livrer bataille.

– Alors, cap'taine, demande Oakley en trépignant d'impatience. Quels sont les ordres ? On passe à l'abordage ou on lâche une bordée ?

La décision vous revient. Si vous foncez sur le *Chien de Lune* pour donner l'assaut, rendez-vous au **322**. Si vous tirez le canon, rendez-vous au **341**.

266

Une planche craque dans votre dos. Vous faites volte-face pour apercevoir un personnage mince, d'allure raffinée et portant une barbiche noire. Vous ne l'avez jamais rencontré auparavant mais à la vue de sa longue robe chargée de motifs cabalistiques, il ne peut s'agir que d'une seule personne : Mirabilis, le sorcier de la reine.

– Tu t'obstines à nuire aux projets de mon frère, à ce qu'il m'a raconté, dit-il d'un air moqueur.

La baguette magique qu'il tient vibre déjà d'énergie occulte.

– Je n'ai pas encore terminé, répondez-vous.

Vous espériez gagner du temps afin de vous approcher, mais le sorcier n'est pas si stupide. Il se contente de secouer la tête d'un air navré et, brandissant sa baguette, il invoque l'apparition d'un harpon surnaturel qui s'envole dans un tourbillon d'étincelles en direction de votre torse. Si vous bénéficiez d'une Protection magique (et d'une amulette), vous parvenez à détourner le harpon. Sinon, il vous transperce et disparaît aussitôt. Vous perdez 3 POINTS DE VIE. Si vous possédez des Sortilèges (et une baguette), rendez-vous au **285**. Dans le cas contraire, rendez-vous au **304**.

267

Votre troupe bondit des fourrés en hurlant à la charge.

– Tiens donc, c'est le retour des enfants prodigues ! raille Hazgard en brandissant son sabre et son pistolet. Vous êtes partis sans recevoir votre solde, mes mignons. Laissez-moi vous donner un petit acompte...

A ces mots, il arme son pistolet et appuie sur la détente. Une douleur foudroyante vous emporte l'épaule et vous manquez défaillir, mais la haine s'avère la plus forte et vous poursuivez votre charge, tel un taureau furieux prcssé d'embrocher son matador. Si vous pratiquez le Tir et l'Escrime (et si vous possédez les armes nécessaires), vous avez la possibilité de remporter la victoire. Vous perdez malgré tout 8 POINTS DE VIE. Toute autre combinaison de compétences ne suffira pas à vous sauver et vous serez rapidement tué. Si vous êtes encore de ce monde, rendez-vous au **23**.

268

Vos compagnons vous jettent des regards envieux tandis que vous déchiquetez les crabes pour les avaler avec voracité mais vous les défiez du regard jusqu'à ce qu'ils s'éloignent et vous laissent manger en paix. Après tout, ne vous ont-ils pas laissé le choix ? Et puis, un chef se doit de rester en forme... Si

266 *Un harpon surnaturel s'envole dans un tourbillon d'étincelles en direction de votre torse.*

nécessaire, vous pouvez reprendre 1 POINT DE VIE. Notez aussi le mot de passe *En Instance* sur votre *Feuille d'Aventure.*
Vous devez à présent décider de reprendre votre course vers l'ouest (rendez-vous au **116**) ou d'explorer l'île (rendez-vous au **211**).

269

– Par tous les saints, ce démon nous a retrouvés ! s'écrie Oakley d'une voix horrifiée, alors que vous retournez vers le rivage.
Vous fermiez la marche et vous vous trouviez encore dans la jungle quand cette exclamation a retenti. Aussitôt, vous pressez le pas et vous retrouvez vos compagnons qui semblent pétrifiés sur place. Vous voyez alors ce qui les effraie et vous ne pouvez réprimer un frisson, comme si l'hiver venait de s'abattre brusquement sur la jungle tropicale. La *Belle Dame*, le navire d'Hazgard vient d'apparaître à l'horizon et il se rapproche rapidement de l'île. Sa silhouette noire, baignée par les rayons cramoisis du crépuscule, paraît naviguer sur une mare de sang.
– Ils vont mouiller en dehors de la baie, dit Grimez en se protégeant les yeux des rayons du soleil couchant. Leur tonnage est trop important pour qu'ils se rapprochent de la côte. Ils ignorent notre présence, nous pourrons nous enfuir à la faveur de la nuit.
Vous réfléchissez un instant, indécis. En dépit de votre haine pour le pirate – et de la crainte qu'il vous inspire, il faut bien l'admettre – vous brûlez de connaître les raisons de sa présence.
– Cachons la chaloupe dans la jungle, dites-vous. Si Hazgard envoie ses hommes à terre, nous pourrons les espionner.

– C'est de la pure folie ! proteste Oakley. Je suis d'accord pour dissimuler la chaloupe et pour nous enfoncer dans la jungle sans bouger jusqu'à ce qu'ils s'en aillent. Je n'ai aucune envie de revoir ces chiens de mer !
Qu'allez-vous faire ? Si vous tentez de quitter l'île à la nuit venue, rendez-vous au **307**. Mais vous pouvez aussi espionner l'expédition d'Hazgard (rendez-vous au **326**) ou bien rester cachés jusqu'au départ du navire (rendez-vous au **288**).

270

Un indigène s'élance en brandissant sa sagaie mais vous armez votre pistolet et vous l'abattez en pleine course. Les sauvages sursautent en entendant la détonation puis, voyant la mare de sang qui entoure le guerrier, ils reculent de quelques pas en tremblant d'effroi.
– Ils n'ont jamais vu d'armes à feu, murmure Oakley. Mais ton pistolet est vide à présent.
– Ils ne sont pas censés le savoir, répliquez-vous. Maintenant, nous allons marcher lentement vers la falaise. Ne faites aucun geste brusque et ayez l'air assuré.
Notez le mot de passe *Fétiche* sur votre *Feuille d'Aventure* et rendez-vous au **400**.

271

Vous lui assenez un coup de poing magistral, à lui décrocher la mâchoire, et vous grimacez aussitôt de douleur en vous tenant la main. Ejada éclate de rire et vous projette à cinq mètres en arrière d'une seule gifle. Vous perdez 4 POINTS DE VIE (si vous possédez un bouclier de plumes, vous ne perdez que 2 POINTS DE VIE). Si vous survivez, vous vous relevez en massant votre joue endolorie et vous faites le point de la situation. Il est inutile de chercher à l'affronter, se battre contre un tronc d'arbre aurait autant d'effet. Si vous pratiquez le Tir et si vous possédez un pistolet, rendez-vous au **317**. Si vous voulez employer des Sortilèges (et si vous possédez une baguette), rendez-vous au **384**. Si vous préférez prendre la fuite, rendez-vous au **5**.

272

Les indigènes vous apportent des racines cuites, des fruits et des gourdes d'eau douce. Ces provisions équivalent à 2 rations pour chacun. Notez-les sur votre *Feuille d'Aventure*. Il vous suffira d'en rayer une si par la suite le texte vous le demande. Les indigènes vous aident aussi à remettre votre chaloupe en état, faisant preuve d'une incroyable efficacité, avec comme seuls matériaux des fragments de bambou et des colles végétales. Si vous aviez les mots de passe *Repousse* ou *Peccant*, rayez-les de votre *Feuille d'Aventure*. Le chef vous explique tant bien que mal que les escales sont rares sur son île. Si vous demeurez ici, vous pourriez bien attendre des mois avant de voir un seul navire. Mais il propose de vous escorter jusqu'aux routes maritimes, situées plus au sud. Vous comprenez vite que ce service n'a rien de gracieux et qu'il attend un présent en retour. Si vous acceptez les termes de ce marché, rendez-vous au **310**. Si vous voulez reprendre seuls la mer en direction de Port Leshand, rendez-vous au **177**. Mais vous pouvez attendre dans l'île qu'un navire vienne vous secourir, rendez-vous alors au **329** si vous possédez un portefeuille de cartes marines, et au **348** si vous n'avez pas de cartes.

273

Finalement, la mer se calme comme le crépuscule descend sur l'horizon, baignant les lourds nuages noirs d'un éclat ensanglanté. Vous gisez tous les quatre au fond de la chaloupe, tels des poissons que les flots auraient rejetés sur la grève. Vos lèvres et votre visage sont crevassés par la morsure salée des embruns. A côté de vous, Blutz se mord le poing jusqu'au sang pour recueillir un peu d'humidité dans sa gorge desséchée. Grimez fixe le ciel en tremblant et vous ne pouvez dire s'il craint la nuit qui s'approche ou s'il subit les effets de la fièvre. Vous apercevez soudain une ombre qui se détache à contre-jour sous les derniers rayons du soleil. Les voiles noires du navire prennent avec le crépuscule des reflets pourpres.

– Nous sommes sauvés ! s'écrie Oakley en agitant frénétiquement ses bras. Ohé du bateau !

Si vous connaissez la Mythologie, rendez-vous au **292**. Sinon, vous pouvez imiter votre compagnon et attirer l'attention du navire (rendez-vous au **311**) ou dire à Oakley de se tenir tranquille jusqu'à ce que le navire ait disparu (rendez-vous au **330**).

274

Vous sélectionnez des diamants de la taille d'une noix et de la plus belle eau. Vous pouvez en prendre trois, chacun comptant pour une possession sur votre *Feuille d'Aventure.*

– C'est la rançon d'une reine ! s'exclame Blutz en vous voyant empocher le butin.

– C'est ainsi que nous baptiserons notre navire, mon gars, répliquez-vous en souriant : la *Rançon Royale.*

Votre larcin commis, vous quittez la cabine à pas feutrés et vous remontez sur le pont, laissant Mandrigard vautré sur son trésor maudit. Rendez-vous au **217**.

275

La faim qui vous tenaille ronge ce qui vous reste de forces et vous passez la nuit dans un état proche du coma, une mauvaise sueur souillant votre chemise. L'aube naissante et les premiers rayons du soleil ne parviennent pas à vous réchauffer et vous grelottez, gagné par la fièvre. Vous perdez 1 POINT DE VIE. Si vous survivez, rendez-vous au **256**.

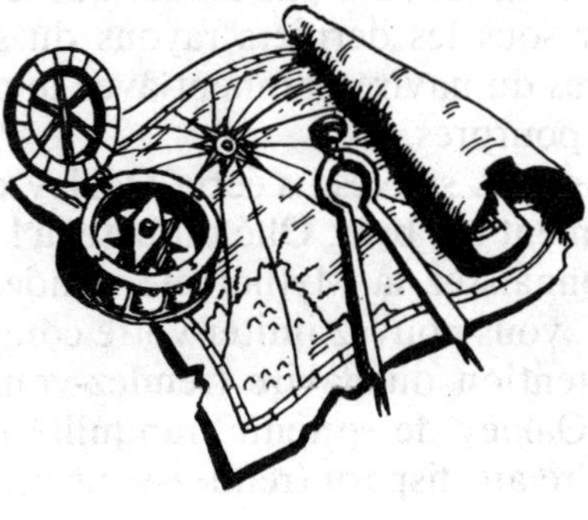

276

Vous vous éloignez au plus vite et, bientôt, le radeau n'est plus qu'une tache éclairée par la lune. Mortice est encore visible et il bondit de rage. Ses hurlements et ses menaces vous parviennent encore, portés pas le vent : « El Draque boira votre sang, misérables vermines. » Rapidement le silence de la nuit reprend ses droits et vous songez enfin à dormir, avec en tête l'espoir qu'un navire viendra vite à votre secours. Sinon, combien de temps tiendrez-vous encore ? Rendez-vous au **332**.

277

– Beau temps pour mourir, dit Oakley d'une voix que la soif a rendue rauque.
– Il fera encore plus chaud, là où nous allons, ajoute Grimez.
Vous poussez un grognement exaspéré.
– Ne tentez pas le diable avec vos blagues douteuses, monsieur Grimez. Il pourrait bien vous prendre au mot et venir vous chercher... Nous valons mieux que ça. L'enfer n'est pas pour nous mais pour des crapules comme Hazgard !
Vous perdez 2 POINTS DE VIE. Si vous survivez, rendez-vous au **120**.

278

Vous connaissez bien un réseau d'informateurs qui, pour quelques pièces, seraient capables de fournir n'importe quel service. Vous apprenez bientôt qu'Hazgard a récemment encaissé toutes ses créances et qu'il a converti ses prises de guerre en monnaie sonnante et trébuchante. De toute évidence, ses projets nécessitent une mise de fonds importante.
– Je sais qu'il a engagé le meilleur charpentier de marine de Port Sélénice, vous annonce un informateur. Il fait construire, un vaisseau, le *Chien de Lune*, doté d'artifices spéciaux...
– Du genre ?
Il se penche davantage et vous murmure à l'oreille.
– Des sabords de batterie tout le long de la quille ! Et d'autres choses encore, tout aussi bizarres. Le vieil Hazgard est devenu fou, mais tout ça ne me dit rien qui vaille : les chiens fous sont encore plus dangereux que les autres.
Vous tournez les talons, mais votre informateur vous retient par la manche.

– Tu oublies quelque chose.
Vous vous dégagez vivement et vous l'empoignez par le col.
– Tu ne crois tout de même pas que je vais te payer pour des commérages qui circulent dans toutes les tavernes. Voyons, pour qui me prends-tu ?
Vous vous éloignez, sourd aux protestations de votre informateur. Vous pouvez décider de quitter Port Leshand. Rendez-vous au **107** dans ce cas. Mais vous avez peut-être intérêt à y rester encore. Si vous voulez :

Glaner des renseignements sur El Draque	Rendez-vous au **164**
Glaner des renseignements sur la visite royale	Rendez-vous au **202**
Acheter certains objets	Rendez-vous au **12**
Faire identifier certains objets	Rendez-vous au **31**
Obtenir une lettre de route (si vous avez de la Roublardise)	Rendez-vous au **50**
Obtenir une lettre de route (si vous ne disposez pas de la Roublardise)	Rendez-vous au **409**
Rendre visite au capitaine Gâtchick	Rendez-vous au **69**

279

– Ce trésor, je me le suis approprié en accord avec les lois de la mer, grogne Mandrigard. Je l'ai pris dans un temple au sommet d'une île et personne n'est venu nous en empêcher, moi et mes gars. Mais, alors que nous repartions, chargés comme des mules par toutes ces richesses, un prêtre est apparu et a lancé une malédiction. Il a dit que jamais nous ne trouverions le repos, que nous ne pourrions plus aborder aucune terre tant que nos mains resteraient entachées du vol de ce trésor sacré.

Mandrigard s'accorde une pause et vide à nouveau son gobelet d'un trait. Étrange, il ne le remplit jamais mais il contient toujours du vin. Les embruns tambourinent contre les fenêtres de la cabine et le navire craque de toutes parts, porté par le vent. Si vous désirez interroger encore Mandrigard, rendez-vous au **46**. Si vous préférez explorer le navire, rendez-vous au **65**.

280

Vous entraînez vos compagnons hors de la ville, dans une petite crique abritée.
– Pourquoi venons-nous ici ? demande Blutz. Serait-ce une plage de contrebandiers ?
– C'est une bonne idée, approuve Grimez. Ceux qui refusent de payer la taxe portuaire de Sélénice n'iront pas se plaindre aux Frères de la Côte si nous les délestons de leurs marchandises.
– Non, il n'y a aucun contrebandier, dites-vous. Mais si ce que je crois est juste, c'est ici que nous obtiendrons notre navire.
Vous attendez sur la plage que le soleil couchant embrase l'océan et disparaisse à l'horizon pour souffler dans la conque. Elle émet une longue note, grave et mystérieuse, qui résonne dans le soir et dont l'écho s'éloigne en roulant sur les vagues. Vous arrêtez de souffler, mais la note se prolonge, enfle et gronde, tandis que la conque vibre dans votre main, comme animée d'une vie propre.
– Elle va exploser ! hurle Blutz, pris de panique. Débarrasse-t'en !
Sans même vous demander votre avis, il vous arrache l'objet des mains et le jette au loin dans les flots. Le son continue à vivre sous l'eau. L'onde se propage dans tout l'océan, tel l'accord final d'un orgue envahissant le chœur d'une cathédrale. Vous

vous protégez d'instinct, à l'instant où une formidable explosion soulève une vague titanesque. Le silence retombe bientôt sur les flots et vous osez à nouveau regarder en direction de la mer. Quelque chose vient de surgir des profondeurs et vogue vers la plage. Un requin et un dauphin, harnachés à une vaste coquille fendent les flots et s'approchent. L'étrange attelage s'arrête devant vous.
– Montez à bord, déclare le requin d'une voix grinçante. Nous allons vous conduire auprès de Neptune.
– Prends garde cependant, ajoute le dauphin d'une voix flûtée. Il te faudra trouver un navire pour le retour.
Qu'allez-vous faire ? Grimper à bord de la coquille (rendez-vous au **233**) ou bien refuser (rendez-vous au **203**) ?

281

Malgré les craintes de Grimez, vous décidez d'en appeler aux pouvoirs du Léviathan et ce choix suffit à déclencher les forces du chaos. A peine levez-vous la main qui porte la bague et avant même d'avoir invoqué le nom, vous ressentez une monstrueuse présence monter des abysses. La mer se retire et le vent souffle dans toutes les directions en hurlant de frayeur. Alors la bête jaillit des flots, tour dansante aux écailles de bronze. Un venin phosphorescent coule de ses mâchoires béantes et se transforme aussitôt en un torrent de feu liquide. Des volutes de vapeurs toxiques montent de ses naseaux frémissants. Vous réalisez en un instant la gravité de votre bévue : jamais vous ne pourrez commander un monstre aussi puissant. Le géant lui-même esquisse un mouvement de frayeur en face de la bête. Le combat titanesque qui va s'ensuivre ne laissera aucune chance à quatre misérables mortels et vous serez ensevelis avant peu dans les profondeurs de l'océan. La malédiction s'abat et vous l'avez appelée de vos vœux. Votre aventure est terminée.

282

Vous coiffez le casque et des images de bataille s'emparent de votre esprit. Des ruses de guerre, des bottes secrètes se bousculent dans vos méninges : l'art du combat devient une seconde nature : vous voici devenu un implacable guerrier spartiate. Pour la durée de ce combat, vous disposez des compétences d'Escrime et de Combat à mains nues, si vous ne les possédiez pas. Il est inutile de les noter puisque vous allez les perdre à l'issue de l'affrontement. (N'oubliez pas toutefois que vous devez posséder une épée pour pratiquer l'Escrime.) A présent, rendez-vous au **73** et sus à l'ennemi !

283

A peine avez-vous terminé votre phrase qu'il pousse une exclamation de joie et se jette sur la coque de votre navire pour l'escalader avec la vélocité d'une araignée. Derrière lui, les deux rameurs renvoient leurs cagoules en arrière et s'apprêtent à l'imiter. Leur teint est livide et ils possèdent de longues incisives acérées comme des crocs. Vous ne pouvez réprimer un cri d'angoisse devant la vision d'horreur qui s'ensuit : une douzaine de créatures émergent lentement des eaux noires et entament l'escalade de votre navire. Leurs faces décomposées laissent voir par endroits des os blanchis et leurs vêtements en haillons pendent le long de leurs membres décharnés. Certains portent des plastrons rouillés recouverts de coquillages. Passé le premier instant de frayeur qui vous coupe la voix, vous parvenez enfin à retrouver vos esprits.

– Alerte générale ! Tout le monde sur le pont ! hurlez-vous. Des vampires nous attaquent !
Rendez-vous au **321**.

284

Une légère brise se lève en réponse à votre incantation. Elle n'est pas trop puissante – vous avez eu assez d'une tempête pour aujourd'hui – mais suffisante malgré tout pour disperser rapidement le brouillard. *La Rose* réapparaît enfin. Le *Chien de Lune*, le vaisseau d'Hazgard, est situé à deux heures par tribord, à portée de tir. Vous êtes sous le vent, et il vous pousse vers le navire ennemi. La situation est idéale pour livrer bataille.
– Alors, cap'taine, demande Oakley en trépignant d'impatience. Quels sont les ordres ? On passe à l'abordage ou on lâche une bordée ?
La décision vous revient. Si vous foncez sur le *Chien de Lune* pour donner l'assaut, rendez-vous au **322**. Si vous tirez le canon, rendez-vous au **341**.

285

– Prétendrais-tu me défier ? raille Mirabilis. Pauvre fou ! L'ouragan que j'ai invoqué prouve la supériorité de mes pouvoirs sur les tiens.
– C'était impressionnant, j'en conviens, répondez-vous d'une voix calme. Je n'aurais pu moi-même le contrôler. Mais ne me prenez pas pour un débutant, professeur Mirabilis. Une telle invocation et le brouillard qui a suivi ont épuisé une grande partie de vos ressources surnaturelles. Je nous crois à présent sur un pied d'égalité...
Vous tendez le bras et de longs rubans de flammes s'enroulent autour du sorcier. Mirabilis, transformé en torche vivante, pousse un hurlement inhumain et se jette par-dessus bord.

– Ne crois pas en avoir terminé, lance une voix derrière vous.
Vous vous tournez, prêt à combattre. Un personnage d'allure aristocratique et portant grand uniforme de la flotte, se tient à distance, un pistolet et un sabre dans les mains. Il ne peut s'agir que de l'amiral Calidor, commandant en chef de la flotte royale.
– A ce que j'ai vu, tu es des nôtres, reprend-il. Mais qui que tu sois, tu vas avoir l'occasion de prouver ta loyauté...
Il désigne le ciel et vous voyez Hazgard et ses hommes qui descendent le long de filins telles des araignées fondant sur leur proie. Les troupes royales investissent le pont pour livrer bataille. Calidor se retrouve face à face avec Porbuck. Vous avancez à grands pas alors que le combat fait déjà rage, le regard fixé sur un unique objectif.
– Hazgard ! hurlez-vous en l'apercevant dans la brume.
– Alors, matelot, dit-il avec un étrange sourire. Prêt à mourir ?
Rendez-vous au **171**.

286

Votre lame fend l'air dans un souffle et ôte la vie au timonier. Il porte la main à son cœur transpercé, bouche bée comme un poisson hors de l'eau. Vous le retenez tandis qu'il s'effondre et vous déposez le cadavre en silence sur le sol. Vous n'avez pas le moindre remords : ce lâche a toujours approuvé les forfaits d'Hazgard et en a profité sans avoir à les commettre lui-même. Sa mort venge tous les marins qu'il a regardé périr sous ses yeux sans intervenir. Vous l'abandonnez sur place et vous remontez sur le pont. Rendez-vous au **172**.

287

Vous décidez de laisser les crabes à ce pauvre Blutz. Il est le plus fragile d'entre vous et ce maigre repas aura au moins pour effet de lui conserver bon moral. Tandis qu'il s'empare d'une pierre pour fracasser les coquilles et dévorer l'intérieur à belles dents, Grimez se tourne vers vous et, d'un hochement de tête, approuve votre décision. A présent, si vous explorez l'île, rendez-vous au **211**. Si vous préférez reprendre votre chaloupe et repartir vers l'île suivante, rendez-vous au **116**.

288

Vous passez près d'une semaine sur l'île à bénéficier des bontés que la nature peut offrir en vous abreuvant aux multiples ruisseaux d'eau de pluie qui dévalent les pentes du volcan. Si vous possédez la compétence de Tir et un pistolet, ou celle de Survie, vous améliorez votre ordinaire en chassant de petits animaux, ce qui vous permet de retrouver la totalité de vos POINTS DE VIE de départ. Sans ces deux compétences, vous ne gagnez pas de POINTS DE VIE, mais vous subsistez confortablement en vous nourrissant de fruits et de baies. Enfin, d'un commun accord, vous décidez que le temps est venu de reprendre la traversée. Le volcan émet des grondements inquiétants qui font parfois trembler le sol de l'île et vous n'avez aucune envie d'assister à son éruption. Aussi remontez-vous tous les quatre dans votre chaloupe pour reprendre la mer. Rendez-vous au **135**.

289

Tandis que vous voguez doucement, baigné par les premières lueurs de l'aube, vous pouvez faire le point de la situation. Vous allez devoir agir avec une extrême attention car la plus petite erreur pourrait vous être fatale et il vous faudra tirer parti de la moindre occasion si vous voulez retrouver le monde civilisé. Votre regard se pose sur vos compagnons d'infortune. Grimez se tient un peu à l'écart. Ce grand gaillard dégingandé, aux joues creuses, n'a rien d'un boute-en-train : toujours à prévoir le pire. Malgré cela, vous appréciez sa compagnie car il est franc et facile à vivre. Oakley est tout son contraire : bedonnant et jovial, mais il se montre parfois d'humeur un peu vive et il pourrait vous disputer le commandement si vous n'êtes pas à la hauteur. Quoi qu'il en soit, vous avez vécu assez de moments pénibles avec lui pour savoir qu'on peut compter sur lui. Blutz est peut-être le maillon le plus fragile de cette chaîne improvisée. C'est un garçon timide et sans trop de vaillance, bien qu'il sache quand il le faut se montrer plein d'astuces et de ressources. Voyant que vous les observez, tous trois se tournent vers vous et Oakley prend la parole.

– Alors, demande-t-il. Vers où mettons-nous le cap ?

Consultez la carte ci-contre pour connaître le meilleur moyen de rejoindre Port Leshand, votre destination. Allez-vous prendre vers l'ouest, par la voie la plus rapide (rendez-vous au **2**) ou passer d'île en île en longeant l'archipel des Brumes (rendez-vous au **21**) ? Si vous choisissez de faire cap au sud pour retrouver les grandes voies maritimes, rendez-vous au **40**.

290

Vous bondissez sur votre adversaire et vous lui saisissez le poignet pour lui tordre le bras derrière le dos. Vous avez souvent employé cette prise contre des gredins de tout acabit. Contre Momo le Gorille, en particulier – une brute épaisse taillée comme une armoire normande – et vous vous souvenez qu'il pleurnichait en vous suppliant d'arrêter. Mais cette clef n'est d'aucun effet sur Ejada : vous pourriez aussi bien tenter de tordre la branche d'un vieux chêne. La sorcière vous laisse vous ridiculiser pendant quelques secondes avant de vous envoyer dinguer à plusieurs mètres en arrière. Vous perdez 2 POINTS DE VIE. Si vous survivez, le rire moqueur de la sorcière décuple votre agressivité. Mais que faire contre un adversaire dont la force semble sans limites ? Vous pouvez prendre le fuite. Rendez-vous au **5** dans ce cas. Mais si vous décidez de vous battre, vous pouvez :

La frapper	Rendez-vous au **271**
La soulever de terre	Rendez-vous au **309**
Employer vos Sortilèges	Rendez-vous au **384**
Utiliser le Tir (avec un pistolet)	Rendez-vous au **317**

les pérégrinations de la Chaloupe
Océan des Hespérides
vers l'ancien monde
Endroit de X votre évasion
Port Leshand
L'archipel des Brumes
mer Carabéo
Ile Pandanus
Ile de Grimoire
Ile du Mont Brulé
Ile des Têtes Rouges
principales voies maritimes

291

Les indigènes acceptent les présents suivants : une épée, un pistolet, une baguette, une amulette, un bateau dans une bouteille, une conque, un talisman chauve-souris ou un éventail noir. Si vous possédez un de ces objets, rayez-le de votre *Feuille d'Aventure* et rendez-vous au **272**. Si vous ne possédez rien de tout cela, l'humeur des indigènes devient belliqueuse. Rendez-vous au **215**.

292

Vous ne pouvez réprimer un frisson d'inquiétude en apercevant les voiles noires à l'horizon. A la vue de cette sombre silhouette, la légende du capitaine Mandrigard et de son vaisseau, le *Larnassos*, vous revient à l'esprit. Mandrigard fut le jouet d'une malédiction pour avoir dérobé les trésors du temple de Dionysos. Il a été condamné à ne plus pouvoir remettre le pied sur la terre ferme tant que ses mains resteraient souillées par son larcin. Si l'on en croit la légende, l'équipage du *Larnassos* a trouvé un moyen de se soustraire à la malédiction, mais Mandrigard a refusé d'y avoir recours et, depuis, il hante les sept mers et l'on dit que ceux qui grimpent à bord de son navire sont condamnés à y rester à tout jamais. Si vous voulez attirer l'attention du navire, rendez-vous au **311**. Si vous préférez le laisser disparaître au loin, rendez-vous au **330**.

293

Un certain nombre d'objets retiennent votre attention : une conque, un casque en bronze, une bague en forme de dragon et un éventail orné d'un nuage d'orage.

– C'est sûr, ils pourraient bien être magiques,

approuve Oakley en observant votre sélection. Combien allons-nous en prendre ?
Après une brève discussion, vous décidez d'en choisir deux. Les lois de la flibuste interdisent que l'on dépouille un capitaine qui vous a accueilli à son bord mais, d'un autre côté, Mandrigard vous a piégés en ne vous prévenant pas de la malédiction qui planait sur son navire. Choisissez deux objets et notez-les sur votre *Feuille d'Aventure* avant de quitter la cabine. Si vous connaissez la Mythologie, rendez-vous au **139**. Sinon, rendez-vous au **217**.

294

Vous vous approchez de la voix et la silhouette du naufragé apparaît bientôt dans la pénombre. C'est un vieillard malingre, tordu comme un sarment de vigne, et dont les yeux brillent d'un éclat lunaire. A la vue des croûtes sombres qui souillent sa barbe, vous vous demandez s'il ne s'est pas résigné à boire de l'eau de mer, jusqu'à ce que vous repériez un plein tonneau d'eau douce et une caisse de vivres arrimés à son radeau.
– C'est la providence qui vous envoie ! exulte-t-il d'une voix nasillarde. Le pauvre Timmy Mortice, seul sur son radeau, croyait avoir perdu tout espoir et voilà quatre solides gaillards qui viennent à la rescousse. C'est un miracle ! Venez donc boire un coup, les gars et racontez-moi votre histoire !
Si vous lui contez vos mésaventures, rendez-vous au **29**. Si vous préférez qu'il raconte le premier, rendez-vous au **48**.

295

Le cercueil contient un squelette aux os jaunis, vêtu de hardes détrempées. Réprimant une moue dégou-

tée, vous fouillez parmi les haillons et vous découvrez quelques objets : un diamant de la taille d'une noix, un talisman en forme de chauve-souris et une épée rouillée. Vous pouvez conserver ce qui vous plaît, mais n'oubliez pas de noter vos nouvelles possessions sur votre *Feuille d'Aventure.* Blutz scrute nerveusement les alentours.
– Je ne comprends pas, dit-il. Où est le vieux ?
Oakley soulève le squelette du cercueil et le considère un instant avant de le jeter au loin. Les ossements accrochent les rayons de la lune et disparaissent au fond de l'océan.
– Il est parti pour de bon, maintenant, déclare Oakley. Transportons plutôt sa nourriture à bord.
– Inutile, dit Grimez. Tout est pourri.
Vous le bousculez pour vous en assurer mais, hélas, il a raison. Les provisions sont avariées et moisies depuis plusieurs semaines. Quant à l'eau, il ne reste qu'un fond de boue verdâtre dans le baril. Vous retournez à bord de la chaloupe, laissant le radeau partir à la dérive.
– Prions pour qu'un navire croise notre route demain, déclare Oakley avant de s'allonger pour dormir. Sinon, nous ne tiendrons plus bien longtemps.
Rendez-vous au **332**.

296

Suivant votre exemple, vos compagnons s'élancent à la charge tandis que les indigènes brandissent leurs lances et leurs gourdins. Un farouche combat s'engage et, bien que vous soyez affaiblis par votre périple, vous comprenez qu'il faudra lutter jusqu'au bout. Les guerriers hurlants interdisent l'accès à la falaise et, si vous tentiez de fuir par ce côté, ils

pourraient bien vous précipiter dans le vide. La lutte est âpre mais de courte durée. La plupart des indigènes gisent à présent sur le sol et les autres jugent préférable de prendre la fuite. Vous perdez 2 POINTS DE VIE si vous pratiquez l'Escrime et 4 POINTS DE VIE pour le Combat à mains nues.
Si vous survivez à cette attaque, vous retournez au plus vite à votre chaloupe et vous reprenez la mer. Rendez-vous au **116**.

297

Vous vous dirigez vers un infâme tripot, l'auberge du Mauvais Payeur, située dans les bas quartiers du port. Là, dans ce bouge à l'enseigne d'un homme pendu par les pieds, Hazgard aurait passé près d'une heure à jouer aux dés et à s'enivrer. Des rires et des éclats de voix s'élèvent de la salle enfumée, mais votre arrivée est accueillie par un silence pesant. Des dizaines de faces patibulaires suivent votre progression quand vous avancez sur les lattes couvertes de sciure du plancher.
– Un ange passe, murmurez-vous à vos compagnons.
– Oui, réplique Grimez dans un souffle. L'ange de la mort. Filons d'ici, c'est un véritable repaire de truands.
Peu à peu, les habitués reprennent leurs activités et le tumulte reprend. Vous remarquez malgré tout quelques regards peu amènes qui vous fixent. Si vous restez malgré le danger, rendez-vous au **146**. Mais vous pouvez quitter le tripot pour chercher à obtenir des renseignements concernant El Draque (rendez-vous au **183**) ou à propos de la reine (rendez-vous au **221**). Si vous avez suffisamment collecté de rumeurs, rendez-vous au **392**.

298

Vous ne pouvez rien faire pour éviter d'être capturés. Les pirates vous reconduisent à bord de la *Belle Dame* et vous jettent aux pieds d'Hazgard, telles des offrandes à une divinité païenne. Sous la lueur blafarde de la lune, sa barbe noire luisante le fait ressembler au diable en personne.

– Misérable vermine ! hurlez-vous. Tu ne peux forcer d'honnêtes gens à mener une vie de pirates !

Hazgard pousse un grognement mauvais et crache à terre.

– Tu as raison, mon joli. Vous n'avez rien de flibustiers. Vous voulez un boulot honnête ? Soit. Que diriez-vous de ramasser les coquillages, pour commencer ? Qu'on les prépare pour la grande cale !

Les pirates hilares vous suspendent au mât de misaine et vous font passer sous la carène. Accroché à l'ancre, vous passez sous le bateau, votre corps raclant la coque hérissée de berniques. Lorsqu'ils vous hissent de l'autre bord – après avoir pris leur temps – c'est un cadavre sanguinolent qu'ils remontent. Votre aventure est terminée et vos compagnons vont subir la même torture.

299

Rayez de votre *Feuille d'Aventure* le nombre de diamants que vous consacrez à l'achat du navire. Si vous dépensez :

3 diamants	Rendez-vous au **337**
2 diamants	Rendez-vous au **356**
1 diamant	Rendez-vous au **375**

300

Il va falloir trouver un meilleur navire, car le vôtre n'est pas de taille à affronter celui d'Hazgard. Réunis dans la cabine de l'*Échalote*, vous recensez vos possibilités. Si vous avez rencontré Timmy Mortice et s'il vous a parlé du trésor d'El Draque, rendez-vous au **319** pour partir à sa recherche. Si, après avoir fui la *Belle Dame*, vous avez croisé un navire pris dans les glaces, vous pouvez partir à sa recherche en vous rendant au **338**. Sinon, il ne vous reste qu'à vous lancer à votre tour dans la piraterie si vous voulez vous procurer de l'argent. Rendez-vous au **357**.

301

De retour à Port Sélénice, vous vous rendez sans tarder aux chantiers de maître Kemp et vous négociez l'achat d'un galion de bonne taille en échange de votre butin. Vous inspectez avec soin le bâtiment qu'il vous propose. Hormis quelques points de détails, l'offre paraît satisfaisante.

– Il fera l'affaire, maître Kemp, dites-vous en tapotant un des canons. Comment se nomme-t-il ?

– Mes amis, vous êtes à bord du *Hunier Frémissant*.

Rendez-vous au **184**.

302

L'homme vous dévisage longuement avant de détourner la tête en grommelant.

– Par le diable, cet homme a trop de volonté.

Il lève à nouveau les yeux vers vous. L'expression amène et courtoise qu'il arborait a cédé la place à un rictus haineux.

– Fort bien, nous ne pouvons monter à bord sans y être invités, dit-il d'une voix sifflante. Mais je t'avertis, frêle créature du jour au sang chaud : ne touche pas à mon trésor. Sinon, ma malédiction te poursuivra jusqu'à la tombe et par-delà la mort. Je le jure, aussi vrai que je me nomme El Draque !

La barque fait demi-tour et disparaît dans les brumes. Au matin, vous vous demandez si vous n'avez pas été le jouet d'une hallucination, mais la menace d'El Draque vous revient en mémoire à l'instant de faire charger le trésor à bord. Peut-être n'était-ce qu'un rêve ? Et la malédiction formulée par un fantôme dans un songe doit-elle être prise au sérieux ? Si vous prenez la mer sans toucher au trésor, rendez-vous au **396**. Si vous l'emportez, notez le mot de passe *Maléfic* et rendez-vous au **16**.

303

– Hazgard a refermé son piège autour de *La Rose*, dites-vous. C'est donc là que nous le trouverons.
Il serait imprudent de manœuvrer votre navire dans ce brouillard, mais une chaloupe courra moins de risques. Entouré de vos compagnons et de quelques ruffians aguerris, vous vous enfoncez en silence dans la chape blanchâtre qui stagne sur les eaux.
– Le brouillard semble naître de *La Rose* elle-même dit Oakley. Je n'ai jamais connu une telle purée de pois. C'est à peine si je vois Blutz et pourtant on ne peut pas le manquer !
– Épargnez-moi vos sarcasmes, monsieur Oakley, réplique Blutz d'un ton outragé, et je ne parlerai pas de votre gros nez épaté.
Malgré la gravité de la situation, vos hommes ne peuvent réprimer quelques ricanements.
– La lune réapparaît, dit soudain Grimez avec le plus grand sérieux. Le *Chien de Lune* va bientôt reprendre les airs. J'espère que nous arriverons à temps.
La coque massive de *La Rose* émerge brusquement du brouillard devant vous. Vous amarrez la cha-

loupe à l'échelle et vous montez à la tête de votre troupe. Si vous possédez un casque en bronze et si vous le coiffez maintenant, rendez-vous au **190**. Sinon, rendez-vous au **209**.

304

Une détonation retentit dans la brume et la baguette de Mirabilis explose dans ses mains. Vous vous retournez tous deux, également étonnés. Un personnage, d'allure aristocratique et portant grand uniforme de la flotte, se tient à distance, son pistolet encore fumant à la main. Il ne peut s'agir que de l'amiral Calidor, commandant en chef de la flotte royale.
– Votre baguette vient de se briser, Mirabilis, dit-il sèchement.
Il vient de réussir sans doute le tir le plus incroyable de sa carrière, mais il n'en laisse rien paraître.
– Amiral, commence Mirabilis d'une voix inquiète. Ce pirate...
– Épargnez-moi vos boniments, tranche Calidor en s'emparant du deuxième pistolet glissé dans son ceinturon. Vous êtes démasqué, Mirabilis. Je vous arrête pour haute trahison.
Des troupes en armes investissent le pont. Mirabilis montre soudain son vrai visage et, avec un hurlement de haine, il lance un poignard. L'arme vous atteint au bras et vous perdez 1 POINT DE VIE.
Avant que les troupes ne l'encerclent, il se précipite par-dessus bord. Est-ce un suicide ou une tentative d'évasion ? Vous n'avez pas le temps de vous en préoccuper : des filins émergent de la brume et Hazgard et ses hommes surgissent du néant tels des spectres. Calidor et ses hommes se tiennent prêts au combat, mais vous les dépassez, une lueur haineuse dans les yeux, quand le pirate pose le pied sur le

pont. Hazgard est pour vous seul et il va payer tout ce qu'il vous a fait subir... Rendez-vous au **171**.

305

Vous avancez d'un pas confiant et vous lui tapez sur l'épaule.

– Monsieur Fitzhugh, je vous cherchais. Le capitaine vous réclame sur le pont. Nous devons faire route vers Glorianne.

Décontenancé par votre assurance, le timonier vous accompagne vers l'escalier des cabines, mais il s'arrête bientôt et regarde en direction de la chambre d'Hazgard.

– Glorianne ? Mais c'est à un mois d'ici ! On ne m'a pas prévenu.

– Il faut bien enlever la reine, répliquez-vous d'un haussement d'épaules.

Fitzhugh hésite, ne sachant trop que penser et il tourne les talons vers la cabine du capitaine pour vérifier votre histoire. Vous mettez un terme à cette conversation en l'assommant d'un coup derrière la nuque et vous le déposez en silence sur le sol. Hâtez-vous de rejoindre vos compagnons en vous rendant au **172**.

306

Vous n'avez pas à vous aventurer bien loin dans la jungle pour récolter de pleines brassées de fruits et de noix. Vous étanchez votre soif à l'onde claire d'un ruisseau, jusqu'à ce que vos estomacs soient gonflés comme des outres. Rassasié, Oakley pousse un soupir de satisfaction en se roulant dans l'herbe.

– Ah ! s'exclame-t-il. Jamais l'eau ne m'a paru si bonne ! Mais il est temps de regagner notre chaloupe.

Notez sur votre *Feuille d'Aventure* que vous possédez l'équivalent de trois rations, chacune d'elle comptant pour un objet. Si, par la suite, le texte vous demande de consommer une ration, il vous suffira de la rayer de la liste de vos possessions. Rendez-vous au **344**.

307

Profitant que des nuages dissimulent le disque lunaire, vous embarquez dans la chaloupe et vous ramez en silence. Le navire s'est ancré à l'entrée de la baie et vous devez passer à proximité pour rejoindre la haute mer.

– J'ai l'impression de passer à pas feutrés devant un dragon endormi, murmure Oakley, toujours sarcastique.

– Oh non ! dit soudain Blutz. Je vais... At...atchoummm !

Tout en maudissant le mauvais sort, vous vous aplatissez tous les quatre au fond de la chaloupe, en priant pour que l'homme de quart n'ait rien entendu. Hélas, vos prières sont vaines et une silhouette se penche bientôt par-dessus le bastingage. Le destin n'a aucune pitié pour vous ce soir : au même instant, le nuage qui masquait la lune s'éloigne et ses rayons baignent votre chaloupe d'une lueur argentée. Le vigile n'aura aucun mal à vous apercevoir. Si vous pratiquez l'Escrime et si vous possédez une épée, vous pouvez tenter une action en vous rendant au **364**. Sinon, rendez-vous au **383**.

308

Avec l'aide de vos compagnons, vous construisez un radeau composé de bambous et de palmiers que vous dotez même d'une voile rudimentaire de palmes tressées. Vous devez travailler vite car vous ne disposez que d'une seule nuit et, dans la précipitation, vous ne sauriez dire si votre construction sera assez solide pour vous mener à l'île suivante. Si vous bénéficiez d'une Protection magique, vous pouvez lancer un charme pour rendre votre radeau insubmersible. Vous allez :

Prendre la mer aussitôt	Rendez-vous au **135**
Vous cacher dans la jungle	Rendez-vous au **346**
Retourner au palais avant l'aube	Rendez-vous au **327**

309

Vous saisissez la sorcière par la taille dans le but avoué de la soulever de terre. La bougresse n'entend pas se laisser faire et se débat avec une force incroyable. Vous avez l'impression de lutter avec une bête fauve ! Mais vous parvenez à vos fins et ses deux pieds quittent enfin le sol. Avec un grognement digne d'un lutteur de foire, vous la brandissez au-dessus de votre tête. Vous remarquez alors les racines vertes qui dépassent de sa voûte plantaire. Vous venez de les arracher du sol et elles flétrissent aussitôt. Vous sentez qu'Ejada perd de sa vigueur. Ses coups deviennent de simples caresses et ses hurlements se tarissent peu à peu. Rendez-vous au **157**.

310

Vous devez remettre au chef un des présents suivants : une épée, un pistolet, une baguette, une amulette, un bateau dans une bouteille, une conque, un talisman chauve-souris, un éventail noir ou bien la totalité de votre or. Si vous possédez un de ces objets, rayez-le de votre *Feuille d'Aventure*. Dans le cas contraire, ou si vous ne désirez pas vous séparer de vos biens, retournez au **272** et faites un autre choix.

Bientôt, flanqué de deux pirogues chargées de vivres, vous quittez l'île Pandanus et mettez cap au sud. Après quelques jours en mer, vous apercevez une voile par tribord. Le vaisseau émerge des brumes matinales et vous êtes bientôt en mesure de distinguer la figure de proue et son nom : Le *Joyau des Cieux*. Oakley, pour sa part, s'intéresse davantage aux couleurs qu'il arbore.

– Nous sommes sauvés ! s'exclame-t-il, c'est un vaisseau de la Ligue !

Vous prenez congé des indigènes en les remerciant de vous avoir accompagnés aussi loin et vous grimpez à bord du *Joyau des Cieux*. Malgré la joie de retrouver les vôtres, vous partagez les sentiments de Blutz qui regarde votre chaloupe s'éloigner au gré des flots.

– Il nous a menés jusqu'ici, malgré tout ce qu'il a dû subir, dit-il, visiblement ému. Je connais peu de bateaux qui en auraient fait autant.

Alors, à la stupéfaction de l'équipage, vous adressez

un dernier salut de la main à la petite embarcation qui s'en va. Rendez-vous au **370**.

311

Bientôt, une imposante masse sombre surplombe votre chaloupe, les voiles noires du navire dessinant des carrés de ténèbres dans le ciel crépusculaire. Un silence pesant plane sur le navire et vous craignez un instant d'avoir affaire à un vaisseau fantôme, mais une silhouette se penche sur le bastingage et vous salue.

– Bienvenue à bord, Étrangers ! lance une voix.

Aussitôt, une échelle de corde est déroulée contre la coque. Vous échangez un regard inquiet avec vos compagnons, mais vous n'avez guère d'autre choix. Vous courez à une mort certaine si vous demeurez plus longtemps à bord de cette coquille de noix prenant l'eau de toute part. Rassemblant votre courage, vous escaladez l'échelle qui se balance contre la coque et vous arrivez à hauteur du pont. Le capitaine vous tend une main secourable pour vous hisser à bord mais la lueur fiévreuse de son regard ne vous dit rien qui vaille.

– Grimpe à bord ! dit-il d'une voix pressante. Prends ma main !

Si vous possédez la compétence d'Agilité et si vous désirez recourir à une ruse, rendez-vous au **353**. Si vous grimpez à bord, rendez-vous au **422**. Si vous redescendez dans votre chaloupe pour prendre la fuite, rendez-vous au **330**.

312

Une lueur farouche et déterminée au fond des yeux, vous brandissez votre baguette vers le ciel, comme un chef d'orchestre s'apprêtant à diriger une sym-

phonie. Vos compagnons reculent, effrayés par l'aura de pouvoir qui émane de votre personne.
– Que comptes-tu faire ? demande Oakley.
– Je vais invoquer celui qui est à l'origine de cette malédiction, dites-vous en toute simplicité.
A ces mots, vous entamez les paroles du rituel d'invocation et votre baguette se pare d'un halo verdâtre. Comme votre incantation gagne en puissance, les cieux répondent par des craquements de tonnerre déchirant les nuages et baignent le navire d'un éclat fantomatique. La fureur s'empare des flots et le navire roule, environné de vagues titanesques. La bourrasque balaie le pont et emporte les paroles de votre incantation. Soudain, à portée de canon, une colonne de feu tombe dans la mer, projetant à la ronde des myriades d'étincelles.
– Arrête ! Pour l'amour de Dieu ! s'écrie Oakley d'une voix blanche. Tu veux nous faire mourir !
Brusquement le vent se calme et les nuages striés d'éclairs cessent de vrombir. Un silence pesant s'ensuit et la pluie se remet à tomber en fines gouttelettes. Non, ce n'est pas de la pluie ; elle a une saveur entêtante et elle s'écoule en dessinant des ruisseaux pourpres sur le pont. Blutz lève des yeux émerveillés vers le ciel et s'écrie :
– Les gars ! Il pleut du vin !
A cet instant un grognement de bête fauve résonne dans votre dos. Un être impressionnant se tient dans un char orné de lierre que tirent quatre panthères géantes. Sa peau a la couleur de l'or et son regard l'éclat des gemmes. Des boucles d'un noir de jais encadrent son visage poupin.
– Vous m'avez appelé ? demande-t-il d'une voix grondant comme un coup de tonnerre.
Vous tombez à genoux et vous enjoignez à vos compagnons de vous imiter.

– Inclinez-vous et demeurez tête basse, murmurez-vous. Nous sommes devant le dieu Dionysos ! Rendez-vous au **59**.

313

Empoignant les rames, vous vous éloignez sous le couvert de la nuit, mais l'homme sur son radeau vous a entendus.

– Revenez ! lance-t-il, désespéré. Ne m'abandonnez pas ! Revenez !

Mais ses appels sont emportés par le vent. Vous regardez vos compagnons : tous arborent une mine honteuse.

– Qu'aurions-nous fait de lui ? aboie Oakley comme pour se justifier.

– Il a raison, approuve Blutz. Sa situation n'est pas pire que la nôtre. Le courant nous entraîne et un radeau flotte aussi bien qu'une chaloupe sur ces eaux.

– De toute manière, nous n'avions rien à partager, sinon des ennuis, murmure Grimez.

Vous éprouvez vous aussi quelques regrets, surtout lorsque vous réalisez que cet homme possédait peut-être des vivres... Rendez-vous au **332**.

314

Mortice enfonce ses longs ongles pointus dans votre gorge et le sang coule. Vous perdez 2 POINTS DE VIE. Si vous survivez, Mortice assure sa prise et vous soulève de terre comme un fétu de paille ! Vous ne pouvez rien contre lui, il possède la force de six hommes. Poussant un hurlement sauvage, Mortice vous jette à l'eau. Oakley tranche aussitôt l'amarre qui maintenait le radeau et Blutz s'empare d'une rame. Vous remontez à la surface, crachant et toussant et vous tentez d'attraper la rame que l'on vous tend. Si vous connaissez la Navigation, vous parvenez à remonter à bord, sans lâcher votre épée. Sinon, vous n'êtes pas assez bon nageur et vous devez abandonner votre arme pour saisir la rame (rayez votre épée de votre *Feuille d'Aventure*). Rendez-vous au **276**.

315

Vous sortez l'éventail de votre chemise et vous le déployez. Hazgard éclate d'un rire lourd de sarcasmes.

– Alors, mon mignon, tu joues les coquettes ? Il fait chaud, je te le concède, mais ce n'est rien à côté de l'endroit où je vais t'envoyer !

Indifférent à ses railleries, vous agitez l'éventail et des transformations notables se font sentir dans l'air. Hazgard les remarque lui aussi et son sourire se fige. Son instinct de marin ne peut pas le tromper. Il se tourne vers l'océan et hume la brise.

– Un ouragan se prépare ! s'exclame-t-il, interloqué.

Le ciel se pare rapidement d'une inquiétante couleur jaune et un chapelet de nuages se rassemblent à l'horizon. La mer devient vert sombre et se hérisse de moutons blancs au fur et à mesure que le vent se lève. Une violente bourrasque s'engouffre dans la baie et la *Belle Dame* se met à tanguer comme un jouet.

– Tous à la chaloupe ! hurle Hazgard. Prenons la mer au plus vite ou nous allons nous fracasser sur la côte !

Hazgard se tourne une dernière fois vers vous avant de rejoindre ses hommes.

– Tu ne perds rien pour attendre ! Quand nous nous reverrons, tu me supplieras de t'achever !

Ses paroles sont emportées par la tempête et bientôt

la *Belle Dame* s'éloigne sous un ciel strié d'éclairs. Vous remarquez alors que l'éventail s'est réduit en cendres dans votre main. Rayez-le de votre *Feuille d'Aventure.* Mieux vaut que vous ayez quitté l'île avant que le pirate ne revienne, aussi sortez-vous votre chaloupe de sa cachette pour reprendre votre voyage. Rendez-vous au **177**.

316

Scriptorius s'empare de la conque et l'observe sous tous les angles en ricanant. Vous ne pouvez vous empêcher de penser que cette vieille barbe n'a plus toute sa tête mais, quoi qu'il en soit, il n'a pas son pareil pour identifier les objets magiques.
– Oh, oh, voilà un objet de grande valeur, dit-il finalement. C'est la conque de Poséidon. Si tu en joues sur le bord du rivage, la légende prétend qu'un vaisseau fantôme surgira des flots pour te conduire aux portes du palais du dieu. Mais il est dit aussi que la clef de la porte ne peut être touchée, ni même aperçue par un mortel. Alors...
Scriptorius réclame un doublon d'or pour son identification. Rayez-le de votre *Feuille d'Aventure.* Si vous désirez lui vendre la conque de Poséidon, il vous en offre 20 doublons d'or. Si ce n'est déjà fait, vous pouvez lui demander d'identifier :

L'anneau de dragon	Rendez-vous au **373**
Le casque en bronze	Rendez-vous au **354**
Le talisman chauve-souris	Rendez-vous au **335**

Si vous ne possédez pas ces objets ou si vous refusez de payer le prix qu'il réclame, vous devez prendre congé. Rendez-vous au **392**.

317

La balle atteint Ejada entre les deux yeux, mais sans plus d'effet que si vous aviez tiré dans un tronc d'arbre. La sorcière vous adresse une grimace narquoise.

– Est-ce là ton meilleur tir ? Attends de voir le mien...

Elle s'élance sans crier gare et vous plonge les doigts dans l'estomac. La blessure vous coûte 4 POINTS DE VIE (à moins que vous ne possédiez un bouclier de plumes, auquel cas vous ne perdez que 2 POINTS DE VIE). Si vous voulez recourir au Combat à mains nues, rendez-vous au **241**. Si vous voulez employer des Sortilèges (et si vous possédez une baguette), rendez-vous au **384**. Mais vous pouvez aussi prendre la fuite : rendez-vous en ce cas au **5**.

318

Vous présentez le titre de propriété à la capitainerie du port et un responsable vous guide sur les quais en direction d'un superbe galion dont la figure de proue scintille au soleil.

– Il est magnifique, s'exclame Blutz en grimpant sur la passerelle. Avec cette merveille, nous aurons tôt fait d'abattre Hazgard.

– Veux-tu filer d'ici, gros bouseux ! hurle un homme en montrant le poing. Fiche le camp de ma passerelle, tu vas la briser !

Le responsable qui s'éloignait déjà revient à toute allure en entendant les hurlements.

– Votre bateau est un peu plus loin, dit-il en désignant le bout du quai. Vous regardez l'embarcation qu'il désigne et votre enthousiasme retombe aussitôt. Le sloop penche légèrement sur le côté et ses quelques canons présentent de sérieux points de rouille. Vous n'aurez aucune chance face au nou-

veau galion d'Hazgard. Oakley s'approche et vous tape sur l'épaule.
– Allons, cap'taine ! A nous d'en tirer le meilleur parti.
Vous hochez la tête, peu convaincu, et vous montez à bord de l'*Échalote*. Rendez-vous au **300**.

319

Vous consultez les cartes avec vos compagnons. Si vous faites route vers :

L'île de la Tortue	Rendez-vous au **186**
Port Leshand	Rendez-vous au **339**
L'île des Tibias Croisés	Rendez-vous au **358**

320

Sélénice est un véritable nid de boucaniers et vous n'avez aucun mal à trouver un équipage expérimenté. Certains ont eu vent de vos exploits et veulent s'associer à votre quête de gloire et de fortune. D'autres, de manière plus prosaïque, connaissent votre haine pour Hazgard et ont, eux aussi, un compte à régler avec le pirate. Tandis que vous signez l'engagement des derniers marins, Blutz arrive en courant et franchit la passerelle en trois enjambées.
– J'ai rencontré un type, halète-t-il en prenant appui sur votre table. Il était engagé comme pilote pour guider le convoi royal à travers les récifs de l'archipel des Brumes. Il m'a dit que la flotte fait route vers Port Tudor et qu'elle y restera pendant la saison des ouragans.
– La saison des ouragans ? s'étonne Oakley. C'est dans un mois !
– Non, reprend Blutz. Selon ce type, elle aurait lieu

plus tôt cette année. Le sorcier de la reine est formel, il a calculé lui-même l'horoscope.
Oakley vous prend par l'épaule.
– Tout s'éclaire, cap'taine, dit-il. Hazgard va attaquer le convoi avant qu'il ne rejoigne Port Tudor.
– Bien sûr ! vous exclamez-vous. Vite ! Hissez les voiles et cap sur Tudor, il n'y a pas une minute à perdre !
Rendez-vous au **138**.

321

Les vampires se ruent à l'attaque, enivrés par la proximité du sang chaud. Ils ne ressentent aucune douleur et ne réagissent pas aux coups de sabre qui les mutilent atrocement. Vous sentez le désespoir vous envahir et vous envisagez un instant la défaite, mais la résolution de votre équipage livrant bataille autour de vous vous redonne le courage de poursuivre. Vous repartez à l'assaut, en hurlant votre rage.
– C'est mon navire ! grondez-vous. Et ce n'est pas une bande de cadavres qui va me l'enlever !
Votre cri décuple l'énergie de vos troupes qui coupent et tranchent dans les chairs mortes avec une rage renouvelée. Malgré cela, les vampires ne cèdent pas un pouce de terrain... Si vous pratiquez l'Escrime et si vous possédez une épée, vous perdez 4 POINTS DE VIE. Si vous pratiquez le Tir (à condition d'avoir un pistolet) ou le Combat à mains nues, vous perdez 6 POINTS DE VIE. Si vous ne possédez aucune capacité combative, vous perdez 8 POINTS DE VIE. Si vous survivez, rendez-vous au **340**.

322

Le fracas du canon déchire la nuit et votre navire est touché de plein fouet alors qu'il entamait la manœuvre d'approche. Un de vos marins tombe à l'eau, emporté par un boulet et un autre passe à quelques centimètres de vous. Vous demeurez de marbre et vous continuez à diriger la manœuvre. Rayez une étoile à votre navire. S'il ne possède plus aucune étoile, rendez-vous au **227**. Sinon, vous pouvez demeurer sous le vent (rendez-vous au **379**) ou contourner le *Chien de Lune* (rendez-vous au **360**).

323

– Je ne sais pas comment tu as pu survivre à mon tir, grogne Hazgard. Mais cette fois tu ne t'en tireras pas à si bon compte ! Je vais t'arracher la tête et elle trônera en bonne place dans ma cabine.

Vous ne répondez pas, préférant conserver toute votre hargne pour le combat final. Suspendu par une main au filin, vous luttez entre ciel et terre, environné par le vide. Si vous pratiquez le Tir ou l'Escrime (avec les armes requises), vous perdez 2 POINTS DE VIE. Si vous pratiquez le Combat à mains nues, vous perdez 3 POINTS DE VIE. Sans aucune compétence de combat, vous perdez 5 POINTS DE VIE. Si vous survivez à la bataille, rendez-vous au **342**.

324

Hazgard vous surplombe et son visage grimaçant vous apparaît comme filtré par un voile écarlate. Sa voix tonne à vos oreilles : « la compagnie des morts !... » Bientôt l'image se brouille et s'éloigne dans un gouffre obscur. Vos forces vous abandonnent. Votre pire ennemi vient de sceller votre destin et plus rien ni personne ne pourra l'arrêter. Votre aventure est terminée.

325

Vous vous enfoncez dans la jungle, en direction des bruits d'une rivière. Vous vous frayez un passage dans la végétation et vous découvrez bientôt une étendue d'eau scintillante à laquelle vous étanchez votre soif. Vous remontez le courant de la rivière pendant quelque temps et vous débouchez dans une clairière. Un large monolithe se dresse au centre de l'espace. La surface grise de la pierre est partiellement couverte de mousse et les rayons du soleil filtrant entre les arbres éclairent une rangée de pictogrammes gravés. Impressionnés par ce monument à la beauté sauvage, vous vous approchez pour dégager les motifs qui l'ornent. Certains sont encore lisibles, bien que vous n'ayez pas la moindre idée de ce qu'ils représentent. Le monolithe se dresse, tel un gardien silencieux, environné par les bruits étranges de la jungle.

– Nous ferions mieux de retourner à la chaloupe, déclare Oakley en réprimant un frisson.

Rendez-vous au **344**.

326

Vous dissimulez votre chaloupe et vous prenez position sur une hauteur surplombant la crique. Au matin, une embarcation quitte la *Belle Dame*. Vous comptez six hommes à bord : Hazgard, flanqué de Curshaw, son âme damnée, et de Porbuck, le timonier. Borograve, le canonnier, et deux pirates de confiance, portant des pelles, sont aussi de la partie. Cachés sous le couvert des arbres, vous observez le sinistre équipage qui s'enfonce dans la jungle, Hazgard ouvrant la marche. De temps à autre, il cherche des points de repère tout en consultant un parchemin. Blutz pousse une exclamation étouffée.
– Ils vont déterrer un trésor ! murmure-t-il.
Oakley fronce les sourcils, une lueur meurtrière au fond des yeux. Vous sentez qu'il fait de sérieux efforts pour ne pas bondir de sa cachette et se ruer sur Hazgard. Vous partagez son sentiment et vous brûlez autant que lui de prendre votre revanche sur cette brute, mais vous savez aussi que, dans votre état, le combat serait joué d'avance. Si Maître Jacasse, le singe, est avec vous, rendez-vous au **99**. Sinon, allez-vous suivre Hazgard à distance (rendez-vous au **4**) ou donner le signal d'attaquer (rendez-vous au **267**) ?

327

Ejada vous attend devant son palais et vous regarde approcher d'un air hautain. Elle est vêtue d'une toge constellée de pierreries qui lui confère une allure de déesse et tient un poignard sacrificiel de pierre polie.
– La déesse mère réclame une âme mortelle. Qui d'entre vous ira la rejoindre ? Le moment de vérité est arrivé. Vous pouvez, bien sûr, prendre la fuite :

rendez-vous alors au **5**. Mais si vous choisissez de rester, vous pouvez :

La combattre	Rendez-vous au **365**
Lui offrir un fragment d'âme	Rendez-vous au **119**
User de Sortilèges (avec la baguette)	Rendez-vous au **384**

328

Au terme d'une lutte farouche, vous portez finalement le coup fatal. A votre stupéfaction, Ejada ne réagit pas comme un mortel en pareille circonstance : elle pousse un cri rauque et s'effondre sur le sol comme un pantin dont on aurait sectionné les fils. Une humeur verdâtre s'échappe de ses blessures et ses tresses se flétrissent, telles des lianes qui se fanent.
– C'était une sorte de légume, ou je ne m'y connais pas, annonce Blutz en lui touchant la joue. Ça ressemble plus à du bois qu'à de la chair.
Vous haussez les épaules et rengainez votre épée.
– N'a-t-elle pas dit qu'elle était la fille d'une déesse de la Terre ?
Une rapide exploration du temple vous permet de découvrir plusieurs trésors : un bâton magique, une potion de soins, un bateau dans une bouteille et un cerf-volant noir. Vous pouvez boire le contenu de la fiole quand vous le désirez. Elle vous permet de retrouver la totalité de vos POINTS DE VIE. Quant aux autres objets, seul l'avenir vous dira s'ils sont d'une quelconque utilité. Vous retournez à votre chaloupe et vous quittez l'île sans délai. Rendez-vous au **137**.

329

Si vous avez récemment eu recours à un sortilège d'orage pour éloigner la *Belle Dame* et l'empêcher de vous poursuivre, rendez-vous au **348**. Sinon, rendez-vous au **30**.

330

Le navire passe au loin, ses voiles noires se découpant contre l'horizon écarlate, et poursuit sa route sans fin. Le vaisseau laisse dans son sillage des relents de mort et de désespérance qui vous glacent jusqu'aux os, à l'instant où il se fond dans la nuit.

– Maudit soit ce froid, grogne Grimez tout en claquant des dents. Mettons cap au sud, garçons. Mieux vaut des chemins détournés mais tempérés que passer une journée de plus dans le froid et la tourmente.

Si vous acceptez de faire route au sud, rendez-vous au **135**. Si vous insistez pour poursuivre vers l'ouest, rendez-vous au **386** (si vous possédez le mot de passe *Peccant*) ou au **349** si vous n'avez pas le mot de passe.

331

Vous soulevez le tranchoir, mâchoires serrées.

– A qui l'honneur ? demandez-vous.

– Eh ? que veux-tu dire ? interroge Blutz en secouant ses bajoues comme un hamster effrayé.

– C'est l'évidence même, répond Grimez en désignant la caisse remplie de mains décomposées. La seule manière de quitter ce navire de malheur est de sacrifier une main.

– Les marins ont agi ainsi, approuve Oakley. Je ne sais pas si la douleur de l'amputation a rompu le charme ou bien s'ils ont suivi la malédiction au pied de la lettre, toujours est-il que je vois un tas de mains et aucun corps pour aller avec... Allez, je passe le premier.

Tour à tour, vous allez déposer votre main sectionnée dans la réserve d'eau avec celles qui s'y trouvent déjà. C'est un lourd sacrifice mais c'est le seul moyen que vous ayez trouvé pour rompre la malédiction. Vous perdez 1 POINT DE VIE et vous perdez aussi la compétence d'Agilité, si vous la possédiez (rayez-la de votre *Feuille d'Aventure*).
– Ne fais pas cette tête ! ricane Oakley en assénant une bonne claque dans le dos de Blutz. Le port du crochet est très à la mode cette année !
Riant jaune, vous redescendez à bord de votre chaloupe pour vous éloigner au plus vite. Rendez-vous au **405**.

332

Il y a maintenant plusieurs jours que vous naviguez sans avoir croisé une seule voile. Un doute vous ronge et finit par occuper toutes vos pensées : Seriez-vous partis trop loin vers le sud, hors des voies marchandes ; existe-t-il encore un espoir d'être secourus ? Vous demandez conseil à vos compagnons. Oakley et Grimez sont d'avis de remonter vers le nord afin de rallier l'archipel des Brumes. Là-bas, disent-ils, il sera possible de trouver de l'eau et des vivres. Blutz pense qu'il faut garder le cap.
– Les navires se font rares car la saison des tempêtes commencera dans un mois ou deux, mais il faut continuer vers l'ouest et nous serons repêchés.
Oakley hausse les épaules d'un air agacé.
– Les tempêtes ne commenceront pas avant huit semaines, dit-il. Non, nous ne voyons aucune voile parce que nous sommes bien trop au sud, voilà tout !
Si vous voulez remonter vers le nord, rendez-vous au **135**. Si vous préférez garder cap à l'ouest, rendez-vous au **351**.

333

Ses formes arrondies et sa couleur bleutée vous apprennent qu'il s'agit d'un vieil iceberg qui a perdu tout le sel qu'il pouvait contenir. La glace est donc buvable une fois fondue. Rendez-vous au **352**.

334

Est-ce un sixième sens ou votre instinct de survie qui guide vos doigts vers le talisman ? Vous ne sauriez le dire. Vous n'avez pas la moindre idée de la nature de ses pouvoirs mais vous espérez de toute votre âme qu'ils pourront vous venir en aide. Le ciel s'assombrit soudain, bien qu'aucun nuage ne vienne masquer le soleil. Une chape de ténèbres tombe sur la plage. Tous les marins présents sont de solides gaillards que rien ne saurait étonner mais ils regardent le ciel comme des bambins épouvantés. Un voile noire recouvre à présent le disque solaire et la nuit cède brusquement la place au jour. Profitant de la confusion, vous vous précipitez vers votre chaloupe et vous prenez la mer. Les hurlements enragés du pirate vous parviennent, charriés par le vent. Mais ses hommes, terrorisés, sont cloués sur place et refusent d'exécuter ses ordres. Votre répit est de courte durée et vous savez qu'Hazgard va vous prendre en chasse. Il va sûrement orienter ses recherches en direction de Port Leshand, aussi décidez-vous de mettre cap au sud. Quand l'éclipse se termine, vous êtes déjà loin de l'île. Vous constatez alors que le talisman s'est volatilisé. Rayez-le de votre *Feuille d'Aventure* et rendez-vous au **367**.

335

Scriptorius prend une loupe aux formes étranges et examine le talisman pendant de longues minutes en

fronçant les sourcils avant de donner son opinion.
– La chauve-souris est une divinité de l'ombre pour certaines civilisations, dit-il. Ce talisman apparaît avec un halo verdâtre sous ma loupe : ses pouvoirs peuvent opérer une fois, peut-être deux.
– A quoi sert-il ? demande Blutz.
– C'est une bonne question, répond Scriptorius, mais je n'en sais pas plus que toi. Peut-être permet-il de voir dans le noir... C'est un doublon d'or pour la consultation.
Il vous rend le talisman. Si vous le payez, rayez un doublon de votre *Feuille d'Aventure*. Vous pouvez maintenant lui demander d'identifier :

L'anneau de dragon	Rendez-vous au **373**
Le casque en bronze	Rendez-vous au **354**
La conque	Rendez-vous au **316**

Si vous ne possédez pas ces objets ou si vous refusez de payer le prix qu'il réclame, vous devez prendre congé. Rendez-vous au **392**.

336

Le colporteur est un petit bonhomme malingre avec les cheveux rassemblés en queue de cheval et portant un gros anneau d'argent à l'oreille. Une belette s'agrippe à son épaule, retenue par une ficelle attachée à son poignet. En vous voyant approcher, il soulève la bâche qui recouvre sa charrette et se met à présenter les objets les plus divers tout en annonçant les prix avec un débit vertigineux.
– Tout doux, l'ami, grommelle Oakley. Je n'arrive pas à suivre. Combien veux-tu pour ce coutelas ?
Si vous connaissez la Loi des rues, rendez-vous au **393**. Sinon, rendez-vous au **410**.

337

Kemp, le maître d'œuvre, est ravi de vous proposer un magnifique vaisseau de guerre de quatre-vingts canons.

– Voilà le *Météore*, dit-il. Il m'a été commandé il y a quelques mois, mais son futur propriétaire a eu des démêlés avec la justice et il croupit dans les geôles de Port Worshen en attente d'être exécuté. Dieu ait pitié de son âme. Quoi qu'il en soit ce vaisseau est à vous.

– Nous devrions peut-être le rebaptiser, suggère Oakley. Le *Météore*, c'est le choix de l'ancien propriétaire, pas le nôtre.

Si vous connaissez la Mythologie, rendez-vous au **394**. Sinon, vous pouvez rebaptiser votre vaisseau (rendez-vous au **411**) ou garder son ancien nom (rendez-vous au **184**).

338

Vous disposez de peu d'indices : une notion approximative de l'endroit où vous avez rencontré l'iceberg et de vagues suppositions quant à la direction dans laquelle il aura pu dériver. C'est comme si vous cherchiez une aiguille dans une meule de foin et vos compagnons ne se lassent pas de vous le répéter.

– Peut-être bien, répliquez-vous, mais cette aiguille est en or et, qui plus est, surmontée d'un diamant. Cela vaut la peine d'essayer.

Si vous connaissez la Navigation, rendez-vous au **359**. Sinon, vous pouvez tenter votre chance :

Au sud	Rendez-vous au **378**
Au sud-ouest	Rendez-vous au **56**
Au sud-est	Rendez-vous au **207**

Si vous préférez abandonner cette idée et vous lancer dans la piraterie, rendez-vous au **357**.

339

Vous engagez un petit équipage et, poussé par des vents constants, vous atteignez Port Leshand en une semaine. Hélas, une fois sur place, vous allez de désillusion en désillusion : personne ne sait où se trouve le trésor d'El Draque.

– De toute manière, si je le savais, crois bien que j'irais le chercher moi-même, réplique un vieux loup de mer que vous interrogez.

A ces mots, tous ses compagnons de table se signent et les bouches, plus promptes d'ordinaire à lâcher des jurons, marmonnent une prière.

– N'écoute pas ce pochard ! intervient un des hommes. Celui qui partira à la recherche de ce butin devra vendre son âme au diable avant de prendre la mer !

Blutz est troublé par ce qu'il vient d'entendre et, contrairement à leur habitude, Oakley et Grimez partagent ses craintes.

– Écoute, cap'taine, dit Oakley. Manifestement cet El Draque promène une sale réputation. Tout cela est étrange. Il est supposé être mort mais je n'ai jamais vu un cadavre causer autant de frayeur !

– Faisons un peu de piraterie, suggère Grimez. C'est le seul moyen de nous offrir rapidement un nouveau navire.

Si vous persistez à vouloir retrouver le trésor d'El Draque, rendez-vous au **377**. Si vous suivez l'avis de Grimez, rendez-vous au **357**.

340

Les membres tranchés gigotent sur le pont comme autant de poissons sortis du filet et ce ne sont pas seulement ceux des vampires. Partout, les corps mutilés de vos marins gisent dans une mare de sang et leurs cris d'agonie résonnent dans la brume. Seuls trois vampires sont encore debout, mais votre riposte farouche a calmé leurs ardeurs meurtrières et ils se sont repliés vers le bastingage. Alors, sans vous quitter des yeux, ils s'agenouillent et, grondant comme des bêtes, ils entreprennent de lécher le sang qui tapisse les planches.

– Oh, mon Dieu ! gémit Grimez en se détournant, à la limite de la nausée.

Les trois derniers vampires se relèvent et vous fixent. Grimez, Oakley, Blutz et vous-même êtes les seuls encore en mesure de combattre, mais cette lutte a eu raison de vos dernières forces et vous craignez pour l'issue de l'ultime assaut. A votre grande surprise, les vampires ne repartent pas à la charge : ils se contentent de vous fixer, leurs bouches encore barbouillées de sang frais. Leur chef prend alors la parole. Il a le teint livide des morts, mais son corps est intact et son regard d'un bleu métallique est animé d'une haine froide.

– Je suis El Draque, dit-il. Je dois admettre que tu t'es bien défendu. Pour cette raison, je te laisserai la vie sauve. Nous allons quitter ton navire, mais je te préviens : ne touche pas au trésor qui se trouve dans les cercueils ou ma malédiction te poursuivra jusqu'à la fin de tes jours...

A ces mots, il enjambe le bastingage et disparaît dans la brume avec ses deux créatures. Vous n'entendez pas le moindre bruit, et vous ne voyez rien en allant scruter la surface des eaux. Les vampires tombés au combat se dissolvent en une fumée glauque qui stagne à mi-hauteur du pont et ne disparaîtra qu'avec le lever du jour. Vous rendez les derniers hommages à vos morts et vous soignez les blessés avant de rassembler les officiers. Vous devez décider si vous emportez ou non le trésor. Si vous l'embarquez à bord, notez le mot de passe *Maléfic* et rendez-vous au **16**. Si vous l'abandonnez sur place, rendez-vous au **396**.

341

Le *Chien de Lune* manœuvre lentement par vent contraire et cherche à se rapprocher. Il essuie chaque fois le feu nourri de vos canons, mais votre navire verse légèrement sous le vent et aucun de vos tirs ne peut atteindre la mâture ennemie. Vos boulets ouvrent des brèches dans sa coque, mais le *Chien de Lune* n'a pas encore dit son dernier mot : il vire et se prépare à tirer une bordée. Et vous quelle manœuvre allez-vous tenter ? Si vous voulez :

Maintenir votre position	Rendez-vous au **19**
Préparer l'abordage	Rendez-vous au **38**
Prendre la fuite	Rendez-vous au **57**

342

Hazgard pousse un dernier hurlement et tombe dans le vide pour aller s'écraser sur le pont en contrebas. Vous sentez que le filin remonte vers les hauteurs et vous vous empressez de vous laisser glisser. Vous retrouvez vos compagnons autour du cadavre d'Hazgard.

– Les ruffians ont perdu leur capitaine, dit Grimez en regardant le *Chien de Lune* qui s'éloigne rapidement entre les nuages.

– Dommage, grogne Oakley. J'avais quelques comptes à régler avec Porbuck et Purshaw.

– N'ayez crainte, mes amis, dites-vous. Ils ne nous échapperont pas longtemps. A chaque jour suffit sa peine et nous avons fait du bon travail ce soir.

– En effet, répond une voix dans votre dos.
Un personnage en grand uniforme de la flotte vient de faire son apparition avec une escouade de soldats. Ce ne peut être que l'amiral Calidor.
– Sans votre intervention, je ne crois pas que nous aurions pu tenir tête à ces pirates. Nous avons eu quelque peine à maîtriser leur complice, le sorcier Mirabilis.
– Monseigneur, dites-vous. Ils projetaient d'enlever la reine.
– Nous savons cela, répond-il avec un petit sourire. A ce propos, Sa Majesté tient à vous remercier personnellement...
Rendez-vous au **426**.

343

Vous quittez l'auberge en fendant la foule des badauds attirés par la nouvelle.
– Es-tu celui qu'Hazgard a abattu ? demande un vieil homme en apercevant le sang sur votre chemise.
– C'est exact, répondez-vous.
L'homme vous presse de questions et demande à voir l'objet qui vous a sauvé la vie.

– C'est un bon investissement, dit-il. Je vais m'acheter le même.
– Dis donc, le vieux, tranche Blutz. Sais-tu par où sont partis Hazgard et sa bande ?
– Un peu de respect pour mes cheveux blancs, mon gros, réplique-t-il. Pour répondre à ta question, je les ai vus filer par cette ruelle, en direction du port.
– La crapule a mis les voiles ! enrage Oakley. Nous devons nous procurer un navire au plus vite !
Si vous possédez :

Un bateau dans une bouteille et un tire-bouchon	Rendez-vous au **261**
Une conque	Rendez-vous au **280**
Un titre de propriété	Rendez-vous au **318**
Des diamants pour acheter un navire	Rendez-vous au **299**

Faute de tout cela, vous n'avez aucun espoir de poursuivre Hazgard et votre aventure se termine ici.

344

De retour au sommet de la falaise, vous découvrez une douzaine de sauvages qui vous interdisent l'accès de l'échelle de corde. Ils sont simplement vêtus d'un pagne végétal et une tête de mort est peinte à l'ocre rouge sur leur visage.
– Voilà donc pourquoi l'île se nomme ainsi, murmure Oakley du coin des lèvres.
– Peut-être bien, répond Grimez. Ou alors, ce sont des coupeurs de têtes...
Vous vous approchez avec prudence et l'un d'eux esquisse un rictus de bête fauve. Blutz pousse un gémissement. Ses jambes se dérobent sous lui et vous devez le retenir par le bras pour éviter qu'il ne

s'effrondre. Les dents du guerrier sont taillées en pointe ! Si vous décidez de :

Forcer le passage	Rendez-vous au **363**
Leur offrir des présents	Rendez-vous au **382**
Les ignorer et grimper à l'échelle	Rendez-vous au **400**

345

Les yoles gagnent du terrain et votre équipe affaiblie ne parviendra pas à les distancer. En réalisant cela, vous leur hurlez de longer la grève où, quelques heures plus tôt, vous avez repéré des roches qui affleurent. C'est un pari risqué car vous pourriez vous aussi vous fracasser sur les récifs, mais vous préférez cela plutôt que de tomber à nouveau entre les griffes d'Hazgard. Heureusement, vous parvenez à éviter les rochers. Bientôt, des craquements sinistres de bois éclaté vous apprennent que vos poursuivants n'ont pas eu autant de chance. Leurs hurlements sanguinaires se transforment aussitôt en cris d'alarme. Vous aviez vu juste : leurs yoles surchargées se sont échouées sur les roches. Les pirates brandissent le poing tandis que vous vous éloignez. La *Belle Dame* ne pourra pas quitter son mouillage avant la prochaine marée et, d'ici là, vous serez loin. Rendez-vous au **135**.

346

Vous vous enfoncez au cœur de la jungle mais, à l'instant où l'aube naissante pare le ciel d'un éclat argenté, une voix impérieuse résonne dans le lointain. La sorcière vous réclame. Alors, sur son ordre, les palmiers se penchent et vous soulèvent de terre. Passant de branche en branche à une allure vertigineuse, vous traversez la jungle et la nature vous rejette sans ménagement aux portes du temple. Vous perdez 1 POINT DE VIE. Rendez-vous au **327**.

347

Avec l'arrivée de la lune, une bise surnaturelle souffle tout autour de vous et une peur incontrôlée vous pousse à vous éloigner de l'ouverture pratiquée dans le sol. Vous contemplez, tremblant d'effroi, l'étrange brume qui stagne à présent au-dessus des cercueils. Les ténèbres s'emparent de la fosse et une troupe d'êtres dépenaillés s'en extirpent en titubant. Certains ont le teint blafard, d'autres présentent des marques de décomposition. Leurs vêtements en lambeaux tombent au hasard sur leurs plastrons rongés par la rouille. Le chef de cette horde macabre s'avance. Sa peau est couleur de poussière et ses yeux d'un bleu métallique luisent d'un éclat quasi hypnotique. Sa bouche se tord en un rictus démoniaque et un souffle rauque se fait entendre.

– Rares sont ceux qui osent s'en prendre à El Draque. J'admire votre courage. Scellons cette rencontre en un baiser sanglant et buvons à votre dernière heure. Alors peut-être serez-vous dignes d'être des nôtres.

Si vous bénéficiez d'une Protection magique ou si vous possédez un crucifix, rendez-vous au **226**. Si vous pratiquez l'Escrime et si vous possédez une épée, rendez-vous au **245**. Sinon, rendez-vous au **264**.

348

Chaque jour, la tribu vous apporte des vivres et de l'eau, vous traitant comme des hôtes de marque. La nuit, vous chantez sous les étoiles et, le jour, vous paressez tranquillement à l'ombre des cocotiers. La vie est belle, mais une pensée obsédante vous empêche de savourer pleinement ce séjour idyllique : quelque part sur cet océan d'azur, Hazgard, cette fripouille borgne, rumine ses noirs desseins. Un mois s'est écoulé quand un navire apparaît enfin à l'horizon. Le repos et la cuisine indigène vous ont remis pleinement en forme et vous retrouvez la totalité de vos POINTS DE VIE. Vous allumez un feu sur la plage et vous bondissez en agitant des palmes, jusqu'à ce que le navire change de cap. Bientôt, une chaloupe est dépêchée pour vous recueillir. Le capitaine, un marchand gloriannique dénommé Quintal, vous accueille joyeusement à son bord. Tandis que vous partagez une cruche de bière, il vous annonce qu'il fait route vers Port Leshand. C'était aussi votre destination première, mais le temps a passé depuis et vous craignez qu'il ne soit trop tard pour empêcher Hazgard de mener à bien son projet d'enlèvement. Si vous faites part de vos craintes au capitaine Quintal, rendez-vous au **239**. Si vous préférez vous taire et le laisser vous conduire à Port Leshand, rendez-vous au **258**.

349

Des vents puissants se lèvent à l'est et vous poussent droit devant mais, pour une fois, la pluie glaciale qui vous a accompagné tout au long de votre périple n'est pas au rendez-vous. Malgré votre habitude de la navigation, le roulis constant de votre chaloupe ballottée par les flots déchaînés provoque de violentes nausées, qu'aggrave le cruel manque d'eau et de nourriture. Vous perdez 1 POINT DE VIE. Si Maître Jacasse, le singe, est à votre bord, vous devez décider de le manger ou pas. Si vous le sacrifiez pour votre survie, rendez-vous au **368**. Sinon, rendez-vous au **387**.

350

Vos prières restent sans réponse. Vos compagnons vous imitent bientôt et, agenouillés sur le pont, vous implorez la clémence du ciel. Blutz est le premier à fondre en larmes.
– Dieu nous a abandonnés ! se lamente-t-il. Nous sommes maudits !
– Ouais ! répond une voix tonnante, couvrant les hurlements de la tempête. Maudits et condamnés à voguer sous un ciel noir pour l'éternité !
Mandrigard se tient derrière vous. Il a ôté son turban et sa longue crinière noire lui fouette le visage. Les embruns ruissellent le long de son corps décharné, sa corne de narval raclant le pont à chacun de ses pas. Il brandit une bouteille de rhum qu'il vide à grandes rasades.
– Des prières ? ricane-t-il. Pauvres fous ! N'avez-vous pas encore compris où vous êtes ? Cet endroit est le purgatoire. Il n'y a plus ni morts ni vivants, plus de repos, plus de réponses à vos appels. Vous êtes cloués ici, à bord du *Larnassos*, jusqu'à la nuit des temps !
Son rire démentiel s'élève dans le ciel bouché et vous comprenez à cet instant qu'il dit vrai. Vous voilà condamnés à errer sans trêve ni repos...

351

Le soleil de plomb brillant dans un ciel désespérément bleu consume peu à peu ce qui vous reste de forces. Vous arrachez des lambeaux d'étoffe que vous enroulez autour de votre tête pour éviter que votre cerveau ne cuise dans votre crâne. Les embruns qui vous éclaboussent sèchent aussitôt

pour laisser d'irritantes traînées de sel, mais la situation est telle que vous n'y prenez même plus garde. Vous perdez 1 POINT DE VIE.
Soudain, Oakley pousse un cri de surprise et se penche par-dessus bord, au risque de tomber. Il bataille pendant quelque temps et se redresse enfin en brandissant victorieusement un objet.
– Une noix de coco ! s'exclame Blutz. Depuis combien de temps flotte-t-elle ? Est-elle encore comestible ? Et puis, d'où vient-elle ?
– On l'aura jetée pour lâcher du lest, répond Oakley avec conviction.
Blutz mord ses bajoues d'un air craintif.
– Tu connais cette légende de Domdaniel, le royaume sous les mers pour les marins noyés. Cette noix s'est peut-être échappée de là, c'est peut-être de la nourriture pour mort...
– De la nourriture pour mort ! Grosse nouille ! réplique Oakley en levant les yeux au ciel.
Grimez et Oakley sont bien décidés à manger la noix de coco. Blutz, quant à lui, prétend que, même si elle est tombée d'un navire, il se peut fort bien qu'elle soit pourrie.
Si vous avez des notions de Survie, rendez-vous au **158**. Sinon, décidez maintenant si vous allez manger ou non la noix de coco et rendez-vous ensuite au **389**.

352

Les formes du navire se font plus précises à mesure que vous vous approchez. C'est un ancien galion dont les voiles pendent à la mâture, alourdies par une épaisse couche de glace. Bien qu'il soit très vieux et d'une origine indéterminée, il semble que son cercueil de glace l'ait conservé en bon état. Son nom est encore visible sur le flanc, bien que les

lettres apparaissent déformées, comme sous l'action d'un prisme. Blutz, qui est un érudit – il a noyé un professeur un jour –, est le premier à décrypter l'inscription.
– Il s'appelle l'*Octavius*, les gars. Je me demande depuis combien de temps il est enfermé là-dedans.
Vous abordez la masse de glace et Oakley bondit pour amarrer votre chaloupe.
– Ne traînons pas ici, grogne-t-il. Ce rafiot me donne la chair de poule. Prenons de l'eau et fichons le camp !
– Est-elle potable ? demande Grimez. Les icebergs sont composés d'eau de mer...
Si vous voulez détacher quelques morceaux de glace, rendez-vous au **425**. Si vous partagez l'avis de Grimez, rendez-vous au **371**.

353

Est-ce votre sixième sens qui vous dicte la prudence ou bien une peur irraisonnée ? Toujours est-il que tout l'or du monde ne vous ferait pas poser le pied à bord de ce navire. Ignorant la main tendue du capitaine, vous bondissez sur le porte-haubans et vous grimpez dans la mâture pour prendre pied sur la grand-vergue. Le capitaine Mandrigard brandit son sabre et s'époumone en vous désignant.
– Descends de là, maudit macaque ! hurle-t-il.
Il peut toujours brailler, vous le voyez mal grimper dans les haubans avec sa jambe de bois. Passant de mât en mât, vous gagnez rapidement la poupe du navire jusqu'aux bossoirs où est suspendu le canot de sauvetage. Vous actionnez rapidement les poulies et vous lâchez tout ! L'embarcation tombe à l'eau dans une vague d'écume et vos compagnons grimpent à bord.

– Merci, capitaine pour ce joli canot, criez-vous. Nous vous laissons notre chaloupe en échange !
Vous regagnez le canot sous un tombereau d'injures à faire rougir le diable en personne, et vous vous éloignez, abandonnant le capitaine à sa fureur.
– Voilà qui est mieux ! lance Oakley en frappant la coque du canot. Au moins, on ne risque pas de passer à travers !
Si vous possédez les mots de passe *Repousse* ou *Peccant,* rayez-les de votre *Feuille d'Aventure* et rendez-vous au **330**.

354

– Ce casque a appartenu à un Spartiate, déclare Scriptorius après l'avoir longuement examiné. Même si cette civilisation a disparu depuis plus d'un millénaire, son nom reste synonyme de prouesses guerrières. Je suppose donc que ce casque doit conférer une certaine habileté au maniement d'armes...
Scriptorius réclame un doublon d'or pour son identification. Rayez-le de votre *Feuille d'Aventure.* Si vous désirez lui vendre le casque en bronze, il vous en offre 15 doublons d'or. Si vous lui demandez d'identifier :

L'anneau de dragon	Rendez-vous au **373**
La conque	Rendez-vous au **316**
Le talisman chauve-souris	Rendez-vous au **335**

Si vous ne possédez pas ces objets ou si vous refusez de payer le prix qu'il réclame, vous devez prendre congé. Rendez-vous au **392**.

355

Vous avancez dans la salle enfumée, vers une table libre, située dans une alcôve. Non loin de vous, un vieil aveugle sirote un brandy dans un verre large comme une soucoupe. Des rires gras attirent bientôt votre attention sur le comptoir où trois ruffians s'amusent aux dépens d'un érudit vêtu d'un costume élimé. Une des brutes s'est emparée des besicles de l'homme et joue avec en dépit des protestations du malheureux. Si vous connaissez la Loi des rues, rendez-vous au **71**. Dans le cas contraire, si vous décidez de :

Parler avec l'aveugle	Rendez-vous au **33**
Défendre le lettré	Rendez-vous au **52**
Partir pour les chantiers maritimes	Rendez-vous au **374**

356

A la vue de vos diamants, le maître d'œuvre quitte son bureau en toute hâte afin de s'occuper personnellement de vous. Il vous guide à travers les chantiers et vous désigne un fier vaisseau en cours de calfatage.

– Il sera prêt dans moins d'une semaine, annonce-t-il. Il ne vous reste qu'à lui trouver un nom et à choisir la figure de proue qui vous plaira.

Vous observez le bâtiment d'un air satisfait.

– Nous l'appellerons la *Rançon Royale* ! vous exclamez-vous.

– Parfait, approuve Oakley. Et comme figure de proue, je verrais bien une jolie sirène aux formes généreuses. Qu'en dites-vous maître d'œuvre ?

Rendez-vous au **184**.

357

Vous engagez un petit équipage de marins confirmés et vous commencez à sillonner les routes marchandes. En une semaine, vous arraisonnez deux marchands sidoniens, mais le butin est maigre, une fois déduite la part revenant à l'équipage.

– A cette allure, il nous faudra des mois avant de pouvoir nous payer un nouveau navire, vous dit Blutz.

Vous vous mordez la joue, seul signe visible pouvant témoigner de vos soucis. Pour le reste, vous affichez un visage de marbre.

– Quelles sont vos suggestions, monsieur Blutz ? demandez-vous, le regard fixant la ligne d'horizon.

– Eh bien, je me disais... Je connais vos réticences, cap'taine, mais si nous continuons à attaquer seulement les navires sidoniens, nous n'y arriverons pas. Il va falloir se résoudre à arraisonner aussi les marchands de Glorianne.

La décision vous incombe. Si vous continuez à attaquer les seuls navires sidoniens, rendez-vous au **376**. Si vous voulez arraisonner tous les navires, quel que soit leur pavillon, rendez-vous au **395**. Enfin si vous réduisez la part revenant à l'équipage, rendez-vous au **412**.

358

Vous engagez un petit équipage et vous prenez le large. Des vents constants vous permettent de filer à bonne allure et vous atteignez l'île en moins de trois semaines. Hélas, votre chance cesse de sourire dès votre débarquement. Vous lancez tous les hommes disponibles à la recherche d'indices pouvant marquer l'emplacement d'un trésor : pierres empilées, traces sur les arbres, fragments de squelettes et autres marques que laissent d'ordinaire les pirates. C'est peine perdue et vous devez vous rendre à l'évidence.

– Le destin est contre nous, déclare Oakley, lors d'une réunion dans votre cabine. Si nous ne partons

pas immédiatement à la recherche d'Hazgard, nous perdrons toute chance de déjouer ses plans.
Vous jurez entre vos dents, pourtant vous savez qu'il a raison. De mauvaise grâce, vous mettez le cap sur Sélénice. Rendez-vous au **396**.

359

Vos connaissances de la mer, liées à une obstination farouche, vous rapprochent inexorablement de votre but. Quelle que soit l'heure du jour ou de la nuit, on peut vous voir, sillonnant le pont, un sextant à la main, calculant votre position, prenant l'estimation des vents et des courants. L'équipage, qui connaît votre réputation de marin, n'ose formuler aucune objection, bien que vous les entraîniez hors des routes connues. Mais un beau jour, le cri de la vigie vient récompenser votre persévérance. Quittant votre cabine et vos plans de route, vous montez sur le pont et vous libérez un cri de triomphe en apercevant la masse scintillante d'un iceberg droit devant. Rendez-vous au **414**.

360

A moins que vous ne connaissiez la Navigation, votre navire est à nouveau la cible d'un tir de bordée. Rayez une étoile à votre navire. (Si vous connaissez la Navigation, vous ne perdez pas d'étoile.) S'il ne vous reste aucune étoile, rendez-vous au **227**. S'il vous en reste, vous pouvez foncer droit sur le *Chien de lune* (rendez-vous au **398**) ou le contourner par l'arrière et entamer la manœuvre d'abordage (rendez-vous au **415**).

361

Hazgard ouvre la bouche et éructe bruyamment. Blessé à mort, il titube pendant un instant et s'écroule sur le pont. A la mort de leur chef, les

pirates perdent tout espoir et les troupes royales prennent rapidement le dessus. Pendant que les soldats s'emparent de leurs armes, Oakley accourt vers vous.
– Tout va bien, cap'taine ? s'inquiète-t-il. Tu m'as l'air en piteux état.
– Si tu me trouves mal en point que dis-tu de lui ? répondez-vous triomphant en désignant le cadavre de votre ennemi.
Rendez-vous au **426**.

362

Si vous portez une montre à gousset, un crucifix ou une amulette, vous perdez 3 POINTS DE VIE. Si vous êtes encore de ce monde, rendez-vous au **242**. Si vous ne possédez aucun de ces objets, rendez-vous au **324**.

363

Si vous voulez utiliser l'Escrime ou le Combat à mains nues, rendez-vous au **296**. Si vous voulez utiliser le Tir, rendez-vous au **270**. Si vous ne possédez aucune de ces compétences, rendez-vous au **3**.

364

A situations désespérées, remèdes désespérés. Employant un tour que vous enseigna votre père, vous empoignez votre épée comme s'il s'agissait d'un javelot et vous la lancez en direction du guetteur. La lame atteint son but et l'homme, tué sur le coup, tombe à l'eau sans avoir pu donner l'alerte.
– Joli coup ! apprécie Oakley. Il n'a même pas eu le temps de crier.
Vous hochez la tête, mais vous déplorez malgré tout la perte de votre épée. Il vous est désormais impossible de pratiquer l'Escrime avant de vous en être

procuré une nouvelle. Mettez cette compétence entre parenthèses sur votre *Feuille d'Aventure* afin de vous en souvenir. Ramant de toutes vos forces, vous ne trouvez un semblant de paix qu'après avoir mis plusieurs milles entre vous et le navire. Rendez-vous au **135**.

365

Si vous pratiquez :

l'Escrime avec l'épée à dents de requin	Rendez-vous au **402**
L'Escrime avec l'épée normale	Rendez-vous au **419**
Le Tir avec votre pistolet	Rendez-vous au **317**
Le Combat à mains nues	Rendez-vous au **241**

Sans ces compétences, vous êtes incapable de contrer la force prodigieuse de la sorcière et vous perdez 3 POINTS DE VIE. Vous pouvez quand même recourir à des Sortilèges, si vous possédez une baguette (rendez-vous au **384**) ou prendre la fuite (rendez-vous au **5**).

366

La nappe de brouillard recouvre toute la baie et vous plonge dans un univers cotonneux aux formes indistinctes. Depuis les marécages qui bordent la côte, des lueurs glauques font leur apparition, visibles par instants entre les rubans de brume. Blutz observe cette étrange phosphorescence et ne peut s'empêcher de claquer des dents.

– Des feux follets, murmure-t-il. Les esprits des marins noyés qui ont échoué sur cette île.

Vous allez prendre le premier quart et monsieur

Blutz viendra vous relever à minuit. Mais ses nerfs le supporteront-ils ? Il serait peut-être préférable d'échanger vos places. Si vous laissez Blutz prendre le quart de minuit, rendez-vous au **112**. Si vous l'assurez vous-même, rendez-vous au **131**.

367

Vous retrouvez bientôt les grands courants chauds venant de l'est, qui marquent les voies maritimes.
– A présent, nous avons des chances d'être secourus, affirme Oakley.
Son assurance remet un peu de baume au cœur de chacun, mais les rigueurs du voyage ne sont pas moins éprouvantes pour autant. Vous perdez 1 POINT DE VIE. Si vous avez des provisions, rayez une ration de votre *Feuille d'Aventure* et rendez-vous au **106**. Dans le cas contraire, rendez-vous au **125**.

368

– Pauvre bonhomme, gémit Blutz. Ce n'est pas juste. Il est avec nous depuis si longtemps.
Vous comprenez bien sa réaction et vous partagez ses sentiments, mais ce sacrifice est la seule condition de votre survie.
– Si vous voulez, monsieur Blutz, vous pouvez prendre sa place, répliquez-vous avec un sourire forcé.
– Ouais, reprend Grimez, en poussant son compère du coude, mais tant qu'à faire, tu me sembles un bien meilleur morceau. N'est-ce pas les gars ?
Finalement, et malgré quelques larmes de circonstance, Maître Jacasse finit au fond de vos écuelles et ce repas est peut-être le plus triste de toute votre existence. Rendez-vous au **405**.

369

Vous fouillez dans votre trousse à outils à la recherche d'une scie. La malédiction vous empêche de quitter le pont du navire ? Fort bien, c'est donc le pont qui viendra avec vous... Vos compagnons étonnés vous regardent découper les planches autour de vos bottes. Vous leur adressez un clin d'œil complice et devant leurs yeux ébahis, vous enjambez sans encombre le bastingage, les morceaux de planche que vous avez découpés demeurant soudés à vos semelles.

– Ce garçon a du génie ! s'exclame Grimez en s'empressant de vous imiter.

Quelques minutes plus tard, chacun a découpé une paire de semelles et vous redescendez dans votre chaloupe amarrée au flanc du navire. Vous avez su contourner la malédiction, mais ne vous réjouissez pas trop vite : les planches vont rester soudées pour toujours à vos pieds, en souvenir de cette évasion et elles émettent un claquement sec à chacun de vos pas. A moins que vous ne décidiez dans l'avenir de monter un numéro de claquettes, ce bruit n'est pas des plus discrets et, si vous possédez la compétence de Roublardise, vous devez la rayer de votre liste. Ramant de toutes vos forces, vous vous éloignez au plus vite du *Larnassos* et vous le voyez avec soulagement se fondre et disparaître dans la nuit. Rendez-vous au **405**.

370

Le capitaine du *Joyau des Cieux* est un colosse d'allure débonnaire mais qui aboie à plaisir sur son équipage. Ses hommes, en tout cas, lui semblent dévoués corps et âme et ont toute confiance en ses talents de marin. Vous passez plusieurs soirées en sa compagnie, à siroter un vieux rhum après avoir partagé un plantureux repas. Au-dehors, la tempête fait rage et la pluie tambourine au hublot de la cabine.

– Je ne connais pas de plus douce musique, s'exclame le capitaine. Aucune mère berçant son enfant ne chanterait une si jolie comptine. Ah, le souffle de l'océan, il s'empare de nos âmes et nous met le cœur en joie !

– Dans le confort de cette cabine, je suis de votre avis, plaisante Oakley. Mais je dois avouer qu'à bord de la chaloupe, cette douce musique avait des accents plus funestes !

Le capitaine est ravi d'avoir à son bord des personnes cultivées avec qui s'entretenir des sujets les plus variés. Si vous lui demandez son opinion sur :

Les pirates	Rendez-vous au **390**
La guerre entre Glorianne et Sidonia	Rendez-vous au **380**
La visite de Titiana au Nouveau Monde	Rendez-vous au **403**
Port Leshand	Rendez-vous au **420**

371

Combien de secrets et de mystères sont enfermés derrière ce rempart gelé ? Vous ne le saurez sans doute jamais. Une troupe entière armée de pics à glace mettrait des semaines à dégager le navire. Vous vous éloignez de l'iceberg qui disparaît bientôt au loin, et la vie à bord de votre chaloupe reprend son cours habituel. Le jour, la chaleur consume vos dernières forces et, la nuit, le froid vous glace jusqu'aux os. Vous perdez 2 POINTS DE VIE. Si vous êtes encore vivant, rendez-vous au **424**.

372

Vous êtes dépouillé de tous vos biens (rayez-les de votre *Feuille d'Aventure*) et l'on vous enferme dans la cale du navire en attendant le retour d'Hazgard. La trappe se referme sur vous et vous restez prisonniers de l'obscurité.

– Aidez-moi à défaire ces liens, dites-vous à vos compagnons. Si tout se passe comme prévu, nous ne devrions pas attendre longtemps.

Quelques heures plus tard, Hazgard est de retour à bord. Des pas font craquer le bois au-dessus de vos têtes et vous percevez des bribes de conversation.

– Faut-il les monter sur le pont maintenant ?

– Non, répond un autre homme. Nous allons d'abord lever l'ancre. Le capitaine veut rallier Port Sélénice sur-le-champ pour voir si ses voiles de lune sont enfin arrivées.

Le navire tangue doucement tandis que l'ancre est remontée et les marins grimpent dans les haubans pour déployer les voiles. Le navire entame la manœuvre pour sortir de la baie. Soudain, vous ressentez une violente secousse et le navire s'affaisse sur le côté. C'est le moment ou jamais. Vous soulevez la trappe et vous risquez un œil sur le pont. C'est la panique à bord : le navire vient de heurter un récif.

– Je savais que j'avais été bien inspiré de modifier le tracé des cartes, dites-vous avec un sourire malicieux.

Profitant de la confusion, vous vous glissez à l'arrière du navire et vous sautez à l'eau pour rejoindre l'île à la nage. Vous n'avez pas une minute à perdre : votre disparition ne passera pas longtemps inaperçue, aussi vous hâtez-vous de mettre votre chaloupe à l'eau et de repartir au plus vite. Rendez-vous au **177**.

373

Scriptorius ausculte l'anneau avec une lentille de joaillier et vous le rend en faisant la grimace.

– Cet objet est dangereux, dit-il. Je dirais même qu'il est maudit : il portera malheur à celui qui l'utilise.

– Qu'allons-nous en faire ? demande Blutz en s'emparant de l'anneau.

– Rien du tout, répliquez-vous en lui arrachant des mains.

Oakley regarde le professeur d'un air soupçonneux.

– Ne serait-ce pas une ruse pour nous l'acheter à vil prix ?

Scripotorius manque s'étouffer d'indignation.

– De telles pratiques ne sont pas dans mes habitudes, sachez-le ! De plus je ne vais même pas vous réclamer le doublon d'honoraires. Cela porte malheur de gagner de l'argent sur des objets maudits !

Si vous lui demandez d'identifier :

La conque	Rendez-vous au **316**
Le casque en bronze	Rendez-vous au **354**
Le talisman chauve-souris	Rendez-vous au **335**

Si vous ne possédez pas ces objets ou s'il les a déjà identifiés, vous pouvez prendre congé du savant. Rendez-vous au **392**.

374

Vous partez à l'est de la ville en longeant le front de mer, en direction des chantiers. A l'intérieur des côtes, les paysans s'affairent avant le début de la saison des orages qui va venir dans un mois. Une douzaine de bateaux sont en cale sèche et des ouvriers travaillent à l'entretien courant. Les navires en construction se trouvent un peu plus loin et leurs silhouettes vous font penser à de gigantesques squelettes échoués sur le sable. Vous vous frayez un chemin entre les piles de planches qui serviront à l'habillage des coques et les troncs entiers de pin destinés à la mâture. Kemp, le maître charpentier, quitte son ouvrage et arrive vers vous. C'est un homme à la musculature sèche et noueuse. D'épais favoris gris entourent sa face burinée et rougie par la vie au grand air et les abus de brandy.

– Salut ! lance-t-il. Que puis-je pour votre service ?

Il vous présente son poignet à serrer car ses mains sont noires de cambouis. Si vous désirez acheter un navire, rendez-vous au **43**. Si vous l'interrogez sur les récents travaux commandés par Hazgard, rendez-vous au **63**. Si vous désirez des renseignements sur un navire qui se nomme l'*Effrayante*, rendez-vous au **82**.

375

Le maître d'œuvre vous désigne un petit sloop doté de dix canons.

– C'est tout ce que vous nous proposez ? proteste Grimez. Il n'est guère taillé pour la flibuste.

– Vous ne trouverez pas mieux pour le prix que vous désirez mettre, répond l'homme en haussant les épaules. Son ancien propriétaire faisait commerce avec Sidonia avant les hostilités. Les canons lui servaient à se protéger des pirates... Le destin est parfois ironique.

Il remarque vos mines déconfites et s'empresse d'ajouter :

– Les cales renferment encore une cargaison de sel. Je vous la laisse gratuitement.

– Du sel ? répondez-vous. C'est gentil, mais la mer en est pleine. Enfin... il fera l'affaire.

Sur ces mots, vous prenez possession de l'*Échalote*. Rendez-vous au **300**.

376

Pendant les jours qui suivent, vous bénéficiez d'une chance insolente : de nombreux navires marchands, anxieux de quitter la région avant la saison des tempêtes, tombent dans vos griffes comme des mouches dans une toile d'araignée. Vous arraisonnez trois galions chargés d'or et d'épices, de joyaux et de soies chamarrées. Vous arpentez nerveusement le plancher de votre cabine tandis que Blutz termine les comptes et procède au partage du butin. Bientôt, il relève la tête de ses livres et fait craquer ses doigts, un sourire réjoui illumine son visage.

– Nous avons largement de quoi nous offrir un des plus beaux navires de guerre des mers Carabe, annonce-t-il finalement. Aussitôt, vous grimpez sur le pont.

– Paré à virer ! hurlez-vous. Toutes voiles dehors ! Cap sur Sélénice.
Hélas, les cris de la vigie viennent ternir votre bonne humeur.
– Vaisseau de guerre droit devant ! Il hisse pavillon de Glorianne ! Ordre nous est donné d'abattre les voiles !
Grimez vient vous rejoindre sur le gaillard d'avant.
– Par tous les diables ! jure-t-il. Qu'est-ce qu'ils veulent ? Allons-nous les laisser aborder ou mettre les voiles et prendre la fuite ?
Si vous décidez :

D'abattre les voiles	Rendez-vous au **24**
De prendre le large	Rendez-vous au **214**
D'engager le combat	Rendez-vous au **252**

377

Votre recherche d'indices devient obsessionnelle et vous consacrez des nuits entières à fréquenter les pires lieux de Port Leshand, des bouges où la moindre parole de travers peut provoquer des rixes mortelles. Même les boucaniers les plus endurcis détournent la tête lorsque vous les questionnez et vous comprenez vite que la simple évocation du nom d'El Draque scelle toutes les lèvres.
– Mais il est mort ! protestez-vous. Pendu haut et court depuis plus d'un mois !
L'assemblée vous fixe en silence jusqu'à ce qu'un marin ose prendre la parole.
– S'il est mort, pourquoi l'ai-je croisé en mer il y a moins d'une semaine, hurlant à la lune sur le pont de son navire ?
Un autre ruffian, exaspéré, vous saisit par le col.
– La tombe n'est qu'un lieu de passage pour El

Draque, mais je n'en dirai pas autant de toi si tu continues à fourrer ton nez partout !
Vous devez finalement vous résoudre à retourner à Sélénice, les mains vides. Rendez-vous au **396**.

378

Votre quête obstinée de l'iceberg vous entraîne loin des routes connues. Les premiers temps, l'équipage, confiant dans votre réputation de marin, se garde bien de rechigner, mais les jours se succèdent sans que vous ne croisiez jamais aucune terre ni le moindre navire, et l'humeur de vos marins se modifie. Cela commence par de simples grognements, lorsqu'un homme mord dans une pomme pourrie ou bien des visages qui se ferment quand les ordres sont donnés. Oakley, Grimez et Blutz font leur possible pour maintenir la discipline mais, bientôt, l'eau se fait rare et la mutinerie gronde. Si vous continuez votre route, allez-vous faire cap à l'ouest (rendez-vous au **56**) ou à l'est (rendez-vous au **93**) de votre direction première ? Si vous abandonnez les recherches pour retourner à Sélénice, rendez-vous au **396**.

379

Les bouches à feu du *Chien de Lune* crachent à nouveau, mais les boulets tombent à distance et s'enfoncent dans les eaux. Vous êtes à présent à portée de grappin du navire ennemi. Allez-vous l'éperonner toutes voiles dehors (rendez-vous au **25**) ou bien entamer les manœuvres d'abordage (rendez-vous au **415**) ?

380

– La situation n'est pas près de s'arranger, assure le capitaine d'un air dépité. Les Sidoniens réclament la totalité des colonies du Nouveau Monde et

d'autres petites nations commencent à suivre leur exemple. Pourtant, le Nouveau Monde est vaste, il y aurait de la place pour tous, mais non, les Sidoniens se comportent comme des enfants gâtés et mettent en péril la sécurité de nos comptoirs. J'ai même entendu dire que le roi de Sidonia avait mis une rançon sur la personne de notre reine Titiana. Un million de doublons d'or à celui qui la livrera vivante. L'arrogance de cet homme est insupportable !
Vous comprenez les raisons de cet acte. En obligeant Titiana à un mariage forcé, le roi de Sidonia ajouterait toutes les terres de Glorianne à son empire sans tirer un seul coup de feu. Il faudrait d'abord la capturer, bien sûr, et vous comprenez mieux à présent le complot fomenté par Hazgard. S'il parvient à enlever la reine, il pourra diriger les enchères et la vendre au plus offrant, Glorianne ou Sidonia. Si vous voulez divulguer les plans d'Hazgard au capitaine, rendez-vous au **11**. Vous pouvez, bien sûr, couper court à la conversation. Rendez-vous dans ce cas au **108**. Mais, si vous voulez lui demander son opinion sur :

Les pirates	Rendez-vous au **390**
La visite de Titiana au Nouveau Monde	Rendez-vous au **403**
Port Leshand	Rendez-vous au **420**

381

Vous devez maintenant songer à rallier la civilisation et il faut trouver le meilleur itinéraire. La route de l'ouest est la plus directe pour Port Leshand, mais elle traverse une région où les tempêtes sont monnaie courante et votre embarcation ne résisterait pas à un coup de grain. En voguant vers le sud, vous pourriez rejoindre une zone où les courants porteurs filant vers l'ouest vous conduiraient directement vers Port Leshand. L'inconvénient est que votre ravitaillement ne durera peut-être pas jusque-là. L'autre solution consiste à longer les chapelets d'îles tout en mettant cap à l'ouest, mais vous courez le risque de vous heurter à certaines tribus hostiles. A présent, si vous bénéficiez d'une Protection magique, rendez-vous au **399**. Si vous disposez de Sortilèges, rendez-vous au **416**. Si vous n'avez aucune de ces compétences, rendez-vous au **289**.

382

Les indigènes se pressent autour de vous, impatients de voir les objets que vous allez leur offrir. Si vous les possédez, vous pouvez leur remettre un des objets suivants : une épée, un pistolet, une amulette, une baguette, un crucifix, une trousse à outils ou bien la totalité de votre or. Choisissez l'objet dont vous allez vous séparer et rayez-le de votre *Feuille d'Aventure* puis rendez-vous au **417**.

383

La lune illumine votre chaloupe comme les faisceaux d'une lanterne. L'homme de quart, stupéfait, marque un temps d'arrêt et donne l'alarme en hurlant à pleins poumons. Vous vous éloignez en ramant de toutes vos forces mais, en regardant pardessus votre épaule, vous comprenez que les pirates n'ont pas perdu de temps : deux yoles sont déjà à la mer et tentent de vous rejoindre. Si vous connaissez la Navigation, rendez-vous au **345**. Sinon, rendez-vous au **401**.

384

Ejada rejette en arrière la lourde masse de ses cheveux verts d'un geste de défi et vous toise en ricanant.

– Voilà des siècles qu'un mortel ne m'a pas affrontée sur le terrain de la magie. Voyons de quoi tu es capable !
A ces mots, elle lève les bras au ciel et entame une incantation. Allez-vous de votre côté invoquer une bourrasque pour la soulever de terre (rendez-vous au **62**) ou bien libérer un tourbillon de feu pour la griller sur place (rendez-vous au **81**) ?

385

Le basilic est un gigantesque oiseau, doté d'ailes de dragon et d'une longue queue de serpent. Il est capable de tuer d'un regard n'importe quel être vivant. Seule la belette est insensible à son pouvoir et elle seule est en mesure de tuer un basilic. Si vous connaissez la Navigation, rendez-vous au **109**. Sinon, allez-vous quitter les lieux pour aller aux chantiers maritimes (rendez-vous au **374**) ou bien prendre la défense du lettré (rendez-vous au **52**) ?

386

La tempête se lève à nouveau au milieu de la nuit et de gigantesques paquets de mer s'écrasent sur votre chaloupe. La coque, déjà mise à mal par les précédents coups de vent, ne résiste pas à l'assaut répété des vagues et elle se brise. Vous plongez dans les eaux froides et vous remontez au milieu des débris, environné par les ténèbres. Votre dernière vision est le bras de ce pauvre Blutz cherchant en vain à se raccrocher aux vagues. Bientôt ses cris se perdent dans la tourmente. Vous ne pouvez rien pour lui, ni même pour vous. Votre aventure est terminée.

387

Votre gorge semble remplie de suie.
– Ah, si seulement la pluie pouvait tomber à nou-

veau, râle Grimez. Rien qu'une petite bruine. Je donnerais ma main droite pour une gorgée d'eau. Blutz contemple les vagues d'un air absent. Sa langue déshydratée a doublé de volume et sort de sa bouche de manière grotesque.

– Peut-être qu'un peu d'eau de mer me ferait du bien, suggère-t-il.

– Surtout pas ! intervient Oakley dans un râle. Ce serait pire encore.

Vous perdez 2 POINTS DE VIE. Si vous êtes encore de ce monde, rendez-vous au **405**.

388

Toutes vos tentatives pour quitter le navire se soldent de la même manière : une force titanesque vous repousse sans ménagement sur le pont. Tout agit comme si des puissances invisibles conspiraient contre vous. De guerre lasse, vous tentez de vous jeter à la mer depuis les haubans mais, une fois encore, le navire vous rappelle à lui comme un aimant attire le fer.

– Il faut se rendre à l'évidence, grogne Blutz en allant s'affaler, exténué, contre le mât de misaine. Nous ne quitterons jamais ce navire de malheur.

Si vous disposez de Sortilèges et d'une baguette, le temps est venu de tenter l'impossible : rendez-vous au **312**. Sinon, il vous reste encore à implorer la clémence du ciel. Si tel est le cas, rendez-vous au **350**.

389

Oakley enveloppe la noix de coco dans sa chemise, de manière à pouvoir la briser sans rien perdre de son contenu. Après l'avoir frappée à plusieurs reprises sur le banc de la chaloupe, il laisse couler dans sa gorge le lait qui s'en échappe avec un soupir d'aise.

– Ah ! soupire-t-il. C'est aussi doux que le nectar des dieux !
Si vous aviez décidé de ne pas manger la noix de coco, vous perdez un POINT DE VIE. Quoi qu'il en soit, ce repas s'avère bien maigre pour quatre personnes affamées et, avant peu, tout le monde se plaint que sa soif soit revenue avec plus de forces qu'avant. Tout l'après-midi durant, la chaleur devient une véritable torture et c'est avec soulagement que vous voyez enfin le soleil décroître à l'horizon. La fraîcheur du crépuscule redonne un peu de tonus à votre équipe et Grimez vient s'asseoir près de vous.
– Écoute, chef, dit-il en vous empoignant le bras. Nous ne tiendrons plus longtemps si nous ne tentons rien. Je suis d'avis de pousser plus loin vers le sud. A cette période de l'année, il n'est pas rare de croiser des icebergs.
– Et alors ? demande Oakley d'un ton bourru.
– Qui dit iceberg, dit eau fraîche et, avec un peu de chance, nous trouverons peut-être une colonie de pingouins.
Oakley éclate d'un rire triste.
– La chance ? mon pauvre ami, voilà bien longtemps qu'elle nous a quittés, la chance.
Si vous suivez la suggestion de Grimez, rendez-vous au **407**. Si vous préférez conserver votre cap initial, rendez-vous au **424**.

390

Après avoir écouté en silence le récit de vos mésaventures à bord de la *Belle Dame*, le capitaine hoche la tête.
– Cet Hazgard est une fieffée canaille, assure-t-il. C'est un des pires et il ne s'embarrasse pas de savoir si le navire qu'il arraisonne est du côté de ces mau-

dits Sidoniens ou bien sous pavillon de Sa Majesté. Mais il en existe d'autres qui sont aussi cruels et sanguinaires. Prenez El Draque, par exemple. Ce Sidonien de malheur est le capitaine de l'*Effrayante* et sanguinaire, il l'est à plus d'un titre. J'ai entendu dire qu'il pendait ses prisonniers dans les vergues, et qu'à la nuit tombée il les égorgeait comme des porcs et buvait leur sang dans un calice d'argent.
Le capitaine s'interrompt un instant et remplit à nouveau sa timbale.
– La flibuste n'est pas un mauvais métier pourtant, reprend-il. Bien sûr, il faut savoir rester loyal. Le mieux est d'obtenir une lettre de route auprès des gouverneurs des colonies glorianniques. Grâce à ce document, vous pouvez attaquer les navires sidoniens en toute légalité en tant que soldats privés œuvrant pour le compte de Sa Majesté. C'est un bon arrangement et tout le monde en profite.
– Sauf les Sidoniens, répondez-vous avec le sourire.
– Qu'ils brûlent en enfer, ces macaques ! réplique le capitaine en levant son verre.
Vous pouvez couper court à la conversation. Rendez-vous dans ce cas au **108**. Mais si vous voulez l'interroger sur :

La guerre entre Glorianne et Sidonia	Rendez-vous au **380**
La visite de Titiana au Nouveau Monde	Rendez-vous au **403**
Port Leshand	Rendez-vous au **420**

391

Les pirates ont oublié que vous possédiez de petits talents d'escamoteur et, tandis qu'ils poussent sur les rames en direction de la *Belle Dame*, vous défaites discrètement les liens qui entravent vos

poignets. Attendant l'instant propice, vous gardez les bras derrière le dos. La chaloupe longe la coque de la *Belle Dame* en direction d'une amarre. Vous profitez de la manœuvre pour bousculer Curshaw.
– Hé ! sale marin d'eau douce, fais attention à ce que tu fais !
Vous lâchez vos liens sans plus attendre et vous vous emparez du pistolet qu'il porte glissé dans son ceinturon.
– Toi, fais attention à ce que tu fais, répliquez-vous en pointant l'arme sur son ventre. Au moindre geste, je te truffe de plomb.
Sentant que vous ne plaisantez pas, il lève les bras et Porbuck l'imite aussitôt. Les menaçant de votre pistolet, vous les forcez à quitter la chaloupe. Accrochés à l'échelle de corde, ils vous regardent vous éloigner.
– Hazgard ne tardera pas à nous prendre en chasse, déclare Grimez. Mieux vaut brouiller les cartes et mettre cap au sud.
Vous approuvez son idée. Notez le pistolet sur votre *Feuille d'Aventure* et rendez-vous au **367**.

392

– Nous ne devrions pas nous attarder à Port Leshand, déclare Oakley, tandis que vous retournez vers le front de mer. Pendant ce temps, Hazgard en profite pour peaufiner ses plans.
Grimez est de son avis mais il persiste dans son idée d'obtenir une lettre de route.
– De cette manière, nous pourrons gagner un peu d'argent en mer. Une expédition ça se finance, et un vaisseau de guerre ce n'est pas donné.
Si vous désirez obtenir une lettre de route, rendez-vous au **50** si vous possédez la Roublardise, et si vous n'avez pas cette compétence au **409**. Si vous

avez rencontré le capitaine Gâtchick et s'il vous a proposé de lui rendre visite, rendez-vous au **69**. Si vous jugez ne plus rien avoir à faire à Port Leshand, rendez-vous au **107**.

393

Vous reconnaissez immédiatement cet homme : il s'agit de Twinchy les Doigts de Fée, un voleur bien connu à Port Leshand et qui n'aurait pas hésité à vendre sa grand-mère si cette dernière n'était une sorcière capable de le transformer en cafard ! Vous l'empoignez par le col et vous lui murmurez à l'oreille.

– Ne me dis pas que tu as volé tout ça, Twinchy. Ici ? A Sélénice ? Quel manque de discernement ! Un simple appel de ma part et tous les pirates de la région vont accourir. Tu les connais, Twinchy, ils ont un sens aigu de la propriété...

Votre petit discours porte ses fruits et les prix du colporteur chutent d'une manière vertigineuse. Vous pouvez acheter les objets suivants : une montre à gousset (7 doublons), un pistolet (8 doublons), une épée (7 doublons), une bombarde (3 doublons), une belette (2 doublons) ou une amulette (12 doublons). Vous avez des doutes en ce qui concerne l'amulette, mais Twinchy jure ses grands dieux qu'elle est authentique.

– Elle appartenait à ma chère grand-mère et, depuis que je la lui ai volée, personne ne s'en est jamais servi !

Achetez ce que bon vous semble et rayez les sommes correspondantes de votre *Feuille d'Aventure*. A présent, allez-vous entrer dans l'auberge (rendez-vous au **355**) ou bien aller rôder près du chantier naval (rendez-vous au **374**) ?

394

La mésaventure du *Pélican* vous revient en mémoire. Ce superbe galion a été rebaptisé le *Saint Christophe* mais, peu de temps après, il fut pris dans une tourmente, versa, embarqua de l'eau par les sabords et coula corps et biens, faisant plus de deux cents victimes parmi les marins. Christophe étant un bon patron pour ceux qui voyagent, il ne saurait être blâmé. Ce désastre ne peut donc être attribué qu'au changement de nom. Vous racontez l'anecdote à vos compagnons et tous tombent d'accord.

– Il restera le *Météore*, approuve Oakley.

Rendez-vous au **184**.

395

Vous vous engagez sur la voie glissante de la piraterie. Elle peut faire de vous un homme riche, ou vous mener droit à l'échafaud. Notez le mot de passe *Icare* sur votre *Feuille d'Aventure* et rendez-vous au **376**.

396

L'*Échalote* entre dans le port de Sélénice et vous êtes aussi pauvre qu'avant le départ. Cette accumulation de malchance ne laisse rien présager de bon pour l'avenir et votre lutte contre Hazgard pourrait s'en ressentir.

– Nous allons être la risée du port, grogne Oakley. Tout le monde va parler des boucaniers qui s'en reviennent sans un sou vaillant en poche ! Le seul équipage que nous allons pouvoir engager sera composé d'ivrognes et d'estropiés.

Cette vérité n'est pas pour vous réjouir, mais vous vous devez de montrer l'exemple.

– Allons, du courage ! lancez-vous. Hazgard ne

peut pas nous échapper et puis nous aurons l'avantage de la surprise : qui se méfierait d'une coque de noix comme la nôtre ?
Rendez-vous au **184**.

397

De lourds paquets de mer s'écrasent sur le pont et la bourrasque s'engouffre en hurlant dans la voilure. D'un seul coup, l'obscurité s'est emparée du ciel et des brassées d'éclairs lacèrent les nuages gris, projetant des gerbes d'étincelles au sommet des vagues déferlantes. Les voiles claquent et la mâture se cabre comme si une armée de démons invisibles cherchait à l'emporter. Les marins s'accrochent au rail, luttant contre les vagues qui balaient tout sur leur passage. Une terreur muette peut se lire sur le visage des plus endurcis. Vous bondissez sur le pont, bravant les embruns, et vous entamez le réglage de la voilure avant de vous précipiter au gouvernail. Encouragé par votre attitude, l'équipage reprend son poste et noie ses peurs en se concentrant sur sa tâche. Vous avez su briser leurs craintes de l'inconnu et tous œuvrent à présent en toute confiance, convaincus que leur capitaine saura les mener sains et saufs hors de la tourmente.
Rendez-vous au **94**.

398

Une nouvelle déflagration retentit et la mitraille balaie votre mât de misaine comme un château de cartes. La voilure et les vergues s'affalent sur le pont, écrasant nombre de marins sous un enchevêtrement de cordages. Vous serrez les dents pour ne pas entendre les plaintes des blessés. L'instant est crucial et rien ne doit vous détourner de votre objectif. Rayez une étoile à votre navire. S'il ne vous reste aucune étoile, rendez-vous au **227**. S'il vous en reste, rendez-vous au **415**.

399

Votre chaloupe n'a pas servi depuis bien longtemps et les pirates l'ont laissée se détériorer. La coque n'a pas été calfatée et les cordages sont rongés par les embruns. Grimez, qui assiste à votre inspection, laisse échapper un rire amer.
– Nos espoirs reposent sur bien peu de choses, raille-t-il.
– Nos espoirs ? reprend Oakley. Nos vies, veux-tu dire.
Pour toute réponse, vous serrez votre amulette dans le poing et vous murmurez une incantation.
– Cela nous protégera des désastres, dites-vous à vos compagnons. C'est un vieux charme qui maintiendra le navire à flot. Il ne rate jamais.
– Tu n'as rien dans le genre pour nous empêcher de mourir de soif ? grommelle Blutz.
Hélas, non, vous n'avez rien de tel en réserve. Si vous disposez de Sortilèges, rendez-vous au **416**. Sinon, rendez-vous au **289**.

400

Les indigènes vous laissent passer dans un silence pesant et vous descendez vite le long de l'échelle de lianes. Contrairement à ce que vous pouviez craindre, aucune lance ne vient vous atteindre et vous gagnez bientôt la plage. Vous apercevez alors une autre troupe d'indigènes venant vers vous. Ils ont aussi le visage barbouillé de peinture rouge et ils sont armés de lances et de gourdins hérissés de morceaux de roche volcanique. Ils sont trop nombreux pour que vous espériez vous frayer un chemin jusqu'à la chaloupe. Ils se rapprochent lente-

ment et entament un chant aux accents funestes.
– Ce sont des cannibales ou bien je suis le pape, grogne Grimez. Je ne tiens pas à leur servir de souper.
Si vous possédez le mot de passe *Fétiche*, rayez-le de votre *Feuille d'Aventure* et rendez-vous au **22**.
Sinon, vous pouvez :

Leur offrir un présent	Rendez-vous au **117**
Utiliser votre Astuce	Rendez-vous au **79**
Utiliser vos Sortilèges	Rendez-vous au **60**
Foncer vers la chaloupe	Rendez-vous au **41**

401

Les cris et les invectives qui résonnent dans votre dos vous font penser aux aboiements d'une meute excitée par la perspective de la curée. Vous vous retournez pour apercevoir une assemblée de faces grimaçantes, leurs couteaux brandis capturant les rayons de la lune. Affaiblis comme vous l'êtes, vous ne parviendrez jamais à les distancer. Si vous possédez l'Agilité, rendez-vous au **418**. Dans le cas contraire, rendez-vous au **298**.

402

Ejada esquisse un mouvement de recul en voyant brandir cette étrange épée.
– La prophétie, murmure-t-elle comme pour elle-même. Une épée qui ne sera ni composée de pierre ni forgée dans un métal...
Vous bondissez à l'attaque et, d'un ample mouvement circulaire, vous lui balafrez la joue.
– Défends-toi, sorcière, ou je te tue sur-le-champ ! hurlez-vous.
Ejada reprend contenance et son poignard de pierre rend coup pour coup. Vous perdez 7 POINTS DE VIE

(à moins de posséder un bouclier de plumes, auquel cas vous ne perdez que 3 POINTS DE VIE). Si vous survivez, rendez-vous au **328**.

403

Le capitaine s'immobilise alors qu'il portait sa timbale à ses lèvres et vous foudroie du regard.

– Comment sais-tu cela ? demande-t-il. Cette information devait rester secrète et tu ferais mieux de ne pas le crier sur les toits. Les langues bien pendues deviennent vite des langues mortes !

Il tapote le pommeau de son épée en vous regardant de travers. Si vous expliquez que Hazgard projette d'enlever la reine, rendez-vous au **11**. Si vous préférez garder le silence à ce sujet, rendez-vous au **108**.

404

Une tempête se lève et s'empare de votre barque comme un busard fondant sur sa proie. Blottis les uns contre les autres, tremblant de terreur, vous attendez que l'orage se déplace. La tempête dure la moitié de la nuit, vous ensevelissant sous des trombes d'eau glacée qui s'insinuent en vous jusqu'à vous paralyser comme des cadavres. Le soleil se lève enfin, mais vous l'accueillez sans joie car vous savez que, dans quelques heures, la chaleur aura raison de vos dernières forces. Vous perdez 2 POINTS DE VIE. S'il vous reste 2 rations, rayez-les de votre *Feuille d'Aventure* et rendez-vous au **106**. S'il vous reste 1 seule ration, rayez-la et rendez-vous au **120**. Si vous n'avez plus de rations, rendez-vous au **277**.

405

A votre grande stupéfaction, les premières lueurs de l'aube éclairent la ligne crayeuse de hautes falaises,

droit devant. En entendant le cri des mouettes survolant votre chaloupe, Blutz ne peut se contenir et éclate en sanglots de joie.
– Terre ! terre ! hurle-t-il. Nous avons réussi ! Que Dieu soit loué et tous les saints du monde, nous sommes à la maison !
Brusquement, il tombe à genoux et joint ses mains en prière.
– Plus jamais je ne pécherai, je le jure ! J'irai à la messe chaque jour et je ferai le bien autour de moi.
Oakley se penche vers vous et vous murmure à l'oreille :
– Je te parie vingt doublons d'or contre une corde de chanvre que ses bonnes résolutions vont fondre comme neige au soleil à la porte de la première auberge !
Vous longez la côte par le sud pendant quelques heures et vous retrouvez bientôt la silhouette familière des digues de Port Leshand. Votre périple touche à son terme ! Rendez-vous au **9**.

406

Vous avez retrouvé la civilisation et vous pouvez faire le point sur cette pénible épreuve. Vous n'avez pas à être fier de la manière dont vous vous êtes comporté tout le long du périple et les regards fuyants de vos compagnons ne font que renforcer votre sentiment de honte. Au moins aurez-vous appris que vous n'avez pas l'étoffe d'un meneur d'hommes. Grimez vient vous serrer la main et évite votre regard.
– Mieux vaut que nos routes se séparent ici, murmure-t-il. Nous nous reverrons peut-être un jour...
Blutz, quant à lui, se montre plus direct :
– Personne ici n'a à s'enorgueillir de ce qu'il a fait, dit-il. Et si nous ne sommes même pas capables de

contrôler nos pires instincts, comment pouvons-nous prétendre vaincre Hazgard ?
Vous devez vous rendre à cette évidence. Hazard possède peut-être une âme noire comme l'enfer, mais la vôtre non plus n'est pas sans taches. Avoir côtoyé le pirate pendant tant d'années a sans doute eu une influence néfaste sur vous. Quoi qu'il en soit, vous le savez maintenant : vous n'êtes pas un héros valeureux, tout au plus êtes-vous un aventurier au passé douteux... Votre aventure est terminée.

407

Ramant vers le sud, vous entrez dans des eaux plus froides. Le climat est encore tropical mais la mer est sillonnée de courants venant du pôle qui charrient parfois des icebergs. Pour les navires, ces gigantesques blocs de glace constituent une menace mais, pour vous, ils sont la condition de votre survie. Vous scrutez l'horizon pendant des heures, jusqu'à ce que la réverbération vous aveugle, mais vous repérez une masse immaculée qui flotte, majestueuse, à quelque distance. Les rayons du soleil s'accrochent à la surface de glace qui miroite comme une pierre précieuse.
– Voilà notre diamant, annonce Grimez. Mais son eau est-elle potable ?
Comme vous approchez de la montagne de glace, une forme sombre se détache à l'intérieur. Oakley est le premier à comprendre de quoi il s'agit.
– Incroyable, les gars ! s'exclame-t-il. Un navire est emprisonné à l'intérieur !
Si vous possédez les compétences de Survie ou de Navigation, rendez-vous au **333**. Sinon, allez-vous aborder l'iceberg (rendez-vous au **352**) ou repartir vers l'ouest, à Port Leshand (rendez-vous au **371**) ?

408

Vous défiez Curshaw du regard et la brute se met aussitôt à aboyer :

– Attends que l'on arrive à bord et je te ferai tâter de mon fouet !

– Grand lâche, répliquez-vous. Tu serais moins fier si je n'étais pas attaché.

Curshaw pousse un grognement et montre le poing :

– Sale macaque ! Je vais t'arracher la langue et la faire cuire pour déjeuner !

Vous jetez un regard méprisant sur sa panse rebondie :

– Il en faudrait plusieurs centaines pour nourrir un porc dans ton genre.

C'en est trop ! Curshaw bondit sur ses pieds et fait tournoyer sa rame pour vous fendre le crâne. Voilà l'instant que vous attendiez. Vous esquivez l'attaque et, profitant de ce qu'il se trouve déséquilibré, vous bondissez sur lui pour lui écraser le nez d'un magistral coup de boule. Le prévôt s'écroule, assommé, au fond de la barque. C'est au tour de Porbuck d'entrer en scène. Abandonnant les rames, il se rue sur vous, mais vous l'accueillez d'un coup de pied bien placé qui le cloue sur place. La brute encaisse le choc et s'ébroue comme un cheval devant l'obstacle avant de repartir à la charge. La lutte est acharnée : Porbuck vous dépasse d'une bonne tête et il est fort comme une bête de somme. Même sans les mains attachées, vous auriez eu du mal à le vaincre. Le monstre profite de votre handicap pour vous rouer de coups et vous perdez 5 POINTS DE VIE. Si vous êtes encore de ce monde, vous répliquez malgré vos blessures et vous lui lancez un coup de genou au plexus qui l'assomme finalement. Sans perdre un instant, vous demandez à vos compagnons de vous défaire de vos liens et, tandis qu'ils se détachent les uns les autres, vous jetez les deux corps par-dessus bord. Il est grand temps de prendre la fuite. Rendez-vous au **177**.

409

Une lettre de route vous permettrait de commettre des actes de piraterie en toute légalité. En devenant corsaire au service de Sa Majesté la reine, vous pourriez agir comme bon vous semble et arraisonner tous les navires marchands, à condition qu'ils soient sidoniens.
– Nous ne pourrons jamais obtenir un tel document, affirme Blutz, après que vous avez longuement discuté du sujet.
– Il a raison, approuve Oakley. Il faudrait soudoyer ces beaux messieurs de la chancellerie et cela va nous coûter aussi cher que le profit que nous pourrons en tirer.
– Nous pouvons au moins essayer, répondez-vous, agacé par tant de pessimisme.
Vous vous rendez au fort du gouverneur et vous demandez à être reçu par un responsable des affaires maritimes. Après une bonne heure d'attente, on vous introduit dans un vaste bureau occupé par un secrétaire poudré en livrée violette, qui écoute votre requête en levant un sourcil.
– Bien sûr, le gouvernement de Sa Majesté encourage les initiatives privées, mais l'obtention d'une lettre de route n'est pas une simple formalité. Il faut établir un dossier, calculer les pourcentages revenant à l'État, examiner vos lettres de créance et puis il y a encore les timbres fiscaux, le droit de gomme, les quinze formulaires à remplir pour le cachet final... Tout cela prend du temps et revient cher... dit-il en étouffant un bâillement.

Oakley vous pousse du coude et vous murmure discrètement à l'oreille :

– Ce fonctionnaire zélé réclame un dessous de table.

Si vous possédez un diamant à offrir pour accélérer les démarches, rayez-le de la liste de vos possessions et rendez-vous au **244**. Si vous préférez recourir à une Astuce, rendez-vous au **260**. Sinon, vous devez prendre congé. Si vous avez rencontré le capitaine Gâtchick et s'il vous a proposé de lui rendre visite, rendez-vous au **69**. Si vous jugez ne plus rien avoir à faire à Port Leshand, rendez-vous au **107**.

410

Après avoir marchandé pendant quelques minutes, vous tombez d'accord sur les prix suivants : une montre à gousset (8 doublons), un pistolet (12 doublons), une épée (11 doublons), une bombarde (4 doublons), une belette (2 doublons) ou une amulette (15 doublons). Vous avez des doutes en ce qui concerne l'amulette, mais le colporteur jure ses grand dieux qu'elle est authentique.

– Elle appartenait à ma chère grand-mère et, depuis que je la lui ai volée, personne ne s'en est jamais servi !

Achetez ce que bon vous semble et rayez les sommes correspondantes de votre *Feuille d'Aventure.* A présent, allez-vous entrer dans l'auberge (rendez-vous au **355**) ou aller près du chantier naval (rendez-vous au **374**) ?

411

Une idée vous traverse brusquement l'esprit.

– Vous souvenez-vous de ce que j'ai dit quand nous avons trouvé notre butin, les gars ? « C'est une rançon royale. » Nous allons donc l'appeler ainsi.

Oakley prend le maître d'œuvre par l'épaule et désigne le navire.
– Nous le prenons, maître Kemp, mais vous allez nous écrire *La Rançon Royale* en belles lettres d'or. Rendez-vous au **184**.

412

De mauvaise grâce, Blutz va informer l'équipage de vos décisions : leur part de butin sera réduite de moitié. Bien entendu, la nouvelle n'est pas accueillie par des cris de joie, mais votre désir de revanche sur Hazgard est le plus fort. Malheureusement, vous prenez conscience de votre faute trop tard et, un soir, le contact froid d'une lame sur votre gorge vous réveille en sursaut.
– Allez, grimpe sur le pont ! ordonne une voix rauque.
La lueur blafarde de la lune éclaire une assemblée de visages fermés. Les marins ont conscience de l'acte qu'ils vont commettre, mais leur détermination est la plus forte. Bientôt, vos compagnons, pieds et poings liés, viennent vous rejoindre.
– Tu as outrepassé les règles des Frères de la Côte, déclare le chef des mutins. Nous avons droit à notre juste part du butin.
– Pauvres fous ! hurlez-vous. Relâchez-moi, c'est un ordre !
– Tes ordres, tu les donneras aux requins, répliquent-ils en vous hissant sur une planche.
Sous la menace de leurs sabres, vous tombez les uns après les autres dans les eaux froides... Votre aventure est terminée.

413

Vous retournez à bord de l'*Échalote*, mais le vent est tombé avec l'arrivée du crépuscule et votre

navire est immobilisé au milieu de la baie. La nuit tombe vite et la voûte étoilée s'empare du ciel. Grimez hume l'air nocturne et grimace de dégoût.
– Quelle odeur fétide ! grogne-t-il. Ce doit être la proximité des marais.
Blutz accourt vers vous, venant de la poupe.
– Le brouillard monte des terres, s'exclame-t-il. Nous ne pourrons pas manœuvrer le navire !
Qu'allez-vous faire ? Si vous voulez (et si vous pouvez) :

Utiliser une Protection magique (avec une amulette) Rendez-vous au **17**
Utiliser vos Sortilèges (avec une baguette) Rendez-vous au **36**
Attendre l'aube Rendez-vous au **366**
Quitter la baie (sans la Navigation) Rendez-vous au **74**
Quitter la baie (avec la Navigation) Rendez-vous au **55**

414

L'iceberg a diminué de taille depuis que les courants l'ont entraîné dans des eaux tempérées. Le navire qu'il emprisonne est clairement visible sous la couche de glace. Vous distinguez les rangées de canons qui percent ses flancs, alignés comme autant de sentinelles silencieuses. Combien d'années se sont écoulées depuis la dernière fois qu'ils ont craché le feu ? Depuis quand le vent n'a-t-il pas gonflé cette voilure et cette coque profilée fendu les flots ? Les lettres d'or du navire apparaissent, comme déformées par un prisme.
– L'*Octavius*, murmurez-vous à voix basse. Comment allons-nous l'extirper de cette bogue de glace ?
– Il faudrait compter des semaines, dit Grimez, à

condition que tout l'équipage travaille d'arrache-pied.
Comme toujours, Grimez fait preuve d'un optimisme réjouissant, mais il a le mérite de dire vrai. Vous pensiez que l'action conjuguée du soleil et des eaux chaudes aurait fait fondre l'iceberg. Maintenant, libérer l'*Octavius*, se révèle une tâche insurmontable. Blutz s'approche de vous.
– Excusez-moi, capt'aine, mais j'ai peut-être une idée. Cela prendra du temps mais je pense pouvoir libérer le navire.
Vous lui adressez un regard dubitatif et Oakley intervient aussitôt.
– Nous perdons notre temps ! lance-t-il, exaspéré. L'*Octavius* pourrait tout aussi bien se trouver par vingt brasses de fond que nous n'aurions pas plus de chances de le récupérer. La flibuste, il n'y a que ça de vrai ! Un bon abordage pour remplir les cales et nous pourrons échanger cette coque de noix contre un navire digne de ce nom !
Si vous partagez l'opinion d'Oakley, rendez-vous au **376**. Si vous laissez sa chance à Blutz, rendez-vous au **44**.

415

Votre équipage s'élance à l'abordage en poussant des hurlements et atterrit sur le pont ennemi, vous à sa tête. Les pirates vous attendent de pied ferme, armés de mousquets et de sabres et le combat s'engage, âpre et sanglant. Environné par le vacarme assourdissant des mousquets, vous luttez avec hargne, indifférent à la fumée âcre de la poudre qui vous brûle et au sang qui gicle tout autour de vous. Une balle vous atteint au côté et vous perdez 3 POINTS DE VIE. Si vous survivez à la blessure, vous repartez à la charge, une lueur haineuse dans le regard. Les uns après les autres, vous vous débarrassez des pirates qui se ruent à l'assaut. Cette piétaille ne vous empêchera pas de tuer Hazgard de vos propres mains. Vous priez pour que les balles l'épargnent jusqu'à ce que vous l'ayez trouvé. A l'instant où vous l'apercevez, vous comprenez à quel point vos craintes étaient vaines : il se dresse, les bras levés, riant comme un possédé et offrant son poitrail à la mitraille. Peut-il seulement mourir ou bien la haine qui l'habite est-elle plus forte encore que la mort elle-même ? Il prend conscience de votre présence et son œil unique vous fixe à travers les écrans de fumée.

– Alors, matelot, on vient dire un dernier adieu à son capitaine ?

Rendez-vous au **89**.

416

Grimez tourne la tête vers l'est, où les premières lueurs de l'aube illuminent la mer d'un éclat doré.

– La peste soit d'Hazgard ! lance-t-il en crachant par terre. J'aurais bien aimé pouvoir lui trancher la gorge dans son sommeil !

Oakley approuve mais hausse les épaules.

– Ça n'aurait pas empêché ces gueux de nous donner la chasse.

– Tu crois qu'il va le faire, demande nerveusement Blutz. Je veux dire : courir après nous ?

Oakley a raison. Hazgard n'est pas homme à se laisser faire sans réagir. Il doit enrager de la perte de sa chaloupe et il ne supportera pas que quatre marins aient osé lui fausser compagnie. Il va sûrement partir à votre recherche et vous frémissez rien qu'en pensant au sort qui vous attend s'il remet la main sur vous.

– Ta magie pourrait peut-être servir, demande

Blutz. Ne pourrais-tu pas le maintenir à distance... lui envoyer une tempête ?
Cette proposition vous laisse perplexe. Vous pourriez utiliser un tel sortilège, mais les forces mises en œuvre sont énormes. Les éléments pourraient échapper à votre contrôle et, dans le cas contraire, l'épuisement vous empêcherait d'employer toute autre forme de magie pendant longtemps. Si vous en courez malgré tout le risque, rendez-vous au **15**. Sinon, rendez-vous au **289**.

417

Le sourire carnassier qu'ils arborent en recevant votre présent laisse planer un doute quant à leurs intentions futures. Tandis que l'objet passe de main en main, Oakley se penche à votre oreille.
– Filons d'ici au plus vite, dit-il, avant que ces sauvages n'en réclament davantage.
Vous descendez sans tarder le long de l'échelle de lianes mais, à mi-distance du sol, un rocher passe à quelques centimètres de votre tête.
– Ces sagouins nous canardent ! hurlez-vous. Vite ! Tout le monde à la chaloupe !
Vous parvenez à conserver l'équilibre malgré la pluie de cailloux lancés par les indigènes hurlant et trépignant en haut de la falaise. Plusieurs roches vous atteignent et vous touchez le sol, couvert de blessures sanguinolentes. Vous perdez 4 POINTS DE VIE. Si vous bénéficiez d'une Protection magique, vous pouvez activer un charme pour échapper aux projectiles et vous perdez seulement 1 POINT DE VIE. Si vous êtes encore de ce monde, vous gagnez la chaloupe et vous vous éloignez du rivage à vive allure.
– Espérons que nous aurons plus de chance sur la

prochaine île, déclare Grimez en ramant comme un forçat.

Rendez-vous au **116**.

418

Vous attendez que les yoles arrivent à votre hauteur et, d'un bond impérieux, vous vous élancez pour atterrir de tout votre poids sur le bord de la plus proche. La yole tangue dangereusement et embarque de l'eau. Les pirates, pris de court, tentent de rétablir l'équilibre et se mettent en rappel de l'autre bord. Plusieurs tombent à l'eau au cours de la manœuvre. Pour ne pas les imiter, vous prenez appui sur un pirate que vous envoyez à son tour prendre son bain annuel. L'autre yole vire de bord pour éviter la collision. La scène dégénère rapidement dans la plus complète confusion. Les pirates tombés à l'eau tentent de remonter à bord de l'autre yole qui menace de sombrer sous la charge. Tandis que les pirates se battent entre eux, la deuxième yole part à la dérive, ses rames flottant au hasard tout autour d'elle. Satisfait de la pagaille que vous venez de semer, vous hurlez à vos compagnons de venir vous reprendre et vous vous éloignez sans plus tarder en ramant comme des forçats. Les cris et les hurlements se font encore entendre, mais vous êtes déjà loin. La *Belle Dame* ne pourra entamer sans risques la manœuvre avant le lever du jour et, entre-temps, vous aurez pris suffisamment de distance. Rendez-vous au **135**.

419

D'un bond audacieux, vous vous lancez en avant et vous plongez votre lame dans le corps de la sorcière. Le coup était imparable. Vous rompez aussitôt, prêt à la voir s'effondrer à vos pieds, mais vous

constatez avec angoisse que vous l'avez à peine écorchée.
– Tu aboies beaucoup mais tu mords peu, raille-t-elle. A mon tour maintenant.
Elle semble s'envoler dans les airs et, sans effort apparent, elle vous ouvre une profonde estafilade qui vous laisse interdit. Vous perdez 4 POINTS DE VIE (à moins que vous ne possédiez un bouclier de plumes, auquel cas vous ne perdez que 2 POINTS DE VIE). Si vous désirez :

Utiliser le Combat à mains nues	Rendez-vous au **241**
Utiliser le Tir	Rendez-vous au **317**
Utiliser vos Sortilèges	Rendez-vous au **384**
Prendre la fuite	Rendez-vous au **5**

420

– Port Leshand est un comptoir gloriannique, mais je n'ai pas peur de dire que, pour un honnête homme, il faut y compter une bonne demi-douzaine de truands et de gueux. Le gouverneur encourage les flibustiers à venir mouiller l'ancre et à dépenser leur or, cela favorise les affaires, mais ne vous aventurez pas à Port Leshand si vous avez pillé un vaisseau de la Ligue car vous serez mis aussitôt au pilori sur le port.
– Pendant combien de temps ? demande Blutz en toute naïveté.
– Jusqu'à ce que les chairs tombent d'elles-mêmes ! réplique le capitaine avec un rire sonore.
– Il n'en va pas de même si l'on attaque les navires sidoniens ? interroge Oakley.
– Au contraire, on te remettra même une médaille ! Glorianne applaudit tous les actes de piraterie à l'encontre des Sidoniens. Le gouverneur de Port

Leshand délivre des lettres de route pour que tu agisses en toute légalité.
Vous pouvez couper court à la conversation. Rendez-vous dans ce cas au **108**. Mais si vous voulez l'interroger sur :

Les pirates	Rendez-vous au **390**
La guerre entre Glorianne et Sidonia	Rendez-vous au **380**
La visite de Titiana au Nouveau Monde	Rendez-vous au **403**

421

Puisque vous ne pouvez vous sécher, il existe au moins un moyen de ne pas mourir frigorifiés.
– Otez vos vêtements et trempez-les dans l'eau de mer, dites-vous à vos compagnons.
L'eau de mer étant plus chaude que la pluie, vous souffrirez moins du froid en agissant ainsi. Malgré ces précautions, vous subissez les conséquences du mauvais temps et vous perdez 2 POINTS DE VIE. Si vous connaissez la Navigation, rendez-vous au **259**. Sinon, rendez-vous au **7**.

422

Un silence de fin du monde plane sur le navire. Des rubans de brume stagnent à mi-hauteur du pont et les seuls bruits que vous percevez sont le craquement des haubans et le bruissement du vent dans les voiles. Blutz est le dernier à grimper à bord, soufflant pour hisser sa bedaine par-dessus le bastingage. Il regarde alentour, déconcerté, et pose la question qui était dans tous les esprits :
– Où est donc l'équipage ?

En réponse, le capitaine Mandrigard esquisse une grimace désabusée. C'est un grand personnage dégingandé qui porte une corne de narval en guise de jambe de bois. Ses vêtements de soie sont originaires d'autres contrées. Il porte un turban orné d'une émeraude grosse comme un œuf de pigeon et un sabre d'abordage est glissé dans sa ceinture. Sa peau bronzée a des reflets olivâtres et ses sourcils en accent circonflexe lui donnent un air diabolique.
– Ils ont fui, les chiens ! grogne-t-il d'une voix de basse. Ils ont déserté et je suis seul à bord.
Peu rassurés, vous le suivez dans sa cabine où s'entasse un trésor incroyable ! L'or, l'argent et les pierres précieuses sont éparpillés sur sa table de travail. Mandrigard les éjecte d'un revers de bras rageur et sert à chacun un gobelet de vin. Il vide le sien d'un trait, sans même porter un toast. Son gobelet est un objet de facture superbe, composé d'onyx avec un liseré d'or. Le capitaine remarque votre intérêt et boit à nouveau une gorgée.
– Admire mes richesses, si cela t'amuse. Joli butin, n'est-ce pas ? Mais il m'a coûté cher...
Si vous désirez en savoir davantage sur le trésor, rendez-vous au **279**. Si vous préférez discuter de votre transport pour Port Leshand, rendez-vous au **8**. Si vous l'interrogez sur son équipage, rendez-vous au **27**.

423

Leshand est un port très actif, entouré de maisons à colombages aux toitures de tuiles et aux petites fenêtres à vitraux. La ville est dominée par un fort de garnison, perché sur une colline qui domine la baie. Il est de notoriété publique que le gouverneur en place ferme les yeux sur les nombreuses activités

louches de ce comptoir colonial. Les boucaniers ont les coudées franches dans ce port où tout existe pour qu'ils puissent dilapider les fortunes qu'ils ont amassées. Cependant, l'ambiance est différente et vous ne manquez pas de remarquer de nombreux changements depuis votre dernier passage. Les boucaniers sont toujours présents, mais leur nombre a considérablement baissé. Quant à leur attitude, elle serait presque digne d'honnêtes gens. Les soldats de la milice urbaine arborent des uniformes flambant neuf avec une fierté non feinte et les rues pavées ne sont plus couvertes d'immondices comme c'était le cas autrefois.

Un bon bain chaud et un repas digne de ce nom vous feront le plus grand bien après ces longues semaines en mer. Vous pouvez dès à présent reprendre 3 POINTS DE VIE (n'oubliez pas que vous ne pouvez pas dépasser votre total de départ). Si vous voulez :

Utiliser la Loi des rues	Rendez-vous au **127**
Rencontrer Gâtchick	Rendez-vous au **69**
Acheter des objets	Rendez-vous au **12**
Faire identifier les objets	Rendez-vous au **31**
Obtenir une lettre de route en utilisant la Roublardise	Rendez-vous au **50**
Obtenir une lettre de route sans cette compétence	Rendez-vous au **409**
Glaner des rumeurs	Rendez-vous au **88**

424

Vous vous réveillez, le corps tout courbaturé, après une nuit atroce. Vos compagnons se lèvent tour à tour en maugréant d'avance à l'idée d'affronter une nouvelle journée de canicule. Le soleil se lève, apportant avec lui des vagues de chaleur roulant sur la mer étale et qui vous clouent sur place.
– Je vendrais mon âme pour une goutte d'eau gémit Grimez. Pour une demi-goutte d'eau.
– Ton âme ? réplique Oakley avec un petit rire. Qui voudrait s'encombrer d'un objet aussi noir ?
La plaisanterie redonne un peu de moral à vos compagnons qui s'efforcent de rire sans trop bouger leurs lèvres desséchées. Blutz ne partage pas leur hilarité.
– Ils deviennent à moitié fous ! s'exclame-t-il en vous empoignant le bras. Fais quelque chose où nous allons tous mourir ! Je ne veux pas crever comme un chien en pleine mer, sans jamais revoir ma maison !
Si vous disposez de Sortilèges et d'une baguette, vous pouvez tenter une action en vous rendant au **101**. Dans le cas contraire, rendez-vous au **120**.

425

Le soleil a fait fondre la surface de glace et vous trouvez quelques bassins d'eau, ce qui vous évite de détacher des glaçons. L'eau a un goût âcre, mais elle semble consommable et vous buvez jusqu'à plus soif avant de remonter dans votre chaloupe. Vous repartez vers l'ouest tandis que le soleil glisse doucement à l'horizon. Blutz pousse soudain une exclamation et désigne droit devant. Vous ne pouvez en croire vos yeux : des voiles se découpent au loin sur le ciel rougeoyant. Un navire fait route dans votre direction. Debout dans la chaloupe, au risque de chavirer, vous criez et bondissez jusqu'à ce que des visages apparaissent. Le navire affale ses voiles et s'approche doucement de votre chaloupe. Une échelle de corde est jetée.

– C'est le plus beau jour de ma vie ! clame Oakley, tandis que vous grimpez vers le pont. D'abord, nous avons eu droit à une bonne ration d'eau et maintenant, nous rentrons à la maison !

Rendez-vous au **370**.

426

Calidor vous conduit dans les appartements royaux aménagés à bord du vaisseau. Vous restez un instant subjugué par tant de luxe : des tapis moelleux recouvrent le sol, les parois des cabines sont tendues de lourdes tentures de soie et il y a même un trône. La reine est plus jeune que vous ne le pensiez. Elle est mince, pas très belle à votre goût, mais il émane de sa personne une indéniable autorité.

– Vous nous avez sauvée d'une menace effroyable, dit-elle. Soyez-en remercié. Mais notre gratitude ne s'arrête pas là, croyez-le bien. Un homme de votre trempe mérite mieux qu'une existence de pirate. Je

vous élève au titre de chevalier de la Couronne et vous accorde un domaine à Glorianne.
– Excusez-moi d'intervenir, Madame, mais un poste de commandement dans la marine royale conviendrait peut-être à notre héros, dit Calidor.
La reine adresse un sourire complice à l'amiral de sa flotte et se tourne vers vous.
– Vous êtes toujours d'excellent conseil, cher Calidor. Qu'en pense notre sauveur ?
Vous flottez sur un nuage. La proposition est tentante, mais saurez-vous abandonner cette existence d'aventure que vous avez toujours menée ? Les mers Carabe recèlent tant de mystères encore inexplorés. Avez-vous entendu parler du trésor du pirate El Draque ? La reine attend votre réponse.
– Si Votre Majesté y consent, j'aimerais prendre le temps de la réflexion, dites-vous en la saluant bien bas.

Achevé d'imprimer
en septembre 1994
sur les presses de
l'Imprimerie Hérissey
à Évreux (Eure)

Loi n° 49-956 du 16 juillet 1949
sur les publications destinées à la jeunesse

N° d'imprimeur : 65212
Dépôt légal : octobre 1994
ISBN 2-07-058380-5
Imprimé en France

67374